Basic of **Programming**

# art of C

## 프로그래밍 기초

**박태희 · 김정이** 지음

홍릉과학출판사

# 머리말 »»

C언어는 현재 사용되고 있는 다양한 프로그래밍 언어 중 하나로써 간결하고 효율적이며 하드웨어 제어가 가능한 강력한 언어이다. 특히 오늘날의 최신 프로그래밍 언어들은 대부분 C언어에 기반 하므로 C언어를 배우는 것은 프로그래밍의 기본 개념을 이해하고 다른 언어를 이해하는데 많은 도움이 된다. 따라서 대부분의 IT 관련 학과와 공과 대학에서는 C언어를 기본적인 컴퓨터 언어로 배우고 있다.

그러나 본 저자들은 교재 한권을 모두 배우고도 간단한 프로그래밍조차도 힘들어 하는 학생들을 보면서 학생들이 보다 쉽게 이해할 수 있으면서도 다양한 문제에 응용할 수 있는 효과적인 강의 교재에 대한 필요성을 절실히 느껴 왔다.

사실상 C언어를 배울 때 단순히 C언어의 문법을 배우는 것만으로는 부족하다. 여기에 덧붙여 다양한 문제 해결을 위한 프로그래밍 기법을 배워야 한다. 이에 본 교재는 C언어의 기본적인 문법뿐만 아니라 문제 해결을 위해 이러한 많은 문법들이 어떻게 적용될 수 있는지를 설명함으로써 프로그래밍 기법을 향상시킬 수 있도록 하였다.

먼저 1장에서는 C언어의 장점 및 통합개발환경인 Microsoft Visual Studio를 사용하여 프로그램을 작성하고 실행하는 과정에 대해 단계별로 자세히 설명한다.

2장에서는 데이터형과 변수를 통해 데이터를 컴퓨터에 저장하고 표현하는 방법을 설명하고, 3장에서는 이러한 데이터를 컴퓨터 및 사용자에게 입출력 할 수 있는 표준 입출력 함수들의 사용법에 대해 알아본다.

또한 4장에서는 저장된 데이터를 처리하기 위한 각종 연산자들을 다루고, 5장에서는 다양한 논리의 흐름을 제어하기 위한 조건문과 반복문, 그리고 6장에서는 함수와 같은 프로그래밍 논리를 배울 것이다.

더 나아가 7장에서는 조금 더 복잡한 형태의 데이터 저장 방법인 배열의 사용법을 설명하고, 8장 및 9장에서는 메모리를 직접 관리할 수 있는 포인터와 연관된 데이터들을 조직화하기 위한 구조체에 대해 설명한다. 11장에서는 변수의 사용 범위에 대해 살펴보고, 마지막으로 12장에서는 많은 양의 데이터를 입출력하기 위한 파일 입출력 방법에 대해 설명한다.

매 장마다 빈칸 채우기를 통해 학습자로 하여금 문법을 스스로 정리할 수 있도록 하였으며, 다양한 예제 문제를 통해 응용력을 높일 수 있도록 하였다. 따라서 여러분은 쉬운 프로그램부터 시작하여 다양한 프로그램을 작성하고자 고민하고 시도한다면 훨씬 더 좋은 프로그래머에 가까워질 것이다.

이 책이 C언어의 기초를 닦고자 하거나 이를 응용하는 여러 분야에 관심이 있는 학생들에게 많은 도움이 되기를 바라며, 이 책이 출판되기까지 많은 도움을 주신 홍릉과학출판사 사장님을 비롯한 편집부 여러분께 감사드립니다.

2015년 2월

저자 씀

# 차례 »»

CHAPTER

## 08 포인터



CHAPTER



CHAPTER

## 10 변수의 범위



CHAPTER

## 11 메모리 동적 할당

CHAPTER 12 파일 처리

CHAPTER 01

# C언어란 무엇인가?

**학·습·목·표**

- C언어가 탄생한 배경에 대해 알아본다.
- C언어의 특징에 대해 이해한다.
- C 프로그램의 기본 구조를 이해한다.
- C언어로 프로그램을 작성할 수 있는 개발 환경을 이해한다.
- C언어를 이용하여 간단한 프로그램을 작성하고 실행시켜 본다.

## 1.1 C언어의 탄생 배경

그림 1.1 데니스 리치
(www.wikipedia.org)

C언어는 1972년 AT&T사(미국전화전신회사)의 벨 연구소에서 근무하던 데니스 리치(Denis Ritchie)와 브라이언 커니건(Brian Kernighan)이 유닉스[1]를 다양한 컴퓨터에 이식하기 위해 고안한 시스템 기술 언어이다.

당시 유닉스를 구성하던 어셈블리어는 크기가 작고 속도가 빠르며 성능이 강력하기는 하나 특정 하드웨어에 종속적이고 호환성이 좋지 못하였다. 이러한 문제점을 보완하기 위하여 어셈블리어의 강력함과 고급 언어[2]의 이식성을 갖춘 C언어를 개발하게 된 것이다.

그림 1.2 브라이언 커니건
(www.wikipedia.org)

이로인해 C언어는 유닉스 운영체제에 가장 적합한 언어가 되었으며, 1980년대 PC(Personal Computer, 개인용 컴퓨터)가 등장한 이후에는 PC에서도 사용할 수 있도록 이식 작업이 이루어졌다. 그러나 많은 프로그램 개발자들이 각자 자신들만의 차별화된 기능을 추가하고 변경함으로써 C언어의 장점인 이식성과 호환성에 문제가 생기기 시작하였다. 이에 1988년 ANSI(American National Standards Institute, 미국규격협회)에서는 C언어의 표준 제정 작업을 시작하여 ANSI C를 발표하고, 모든 C언어를 ANSI 표준에 따르도록 권장하였다. 이에 따라 현재의 C 컴파일러는 표준안을 기초로 하여 사용되고 있다.

오늘날의 최신 프로그래밍 언어들은 C언어에 그 뿌리를 두고 있다. C++은 C언어를 객체지향형 언어로 변형한 것이며, Java, C#, MFC 등과 같은 다양한 언어들도 C언어에 바탕을 둔다. 따라서 C언어를 배우는 것은 프로그래밍의 기본 개념을 이해하고 다른 언어를 이해하는데 많은 도움이 된다.

1) 유닉스(UNIX) : 1973년에 최초로 C언어를 이용하여 만들어진 범용 다중 사용자 방식의 시분할 운영체제이다. 다양한 시스템 사이에서 서로 이식할 수 있고, 멀티태스킹과 다중 사용자를 지원할 수 있다.

2) 저급 언어 : 기계어, 어셈블리어와 같이 기계 중심적인 언어를 말하며, 고급 언어는 COBOL, FORTRAN, C언어와 같이 컴퓨터 하드웨어의 구조에 의존하지 않고 인간이 이해하기 쉬운 프로그래밍 언어를 의미한다.

## 1.2 C언어의 특징

현재 사용되고 있는 많은 프로그래밍 언어들은 각자 사용 분야에서 그 기능을 최대한 발휘하도록 설계되어 있기 때문에 특정 분야에서만 사용된다. 예를 들어 베이직(BASIC) 언어는 간단한 프로그램을 작성하거나 컴퓨터 언어의 개념을 이해하기 위한 목적으로 주로 사용된다. 또한 코볼(COBOL)은 사무 처리용 프로그램을 작성하는데 사용되며, 어셈블리어(Assembly Language)는 시스템 프로그램이나 하드웨어 제어 프로그램을 작성하는데 사용되고 있다.

반면 C언어는 다목적 프로그래밍 언어이다. 즉 특정 용도와는 무관하게 어느 분야에서나 사용할 수 있으며, 어떤 언어보다 사용자가 원하는 프로그램을 쉽게 작성할 수 있다. 한글 워드프로세서, dBASE3, 윈도우 등은 모두 C언어(그리고 C++)로 작성되어졌으며, 계산 프로그램이나 사무 처리 프로그램 그리고 게임 프로그램 등을 작성하기 위해 C언어를 사용할 수 있다. 이러한 범용성 이외에도 C언어의 대표적인 특징들을 요약하면 다음과 같다.

- 하드웨어의 직접적인 제어가 가능하다.

  C언어는 동적 메모리 관리에 의한 하드웨어 제어가 가능하고, C언어 자체만으로 문제 해결이 어려운 경우 어셈블리어를 이용하여 프로그램을 작성할 수 있으므로 다른 언어가 할 수 없는 강력한 컴퓨터 제어 능력을 가진다.

- 이식성이 높다.

  C언어의 가장 큰 장점은 높은 이식성이다. C언어로 작성된 프로그램은 다양한 운영체제와 기종의 컴퓨터에서 큰 수정 없이 사용할 수 있다. 즉 도스용으로 짠 프로그램은 유닉스나 OS/2라는 운영체제로 가져가서 그대로 사용할 수 있으며, IBM용으로 짠 프로그램도 매킨토시 등의 다른 PC와 대형 컴퓨터에서 큰 수정 없이 사용할 수 있다.

- 논리적이며 구조적이다.

  C언어는 함수 단위로 프로그램을 작성하기 때문에 구조화된 프로그램이 가능하다. 구조화된 프로그램이란 프로그램의 일부분을 수정할 경우 프로그램 전체가 아닌 그 부분만을 수정함으로써 간단하게 문제를 해결할 수 있고 유지 보수가 편리한 프로그램을 의미한다.

- 작고 효율적이다.

  C언어는 같은 기능을 구현할 때 다른 프로그래밍 언어에 비해 소스 파일의 크기가 작고 효율적이다. 따라서 프로그램을 해석하고 이해하기가 훨씬 쉽다.

- 연산자와 자료형이 풍부하며 융통성이 좋다.

  C언어는 다양한 연산자와 데이터형을 제공하므로 융통성이 좋고 새로운 개념을 확장하는 것이 가능하다. 다른 프로그래밍 언어는 제공하는 몇 가지 데이터형만 사용할 수 있지만 C언어는 사용자가 직접 다양한 형태의 자료형을 만들어 사용할 수 있다. 또한 포인터를 이용하여 변수, 배열, 구조체, 공용체, 함수 등을 모두 매개변수로 넘길 수 있다. 따라서 C언어는 다른 언어에서는 불가능한 다양한 작업들이 가능하다.

## 1.3 C 프로그램의 구조

C 프로그램의 구조는 크게 도입부, main() 함수 그리고 사용자 정의 함수로 이루어진다.

**도입부**
프로그램 전체에 적용되는 사항을 기술하는 부분

```
/*  두 정수의 합을 구하는 프로그램
    2014. 12. 1 작성자 원 빈  */

#include <stdio.h>
int func(int, int) ;
int i = 1 ;
```

| | |
|---|---|
| /* ... */ | **주석문** 프로그램에 대한 설명문 |
| #include <stdio.h> | **전처리문** |
| int func(int, int) ; | **사용자 함수 선언문** |
| int i = 1 ; | **외부 변수 선언문** |

**main() 함수**
C 프로그램의 주가 되는 함수

```
void main()
{
    int a=1, b=1 ;
    int c ;
    c = func(a, b) ;
    printf("%d %d", i, c) ;
}
```

| | |
|---|---|
| { | 함수의 **시작**을 알림 |
| int a=1, b=1 ; int c ; | **지역 변수 선언문** |
| c = func(a, b) ; | **함수 호출 및 대입문** |
| printf("%d %d", i, c) ; | 표준 출력문 |
| } | 함수의 **끝**을 알림 |

**사용자 정의 함수**
필요에 따라 사용자에 의해 정의된 함수

```
int func(int a,  int b)
{
    int result ;
    result = a + b ;
    return result ;
}
```

| | |
|---|---|
| { | 함수의 **시작**을 알림 |
| int result ; | 지역 변수 선언문 |
| result = a + b ; | 연산 및 대입문 |
| return result ; | 연산 결과 반환문 |
| } | 함수의 **끝**을 알림 |

그림 1.3 C 프로그램의 기본 구조

## 1 도입부

도입부는 프로그램 전체에 적용되는 사항을 기술하는 부분으로써 전처리문이나 사용자 정의 함수 선언문, 외부 변수 선언문, 주석문 등을 포함한다. **전처리문**(preprocessor)은 C 프로그램을 컴파일하기 전 미리 작업될 내용을 컴파일러[3]에게 지시하는 문장으로써 #include 문과 같이 #으로 시작되는 문장은 전처리문에 해당된다.

또한 **주석문**(comment)은 프로그램에 대한 설명문으로써 프로그램 실행시 실행되지 않는 문장이며 프로그램의 결과에는 전혀 영향을 주지 않는다. 주로 작성일자 또는 작성자, 작성 목적 등 프로그램에 대한 설명이나 변수 또는 명령문에 대한 설명을 추가하여 차후 프로그램 수정 시 참고하고자 하는 목적으로 사용된다. 주석은 한줄 주석과 여러 줄에 대한 주석으로 구분되며, 프로그램 상의 어느 위치에서든 사용이 가능하다. 한줄 주석의 경우 // 기호 뒤에 주석문을 기입하고, 여러 줄의 주석의 경우 /*와 */ 사이에 여러 줄의 주석을 적어주면 된다.

```
// 한줄 주석문인 경우
```

```
/* 한줄 이상의 주석문인 경우 */
```

## 2 main() 함수

C 프로그램은 반드시 하나 이상의 함수를 포함해야 한다. 이때 main() 함수는 프로그램 내에 정의된 함수 중 가장 먼저 호출되는 함수로써 반드시 존재해야 하며, 한 개만 존재하여야 한다. main() 함수는 중괄호({ })를 이용하여 시작과 끝을 알리고, 중괄호 안에는 변수 선언문, 연산문, 각종 제어문 및 함수 호출 등의 명령을 기입함으로써 함수가 수행할 동작들을 기술한다. 각 문장의 끝에는 세미콜론을 붙여 문장들을 구분한다. 단 전처리문 끝에는 세미콜론을 붙이지 않는다.

## 3 사용자 정의 함수

시스템에서 제공하는 라이브러리 함수[4] 중 원하는 기능의 함수가 없을 경우 사용자가 직접 함수를 만들어 사용할 수 있는데 이를 사용자 정의 함수라 한다. 형식은 main() 함수와 마찬가지로 중괄호({ }) 안에 변수 선언문, 연산문, 각종 제어문 및 함수 호출문 등의 명령을

3) 전처리문 : 사용자가 작성한 프로그램을 컴퓨터가 실행할 수 있는 형태의 프로그램으로 바꾸어 주는 번역 프로그램을 말한다.

4) 라이브러리 함수 : 자주 사용하는 함수를 프로그램을 작성할 때마다 새로 작성하지 않고 미리 만들어 둔 후 컴파일 하여 저장해 놓은 함수를 의미한다.

기입하여 원하는 기능을 수행하도록 한다. 맨 마지막 문장에는 필요에 따라 return문을 사용하여 자신을 호출한 함수에 실행 결과값을 되돌려 주거나, return문 없이 실행 결과를 출력하는 경우가 있다.

## 1.4 C프로그램의 개발 환경

C 프로그램의 개발 과정은 그림 1.4와 같이 편집[5], 컴파일[6], 링크[7] 그리고 실행[8] 단계로 이루어진다.

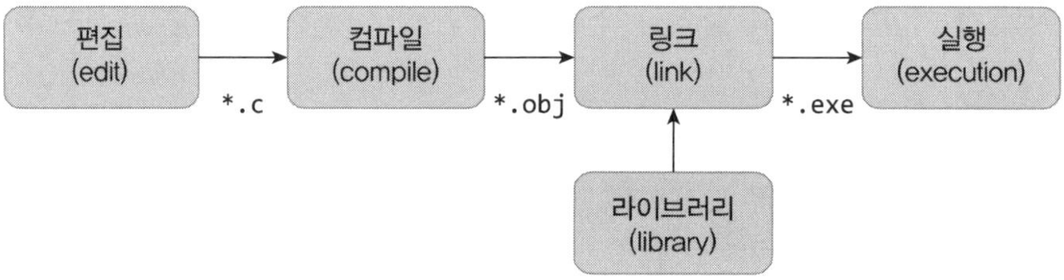


그림 1.4 C 프로그램의 개발 과정

**편집** 과정은 편집 창(editor)에 C 프로그램을 기술하는 단계로써 작성된 프로그램은 확장자가 c가 되도록 저장한다. 이때 C언어는 고급 언어이므로 사람이 이해하기 쉬운 언어로 만들어져 있다. 따라서 사용자가 작성한 프로그램을 컴퓨터가 이해하려면 0과 1로 구성된 기계어로 변환하는 **컴파일** 과정이 필요하다. 컴파일러는 이러한 과정을 수행해 주며, 오류 없이 컴파일이 성공하면 확장자가 obj인 목적 파일이 생성된다.

또한 한 프로그램에는 라이브러리 파일 등 여러 개의 관련된 파일들이 필요하며, 이를 목적 파일과 연결해 주는 과정이 **링크** 과정이다. 오류 없이 링크가 성공 되면 확장자가 exe인 실행 파일이 생성되고, 이 파일을 **실행**시키면 프로그램의 결과를 확인할 수 있다.

만일 컴파일과 링크 과정에서 오류가 발생했다면 소스 프로그램에서 철자가 틀리거나 문장 끝에 세미콜론을 빠뜨리는 등 대부분 문법적인 오류가 발생한 경우이므로 프로그램을

5) 편집 : 소스 프로그램을 입력하는 과정. 이때 소스 프로그램은 *.c의 형태로 저장한다.

6) 컴파일 : 작성한 소스 프로그램을 컴퓨터가 이해할 수 있는 0과 1의 기계어로 변환하는 과정. 이때 목적 파일(*.obj)이 생성된다.

7) 링크 : 컴파일된 목적 파일(*.obj)과 필요한 라이브러리 파일을 연결하여, 실행 파일을 생성하는 과정. 이때 실행 파일(*.exe)이 생성된다.

8) 실행 : 생성된 실행 파일(*.exe)의 결과를 확인하는 과정

수정하고 저장한 후 컴파일과 링크 과정을 반복한다. 반면 컴파일 오류는 없으나 실행 결과가 사용자가 예측한 결과와 같지 않다면 더하기를 곱셈으로 잘못 사용했거나 변수를 잘못 사용하는 등 논리적 오류가 발생한 경우이므로 프로그램을 다시 검토하여 수정한 후 컴파일과 링크 과정을 반복한다.

이와 같이 그림 1.4의 모든 프로그램 개발 과정을 한 프로그램 내에서 제공하는 것을 통합개발환경(IDE, Integrated Development Environment)이라 한다. 도스에서는 Turbo-C나 Borland-C, 윈도우에서는 Visual C++ 또는 C-Builder가 통합개발환경을 제공한다. 일반적으로 개별 텍스트 에디터를 사용하는 것보다 통합개발환경에서 제공하는 에디터를 사용하는 것이 가장 편리하다. 이 책에서는 Visual C++ 통합개발환경을 사용하여 프로그램을 작성하고 실행하였다.

## 1.5 C프로그램의 작성 및 실행 과정

이 절에서는 Visual C++ 통합개발환경인 Visual Studio 2010을 사용하여 "C언어의 세계로 오신 것을 환영합니다!"라는 문장을 화면에 출력하는 과정을 단계적으로 설명한다.

❶ 먼저 MicroSoft Visual Studio 2010을 실행하면 다음과 같은 초기 화면이 나타난다.

그림 1.5 MicroSoft Visual Studio 2010의 초기 화면

❷ 새 프로젝트를 생성하기 위해 메뉴에서 **파일-새로 만들기-프로젝트** 순으로 선택한다.

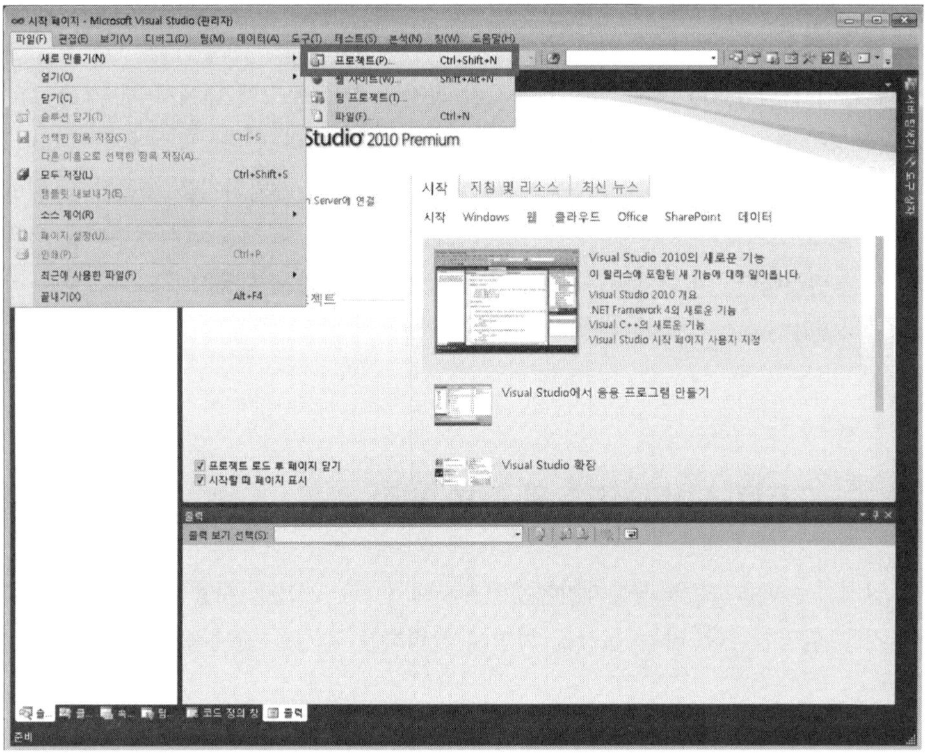

그림 1.6 새 프로젝트를 생성하기 위한 순서

❸ 이때 새 프로젝트 창이 뜨게 되면 Win32 콘솔 응용 프로그램을 선택하고 **위치(L)**란에는 프로젝트를 저장할 위치를 선택하고, **이름(N)**란에 프로젝트명(예: hello)을 입력한 후 [확인] 버튼을 클릭한다. 콘솔 응용 프로그램이란 명령 프롬프트와 같이 콘솔 창을 기반으로 작동하는 프로그램을 의미한다.

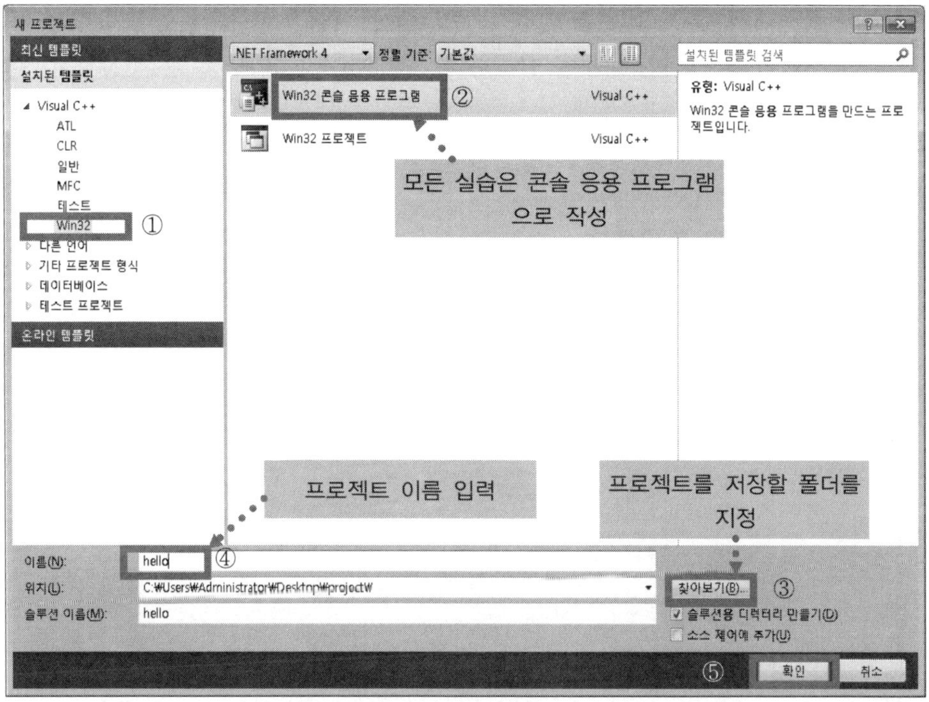


그림 1.7 새 프로젝트 창

❹ 이제 Win32 응용 프로그램 마법사 시작 창이 뜨면 [다음] 버튼을 클릭한다.

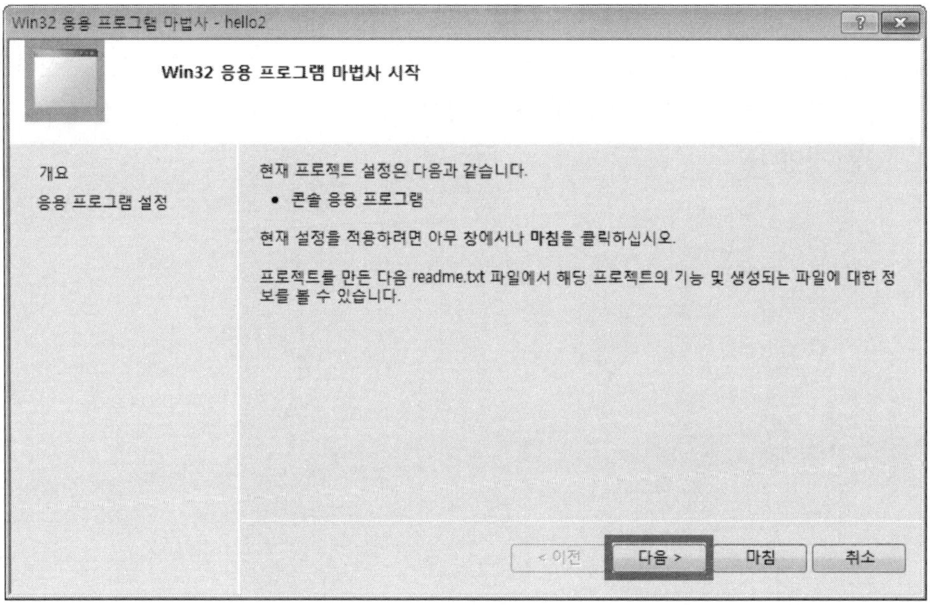


그림 1.8 Win32 응용 프로그램 마법사 시작 창

❺ 응용 프로그램 종류 중 **콘솔 응용 프로그램**을 선택하고, 추가 옵션에서 **빈 프로젝트**를 선택한 후 **[마침]** 버튼을 클릭한다. 여기까지가 프로젝트를 생성하기 위한 과정이다.

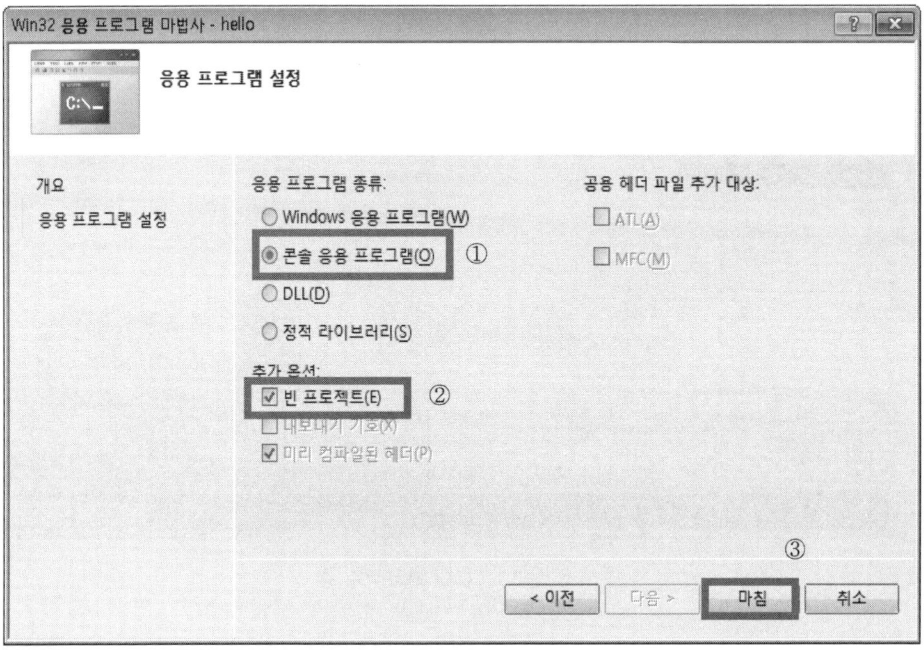


그림 1.9 빈 프로젝트 만들기

❻ 이제 아래와 같이 빈 프로젝트 창이 생성되었다. 왼쪽의 솔루션 탐색기는 생성된 솔루션과 프로젝트, 그리고 프로젝트에 포함된 소스 파일의 계층 구조를 한 눈에 볼 수 있는 창이다.

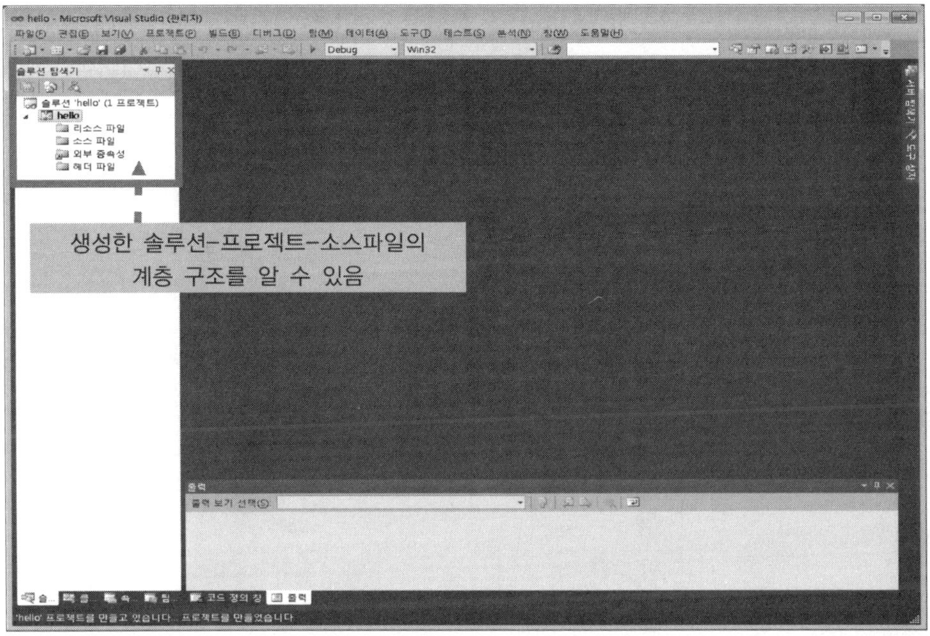


그림 1.10 빈 프로젝트가 생성된 창

❼ 빈 프로젝트에 포함될 소스 파일을 생성하기 위해 **프로젝트명** 또는 **소스 파일** 폴더 위에 마우스를 놓고 오른쪽 버튼을 누른다. 이때 **추가**를 선택한 후 **새 항목**을 클릭한다.

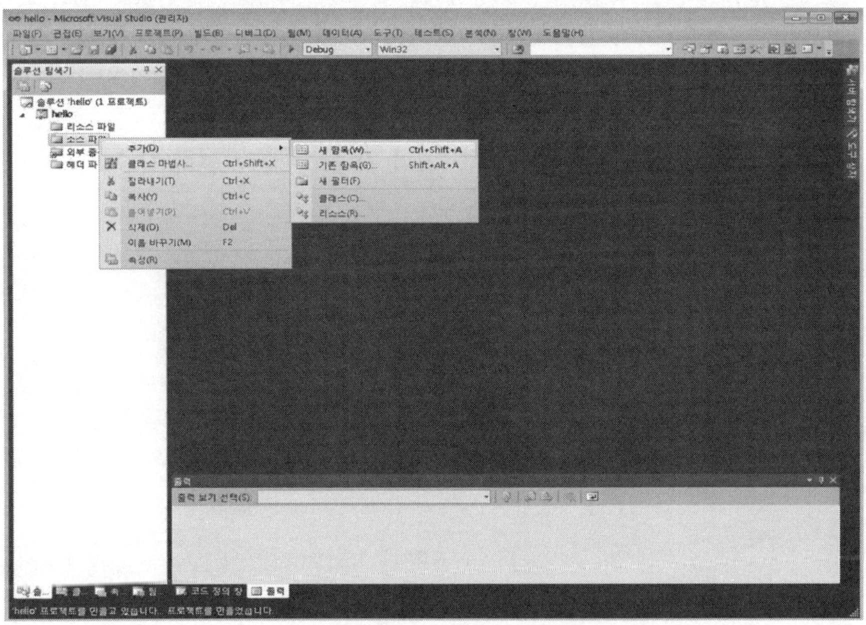

그림 1.11 새 파일을 추가하기 위한 항목 선택

❽ 두 번째로 보이는 **C++ 파일(cpp)**을 선택하고, **이름(N)**란에 파일명을 입력한 후 **[추가]** 버튼을 클릭한다. 이때 파일명은 확장자가 **반드시 c**(예 : ex1.c)이어야 함을 주의한다.

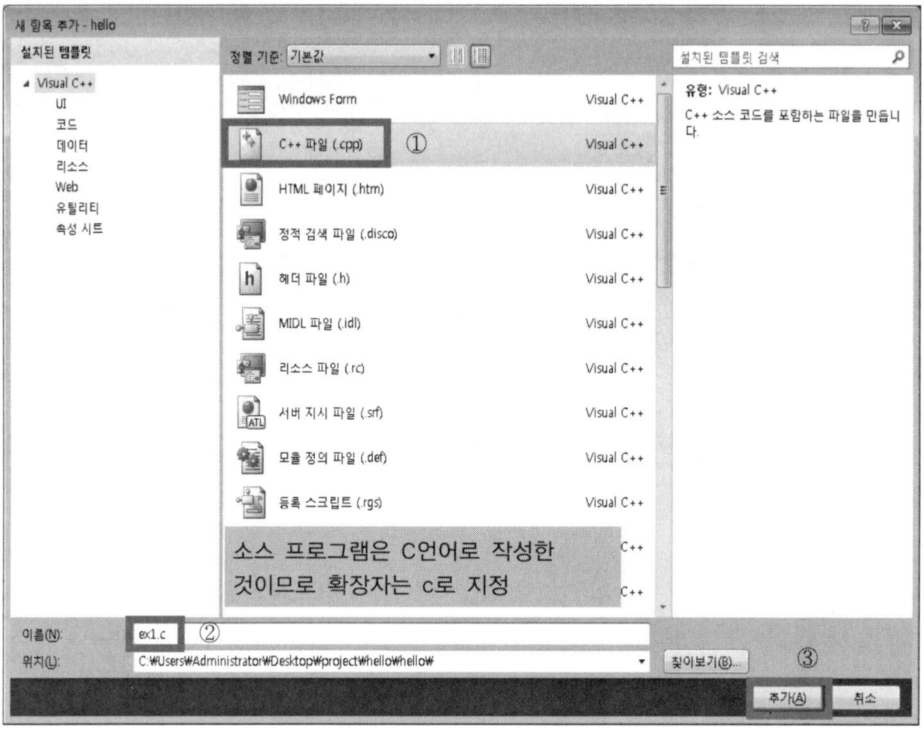


그림 1.12 새 파일 만들기

❾ 이제 프로그램을 작성할 준비가 모두 끝난 상태이므로 오른쪽 상단의 에디터(editor) 창에 다음과 같이 프로그램을 입력한다.

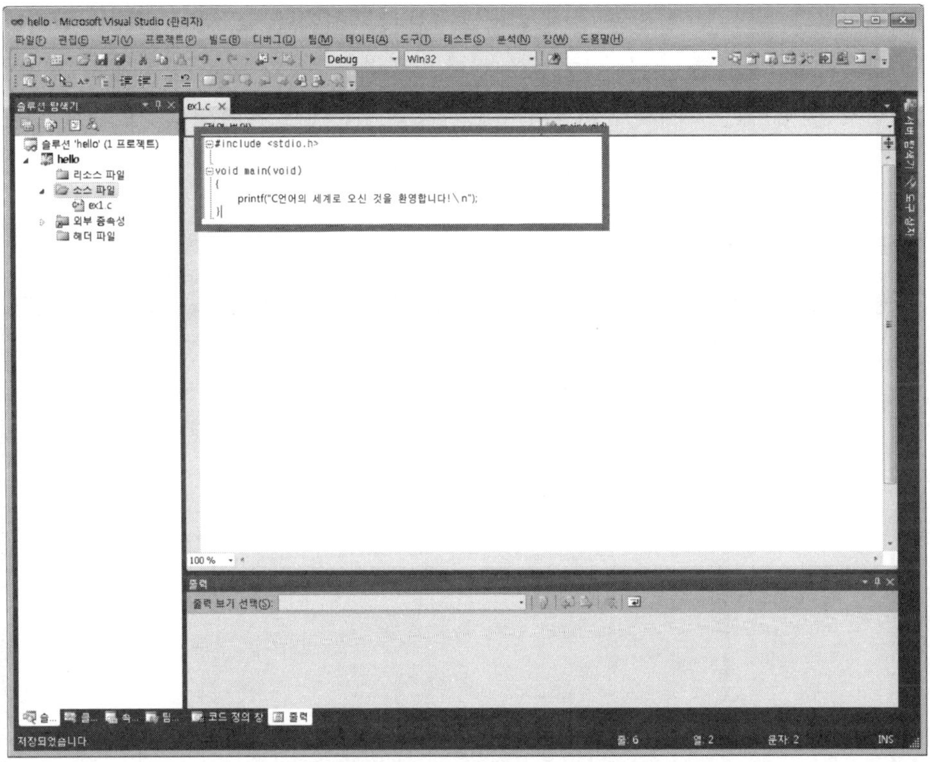


**그림 1.13 에디터 창에 C 프로그램 입력하기**

```
#include <stdio.h> // 표준입출력 함수들이 정의된 헤더 파일
void main(void)
{
    printf("C언어의 세계로 오신 것을 환영합니다!\n");
}
```

여기서 함수 printf()는 라이브러리 함수 중의 하나로써 큰 따옴표(" ") 안에 기입된 내용을 화면에 출력하는 대표적인 표준 출력 함수이다. 이 함수는 헤더 파일 stdio.h에 정의되어 있으므로 전처리문인 #include을 이용하여 프로그램에 포함시켜야 한다. 또한 printf() 함수 내의 '\n'은 출력 제어 문자로써 현재 커서를 다음 줄로 바꾸는 역할을 한다. 이는 마치 키보드에서 엔터키를 한 번 친 것과 같은 효과를 준다.

⑩ 컴파일과 링크 및 실행을 위해 **디버그-디버깅[9]하지 않고 시작** 버튼을 선택하거나 단축키 **Ctrl+F5**를 누른다. 이것은 컴파일 할 때 주로 사용하는 메뉴로써 디버깅을 하지 않기 때문에 에러가 발생하더라도 어느 부분에서 에러가 발생했는지 알려주지 않는다. 따라서 결과만 빠르게 보고자 할 때 주로 사용한다.

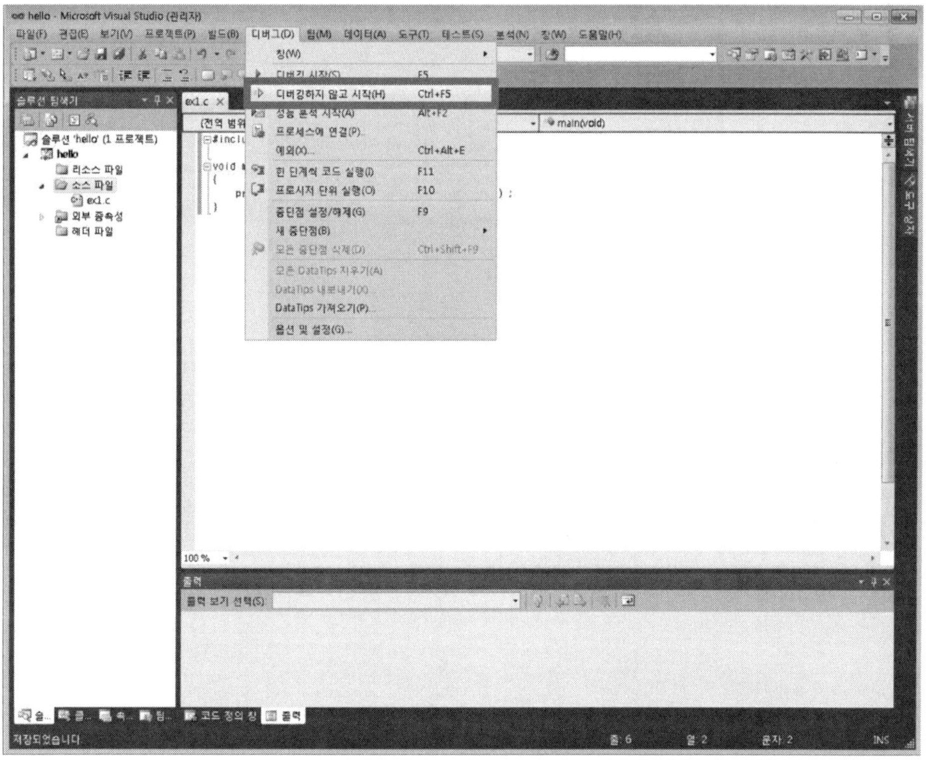

그림 1.14 컴파일 및 링크, 실행을 한꺼번에 하기

9) 디버깅 : 프로그램 실행 시 발생되는 각종 오류들을 제거하는 작업을 의미한다.

⑪ 이때 아래의 출력 창에 컴파일 및 링크 결과가 나타난다. 만일 오류[10)]가 발생하였다면 프로그램 코드를 수정한 후 과정 9의 컴파일 과정부터 다시 반복한다.

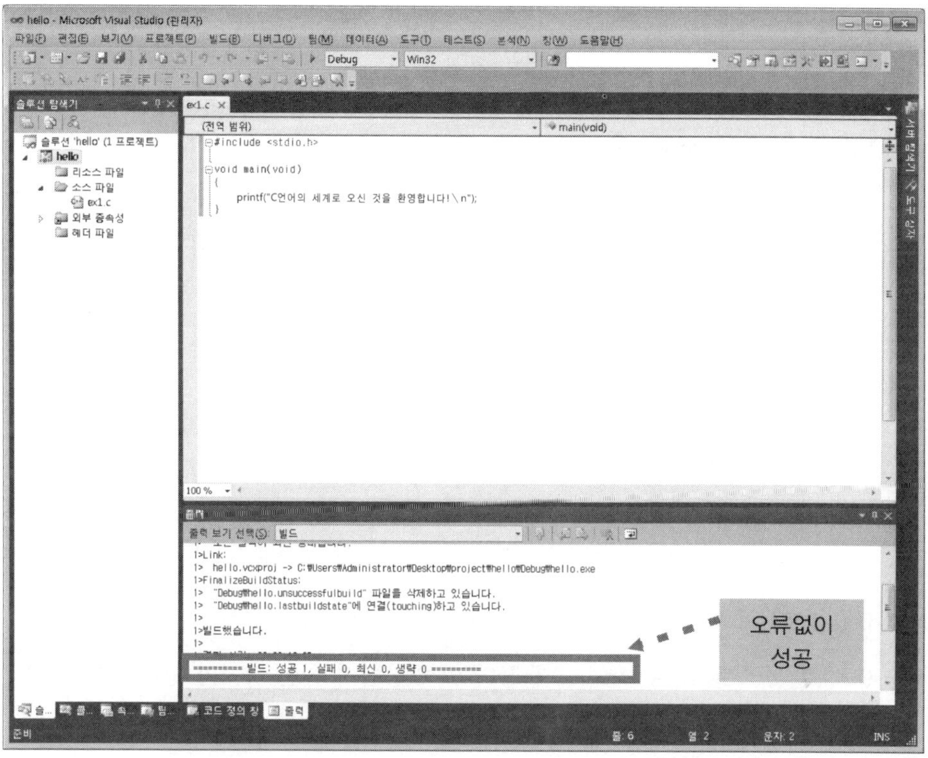


그림 1.15 **컴파일 및 링크 결과가 나타난 출력 창**

⑫ 오류없이 컴파일 및 링크가 성공하면 아래와 같이 실행 결과가 창에 나타난다.

그림 1.16 **실행 결과 창**

10) 프로그램 실행 시 발생되는 오류는 크게 문법적 오류와 논리적 오류이다. 문법적 오류란 C언어의 문법에 맞지 않게 작성하였을 때 발생하는 오류를 말하며, 논리적 오류란 프로그래머의 의도와는 다른 결과를 출력하는 것을 의미한다.

# 연습문제

**01** 다음의 빈 칸을 채우시오.

(1) C 프로그램은 반드시 ______ 함수가 ______개 있어야 하며, 한 프로그램에 아무리 많은 함수가 정의되어 있더라도 ______ 함수에서 시작해서 ______ 함수로 끝난다.

(2) main() 함수 다음에 있는 두 개의 ______는 프로그램을 구성하는 명령문들의 블록을 의미하며 함수의 시작과 끝을 나타낸다.

(3) C 프로그램의 모든 문장은 ______으로 끝난다.

(4) 자주 사용되는 함수는 프로그램을 작성할 때마다 새로 작성하는 것이 아니라 미리 만든 다음 컴파일하여 저장해 놓는데 이러한 함수를 ______ 함수라 한다.

(5) 헤더 파일 ______에는 표준 입출력 함수들이 선언되고 정의되어 있다.

(6) ______은 프로그램이나 문장의 이해를 돕기 위한 것이며 한줄을 처리하는 기호 ______와 여러 줄에 걸친 문장도 처리할 수 있는 기호 ______가 있다.

(7) 라이브러리 함수 외에 사용자가 직접 정의하여 사용할 수 있는데 이를 ______라 한다.

(8) ______은 고급 언어를 컴퓨터가 이해할 수 있는 언어인 기계어로 번역하는 과정이다.

(9) ______는 목적 파일과 프로그램에 관련된 여러 파일들을 연결하는 과정이다.

(10) 철자가 틀리거나 문장 끝에 세미콜론을 빠뜨리는 등 문법에 맞지 않게 프로그램을 작성했을 때 발생하는 오류를 ______라 한다.

(11) 프로그래머의 의도와 맞지 않게 발생하는 오류를 ______라 한다.

(12) 문법적 오류나 논리적 오류가 발생할 때 오류를 찾아 수정하는 것을 ______이라 한다.

**02** 아래와 같이 본인의 이름과 나이, 생년월일을 각각 한 줄에 출력하는 프로그램을 작성하고 실행시켜 보시오.

```
이    름 : 김은정
나    이 : 20세
생년월일 : 2001년 4월 2일
```

CHAPTER 02

# 데이터 - 상수와 변수

**학·습·목·표**

- C언어에서 다루는 데이터의 종류에 대해 알아본다.
- 변수의 개념을 이해한다.
- 상수의 종류를 살펴보고 각각에 대해 이해한다.
- 변수의 선언 및 초기화에 대해 이해한다.
- 데이터 형변환에 대해 이해한다.
- 실제로 컴퓨터에서 정수와 실수를 저장하는 방법을 이해한다.

## 2.1 변수의 의미

C 프로그램은 데이터와 데이터를 다루는 명령문들로 구성되어 있다. 이중 데이터는 크게 상수와 변수로 분류된다.

상수란 정수, 실수, 문자, 문자열과 같이 프로그램 실행 도중 변하지 않는 값을 말한다. 반면 변수는 말 그대로 언제든지 변할 수 있는 수로써 프로그램 실행 중 임의의 값을 저장하기 위해 메모리 공간에 붙여진 이름을 의미한다. 이는 마치 학교 건물을 찾아갈 때 1번 건물, 2번 건물과 같이 주소로 찾아가지 않고 본관, 제1공학관, 화학관 등과 같이 의미 있는 이름을 지정하여 쉽게 기억하고 찾을 수 있게 하는 것과 같다.

그림 2.1은 메모리 주소와 이에 대응하는 변수를 예시한 것이다. 만일 1000번지와 1004번지의 메모리 공간을 각각 변수명 a와 sum으로 이름 지었다면, 이제부터는 주소 대신 변수명 a와 sum을 이용하여 데이터를 저장하거나 저장된 데이터를 읽어오면 되는 것이다.

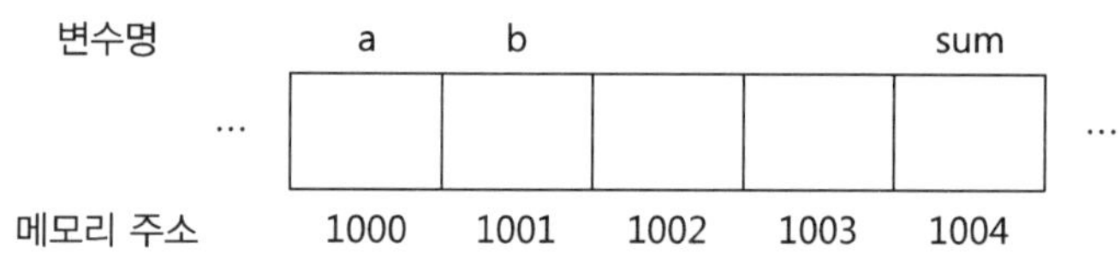


**그림 2.1 메모리 주소와 변수**

이와 같이 주소가 아닌 변수명을 이용하게 되면 메모리 구조에 대해 잘 알지 못하는 사용자일지라도 메모리 공간에 보다 쉽게 접근할 수 있게 된다. 그렇다면 변수명은 어떻게 짓는 것일까? 다음은 변수의 이름을 짓는 규칙들을 요약한 것이다.

1. 변수명은 영문자, 숫자, 언더 바(_)로 구성된다.
2. C언어는 대소문자를 구분하므로 변수 a과 A는 서로 다른 변수임을 주의한다.
3. 변수명은 숫자로 시작할 수 없고, 키워드[11]를 사용하는 것도 불가능하다.
4. 공백이나 특수 기호(&, *, $ 등)는 사용할 수 없다.

---

11) 키워드(keyword) : 예약어(reserved word)라고도 하며 특수한 목적으로 의미가 미리 정해진 이름을 말한다. 데이터형(char, int, float, double, short 등), 제어문(if, else, switch, case, for, while, break, continue, goto 등), 기억 장치 부류(auto, static, extern 등), struct, union 등이 예약어에 속한다.

이러한 규칙을 사용하여 올바르게 사용한 변수명과 잘못 사용한 변수명을 예로 들어 보자.

| 올바르게 사용한 예 | 잘못 사용한 예 | |
|---|---|---|
| num | 2num | // 숫자로 시작할 수 없음 |
| address | -total | // 특수기호는 사용할 수 없음 |
| age | while | // 키워드를 사용할 수 없음 |
| name_1 | friend name | // 공백 문자를 사용할 수 없음 |
| i | include | // 키워드를 사용할 수 없음 |

사용자는 위에서 설명한 규칙에 따라 변수의 이름을 짓되 가능한 변수의 의미를 쉽게 파악할 수 있도록 저장되는 데이터의 성격에 따라 지어 주는 것이 가장 좋다. 예를 들어 중간고사 점수와 기말 고사 점수의 합과 평균을 구하는 프로그램을 작성한다고 하자. 이때 그림 2.2와 같이 중간(mid-term) 및 기말(end-term) 고사의 점수를 저장할 변수명은 단순한 변수명 a, b보다는 mid와 end로 하고, 합(sum)의 결과를 저장할 변수명은 sum, 평균(average)을 저장할 변수명은 avg로 짓는 것이 바람직하다. 이와 같이 변수명에 의미를 부여하게 되면 복잡한 프로그램을 해석할 때 전체적인 의미를 보다 더 쉽게 이해할 수 있기 때문이다.

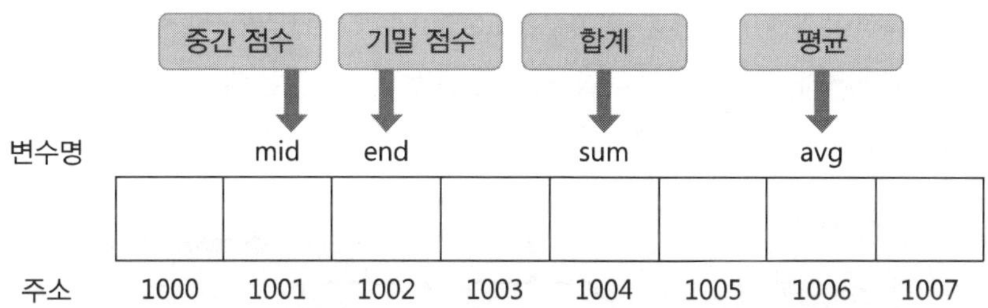


그림 2.2 프로그램의 이해를 높이기 위해 의미가 부여된 변수명

## 2.2 상수(Constant)의 종류와 의미

1절에서는 C언어에서 다루는 데이터 가운데 변수의 의미에 대해 살펴보았다. 이 절에서는 상수의 종류와 의미에 대해 자세히 살펴보도록 한다.

상수란 앞서 설명한 바와 같이 프로그램 실행 도중 그 값이 결코 변하지 않는 고정된 수를 말한다. C언어에서 다루는 상수의 종류로는 표 2.1과 같이 정수 상수, 실수 상수, 문자 상수, 문자열 상수 그리고 기호 상수가 있다.

표 2.1 상수의 종류와 의미

| 상수의 종류 | 표현 방법 | 예 |
|---|---|---|
| 정수 | 소수점이 포함되지 않은 수 | 10, 200, −1230 |
| 실수 | 소수점이 포함되거나 지수 형태로 표현된 수 | 3.12, 2.4e−4 |
| 문자 | 작은 따옴표로 표현된 문자 | 'A', '2', '₩n' |
| 문자열 | 큰 따옴표로 표현된 문자들의 나열 | "A", "apple" |
| 기호 | #define문을 이용하여 정의한 상수 | #define PI 3.141592 |

## 1 정수 상수

정수 상수란 10, 120, -134 등과 같이 소수점이 포함되지 않은 수를 말하며, 용도에 따라 10진수 또는 8진수, 16진수로 표현할 수 있다.

일반적으로 사람은 10, 389 등과 같이 10가지 숫자(0~9)를 사용한 10진수로 정수를 표현한다. 반면 컴퓨터는 0과 1로만 표현된 2진수만 이해할 수 있다. 그러나 2진수의 비트 길이가 길어지면 가독성이 떨어질 뿐만 아니라 읽고 쓸 때 오류가 발생할 수 있다. 따라서 그림 2.3과 같이 2진수를 3자리 또는 4자리씩 묶어서 표현할 수 있는데 이때 3자리씩 묶은 수를 8진수, 4자리씩 묶은 수를 16진수라 한다.

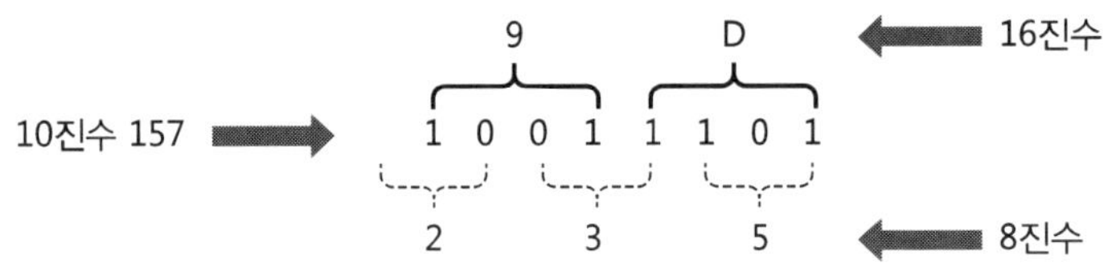


그림 2.3 2진수와 16진수, 8진수의 관계

따라서 8진수는 8가지 숫자(0~7)를 사용하여 정수를 표현하며 $76_{(8)}$, $234_{(8)}$과 같이 나타낸다. 여기서 밑수 (8)은 8진수임을 의미한다. 또한 16진수는 $2F_{(16)}$, $87_{(16)}$과 같이 10가지 숫자(0~9)와 6가지 문자(A~F)를 사용하여 정수를 표현한다. C언어에서는 8진수와 16진수를 나타내기 위해 밑수 대신 8진수에는 숫자 앞에 0을, 16진수에는 0x를 표기한다.

표 2.2 정수 상수의 종류와 표현법

| 정수 상수 | 일반적인 표현법 | C언어에서의 표현법 |
|---|---|---|
| 10진수 | 823 | 823 |
| 8진수 | $73_{(8)}$ | 073 |
| 16진수 | $A1D2_{(16)}$ | 0xA1D2 |

## 2 실수 상수

실수는 3.14와 같이 소수점을 포함한 수 또는 6.2e-2와 같이 지수 형태로 표현된 수를 말한다. 이때 실수의 값이 1.0 또는 0.13과 같이 소수점 앞이나 뒤의 무의미한 0은 생략하여 1. 또는 .13과 같이 표현할 수 있다. 또한 소수점 형태의 실수는 아주 크거나 작은 경우 사용이 불편하므로 지수 형태로 표현할 수 있다. 예를 들어 그림 2.4와 같이 4e-2는 $4 \times 10^{-2}$를 지수 형태로 나타낸 것이다.

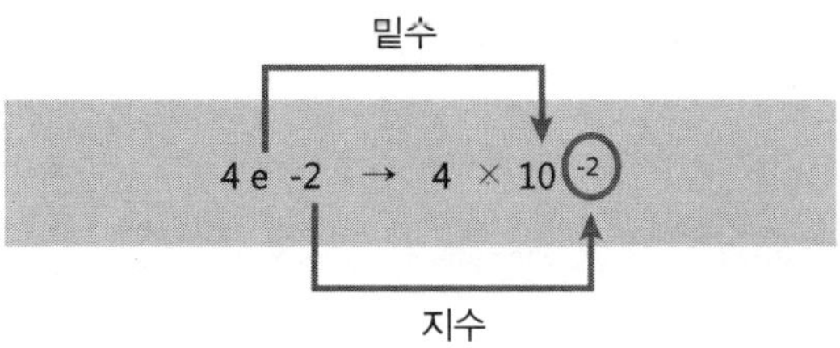


그림 2.4 소수점을 포함한 실수의 지수 표현법

표 2.3은 실수 상수의 종류와 의미를 정리한 것이다.

표 2.3 실수 상수의 종류와 의미

| | 예 | 의미 |
|---|---|---|
| 소수점이 포함된 수 | 3.14, 1. | 3.14, 1.0 |
| 지수 형태로 표현된 수 | 4.23e−4, 2E5 | $4.23 \times 10^{-4}$, $2 \times 10^{5}$ |

## 3 문자 상수

사람은 문자에 익숙해져 있으나 컴퓨터는 기본적으로 문자를 인식할 수 없다. 따라서 문자 A는 숫자 1, B는 2와 같은 형태로 문자와 숫자를 1:1로 대응시켜 저장한 후 다시 1을 A로, 2를 B로 바꾸어 화면이나 프린터에 출력하게 된다. 이와 같이 사람이 인식할 수 있는 문자를 숫자로 변환해서 저장하는 것을 문자 인코딩(encoding)이라 한다. 가장 기본적인 인코딩 방식은 아스키코드(ASCII)로써 총 128개의 영문자와 숫자, 그리고 특수 문자들을 7비트 2진수로 대응시킨 것이다. 아스키코드의 자세한 내용은 부록을 참고하기 바란다.

C언어에서는 작은 따옴표(' ')를 붙인 문자를 문자 상수라 하며, 문자 상수는 아스키코드에 대응하는 숫자로 인식된다. 예를 들면 문자형 상수 'A'의 경우 컴퓨터는 아스키코드에 의해 7비트 2진수 1000001, 즉 10진수 65로 인식한다. 다음은 몇몇 문자형 상수에 대응되는 아스키코드의 값을 10진수로 나타낸 것이다.

```
'!' → 33      '0' → 48
'A' → 65      'a' → 97
```

## 4 문자열 상수

문자열 상수는 큰 따옴표(" ")로 묶어서 나타낸 문자 상수의 나열을 의미한다. 예를 들어 문자열 상수 "Brian"와 "A" 다음의 의미를 가진다.

```
"Brian"  →  'B', 'r', 'i', 'a', 'n', ' \0'
"A"      →  'A', ' \0'
```

위의 예에서 알 수 있듯이 문자열 상수의 끝에는 문자열의 끝을 의미하는 널문자('\0')가 자동으로 추가된다. 따라서 문자열 상수 "Brian"을 구성하는 문자 상수는 모두 6개이다. 정리하자면 문자 상수와 문자열 상수를 구분하는 것은 문자의 수가 아니라 따옴표의 종류이다. 즉 "A"는 하나의 문자라도 큰 따옴표가 붙으면 문자열 상수가 되는 것이다.

## 5 기호형 상수

기호형 상수란 #define문을 이용하여 상수명과 이에 대응되는 상수의 값을 지정한 것을 말한다. 예를 들어 그림 2.5와 같이 실수 상수 3.141592를 기호 상수 PI로 정의하는 문장을 살펴보자.

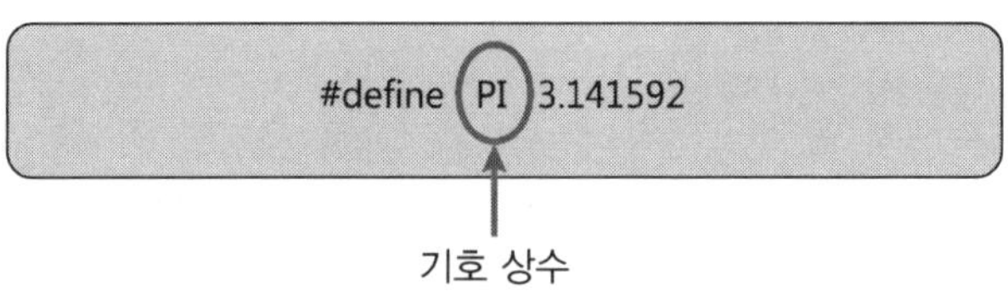


그림 2.5 기호형 상수의 형식

여기서 #define은 기호 상수를 정의하는 전처리문을 의미하며, PI는 기호 상수명을 나타낸다. 기호 상수명은 변수명 규칙을 사용하여 의미 있는 이름을 부여하면 되나 변수명과 구분하기 위해 일반적으로 대문자를 사용한다. 또한 3.141592는 기호 상수 PI의 실제 상수 값으로써 이후 기호형 상수 PI가 사용된 문장에서는 3.141592의 값으로 인식하여 처리한다. 참고로 전처리기 '#'을 사용하는 문장은 일반적인 C 문장이 아니라 전처리문이므로 문장 끝에 세미콜론(;)을 붙이지 않는다.

## 2.3 변수의 선언 및 초기화

### 2.3.1 변수의 선언

1절에서 변수란 사용자가 보다 편리하게 데이터를 읽고 저장하기 위해 메모리에 붙여진 이름이라고 설명하였다. 그렇다면 실제로 변수가 메모리 공간을 할당 받기 위해서는 어떻게 해야 할까? 프로그램에서 변수를 사용하려면 먼저 적절한 메모리 공간을 할당 받아야 하며, 이는 변수 선언을 통해 가능하다. 다음은 변수 선언의 형식을 나타낸 것이다.

```
데이터형 변수명 ;
```

그림 2.6 변수 선언 형식(하나의 변수를 선언할 때)

만일 같은 데이터형의 변수를 여러 개 선언하는 경우이면 한 문장에서 콤마로 나열한다.

```
데이터형 변수명1, 변수명2, ... ;
```

그림 2.7 변수 선언 형식(동일한 데이터형의 여러 변수들을 선언할 때)

여기서 데이터형은 변수에 저장할 데이터의 형태(정수, 실수, 문자)와 데이터의 범위, 그리고 부호의 사용 여부 등을 결정짓는다. C언어에서 제공하는 데이터형의 종류는 그림 2.8과 같다.

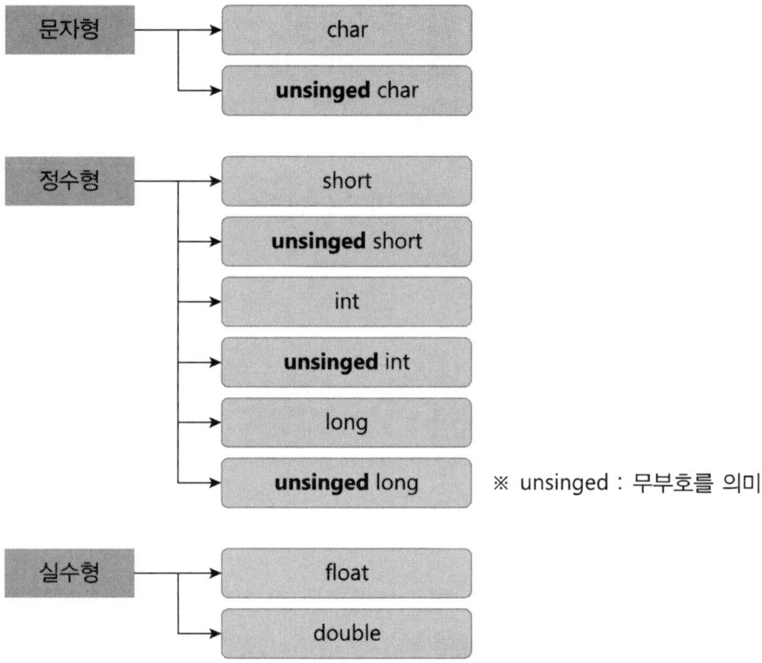


그림 2.8 데이터형의 종류

## 1 문자형

문자형은 주로 변수에 문자 상수나 크기가 작은 정수 값을 저장하고자 할 때 사용한다. 이때 문자 상수는 아스키코드에 대응되는 정수로 변환되어 저장된다. 문자형을 의미하는 데이터형으로는 char과 unsinged char가 있으며, 각각이 차지하는 메모리 크기와 표현 가능한 값의 범위는 표 2.4와 같다.

표 2.4 문자 데이터형의 종류와 의미

| 문자 데이터형 | 크기(byte) | 범위 |
|---|---|---|
| char | 1 | –128 ~ 127 |
| unsigned char | 1 | 0 ~ 255 |

예를 들어 아래와 같이 변수 a를 char로 선언한다면, C 컴파일러는 적절한 메모리 공간에 1바이트(즉 8비트)를 할당받아 -128에서 127 사이의 정수 또는 'A'와 같은 문자 상수의 아스키코드 값을 저장할 수 있게 해 준다.

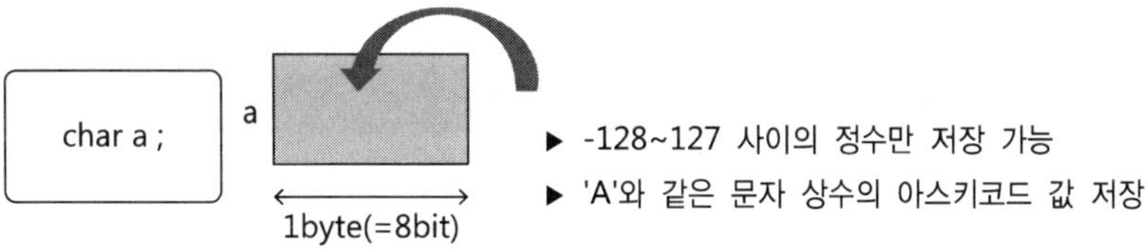


그림 2.9 char의 의미

그러나 변수 a를 unsinged char로 선언하면, char와 같이 1바이트의 메모리 공간을 할당받기는 하나 0~255 사이의 양의 정수만을 저장할 수 있게 한다. unsinged는 무부호, 즉 '부호가 없는'이라는 뜻이므로 음수는 저장할 수 없다. 따라서 한 학급의 학생 수 또는 나이와 같이 항상 양수인 정수를 저장할 변수를 선언하고자 한다면 unsinged char로 선언하는 것이 더 많은 양수를 저장할 수 있게 되므로 메모리를 효율적으로 사용할 수 있다.

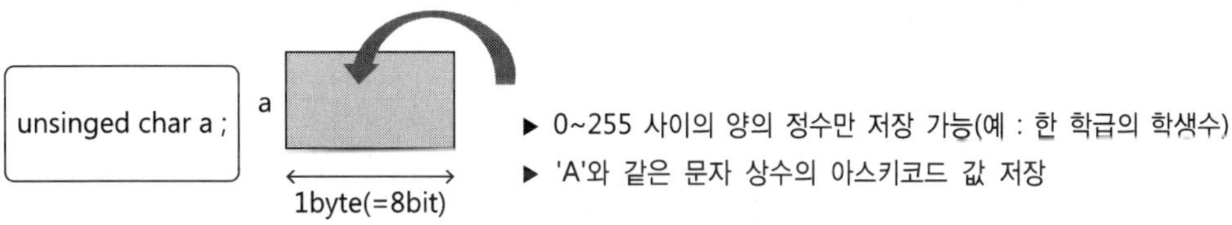


그림 2.10 unsinged char의 의미

만일 변수 a, b, c가 모두 char형의 변수라면 간단하게 콤마로 나열하면 된다.

```
char a, b, c ;
```

참고로 C언어에서는 문자열형을 따로 제공하지는 않는다. 따라서 문자열을 사용하려면 배열이나 포인터를 사용해야 한다. 문자열을 다루는 부분은 7장 배열 및 8장 포인터에서 설명하도록 한다.

## 2 정수형

정수형의 데이터형은 변수에 소수점이 포함되지 않은 정수 값을 저장하고자 할 때 사용한다. 이때 변수에 저장될 정수 값의 범위를 고려하여 short, unsigned short, int, unsigned int, long, unsigned long 중 하나를 선택한다.

표 2.5 정수 데이터형의 종류와 의미

| 정수 데이터형 | 크기(byte) | 범위 |
|---|---|---|
| short | 2 | –32768 ~ 32767 |
| unsigned short | 2 | 0 ~ 65535 |
| int | 4 | –2,147,483,648 ~ 2,147,483,647 |
| unsigned int | 4 | 0 ~ 4,294,967,295 |
| long | 4 | –2,147,483,648 ~ 2,147,483,647 |
| unsinged long | 4 | 0 ~ 4,294,967,295 |

예를 들어 변수 a에 저장하고자 하는 정수 값의 크기가 20000이라면 int 또는 long형 보다 short나 unsigned short형으로 선언하는 것이 좋다. 왜냐하면 short형이 메모리를 가장 작게 할당 받으면서도 20000을 충분히 저장할 수 있기 때문이다. 문자형과 마찬가지로 unsinged가 붙으면 부호가 없는 데이터형을 의미한다.

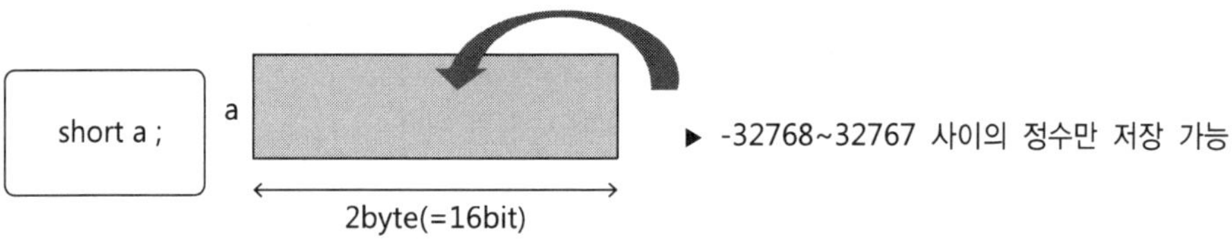


그림 2.11 short의 의미

int형의 크기는 대개 정해져 있지 않으며, 시스템에 따라 크기가 2byte(MS-DOS) 또는 4byte(Windows, UNIX)일 수 있다.

## 3 실수형

실수형의 데이터형은 주로 변수에 소수점을 포함하거나 지수 형태로 표현된 실수형의 데이터를 저장하고자 할 때 사용하며, C언어에서는 float과 double의 두 가지 데이터형을 지원한다.

표 2.6 실수 데이터형의 종류와 의미

| 데이터형 | 크기(byte) | 범위 |
|---|---|---|
| float | 4 | $3.4 \times 10^{-37} \sim 3.4 \times 10^{38}$ |
| double | 8 | $1.7 \times 10^{-307} \sim 1.7 \times 10^{308}$ |

3.14와 같은 실수 상수는 대개 double형으로 자동 인식되어 8바이트의 메모리 공간에 저장된다. 따라서 float형(4바이트)의 변수에 저장하려면 3.14f와 같이 숫자 뒤에 지정 접미사 f를 붙여 준다.

```
float a ;        // 4바이트에 실수(예: 3.14f) 저장
double a ;       // 8바이트에 실수(예: 3.14, 4e-3) 저장
```

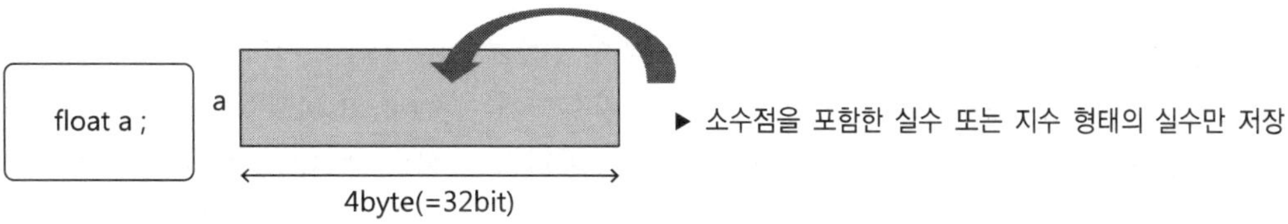


그림 2.12 float의 의미

### 2.3.2 변수의 초기화

변수 선언에 의해 적절한 메모리 공간을 할당받게 되면 변수에는 의미 없는 임의의 값이 저장되어 있다. 이를 컴퓨터 용어로 쓰레기값(gabage)이라 부른다. 따라서 변수를 사용하기 전 사용자는 원하는 값으로 초기화를 해 주어야 한다. 변수를 초기화 하는 방법으로는 다음과 같이 두 가지가 있다.

#### 1 변수를 선언함과 동시에 초기화하는 방법

첫 번째 방법은 그림 2.13과 같이 변수를 선언함과 동시에 대입 연산자(=)를 이용하여 초기화 하는 것이다.

```
데이터형 변수명 = 초기값 ;
```

그림 2.13 변수를 선언함과 동시에 선언하는 방법

다음의 예는 각 변수를 선언함과 동시에 데이터형에 맞는 적절한 값으로 초기화한 문장들이다.

```
char a   = 'A' ;
int b    = 10 ;
long c   = 2l ;
float d  = 3.14f ;
double e = 2.0 ;
```

위의 예에서 char형으로 선언된 변수 a에는 -128~127 사이의 정수값에 해당되는 문자 상수 'A'(아스키코드 65에 해당)를, 그리고 int형 변수 b에는 -2,147,483,648~2,147,483,648 사이의 값 10을 초기화 하였다. 또한 long형의 변수 c에는 long형을 의미하는 접미사 l(또는 L)을 사용하여 2로 초기화 하였으며, float형의 변수 d에는 3.14f, double형 변수 e에는 2.0으로 초기화 하였다. 이와 같이 변수에 값을 저장할 때는 선언된 데이터형과 반드시 일치하도록 주의해야 한다.

같은 데이터형을 가지는 여러 개의 변수를 한 개의 문장을 사용하여 초기화할 때는 아래와 같이 초기화할 수 있다.

```
int a = 10, b = 20, c= 30 ;
```

## 2 변수를 선언한 후 초기화하는 방법

변수를 초기화하는 두 번째 방법으로는 변수를 선언한 후 다른 문장에서 별도로 대입 연산자(=)를 이용하여 변수의 값을 초기화 하는 것으로써 주로 프로그램 중간에 변수의 값을 변경시키고자 할 때 사용한다.

```
데이터형 변수명 ;
변수명 = 초기값 ;
```

그림 2.14 변수를 선언한 후 초기화 하는 방법

다음의 문장은 각 변수를 선언한 후 초기화한 예이다.

```
char a ;            float d ;
a = 'A' ;           d = 3.14f ;
```

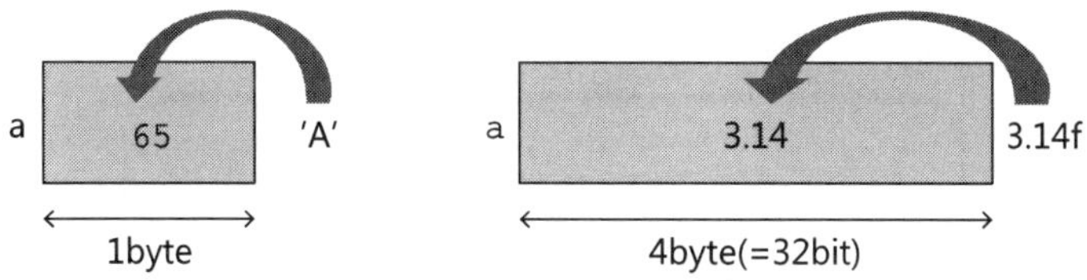


## 2.3.3 변수의 선언 및 초기화시 주의사항

### 1 변수와 저장할 데이터의 형이 일치하지 않을 경우

변수에 값을 저장할 경우 변수와 데이터의 형이 일치하지 않으면 엉뚱한 값이 저장될 수 있다. 예를 들어 정수형 변수 d에 실수 30.5를 대입할 경우, 실제로 변수 d에는 정수값 30이 저장된다.

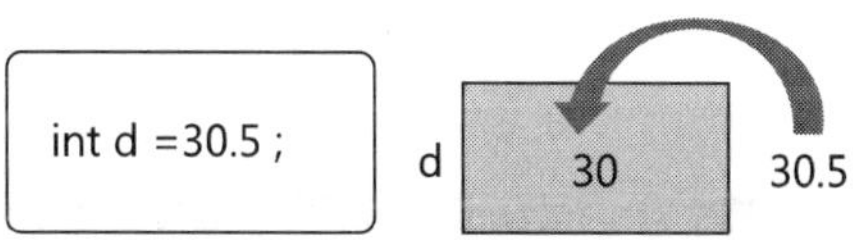


그림 2.15 변수와 저장할 데이터 형이 일치하지 않을 경우

이는 변수 선언시 d에는 -2,147,483,648 ~ 2,147,483,648 사이의 정수값만 저장할 것이라는 것을 미리 컴파일러에게 알렸기 때문이다. 따라서 30.5를 저장하려면 변수 d를 float형 또는 double형으로 선언해야 한다.

### 2 변수와 저장할 데이터의 범위가 일치하지 않을 경우

변수의 데이터 형과 대입하고자 하는 값의 범위가 일치하지 않을 경우 오버플로우(overflow) 또는 언더플로우(underflow)가 발생할 수 있다.

예를 들어 char형의 문자 변수에 -130을 저장한다고 가정하자. 이때 변수는 char형이므로 -128 ~ 127 사이의 정수만 저장할 수 있다. 따라서 -128보다 작은 값을 대입할 경우 언더플로우가 발생하여 변수에는 실제로 126이 저장된다. 반대로 127보다 큰 130을 대입한다고 가정하면 오버플로우에 의해 -126이 저장된다.

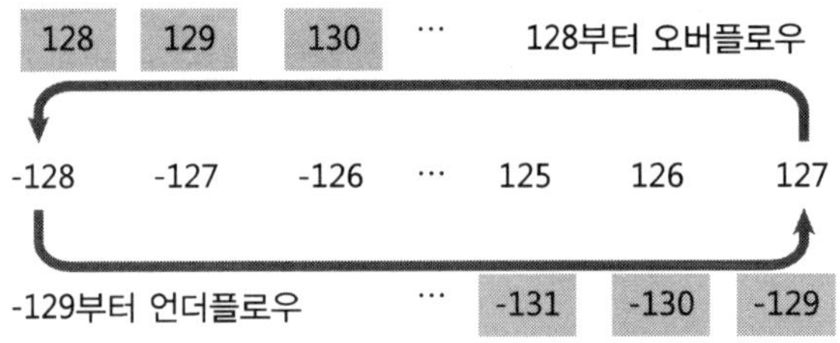


(a) 언더플로우와 오버플로우

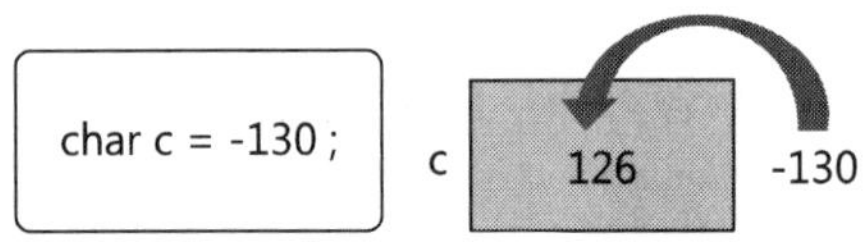


(a) –130을 저장하고자 할 때 언더플로우 발생

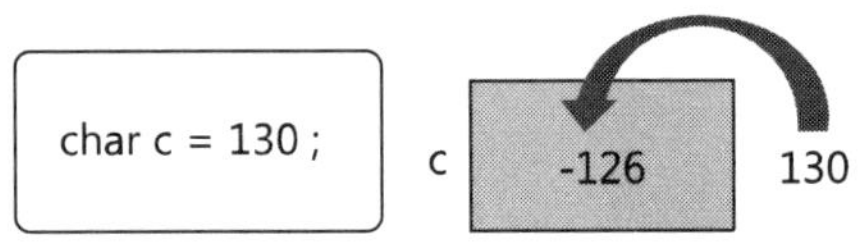


(b) 130을 저장하고자 할 때 오버플로우 발생

**그림 2.16 변수와 저장할 값의 범위가 일치하지 않을 경우**

따라서 변수를 선언하고자 할 때는 대입되는 값의 종류 뿐만 아니라 값의 범위도 고려하여 선택하는 것이 중요하다.

## 2.4 데이터 형변환

데이터형이 다른 데이터들을 하나의 수식을 통해 연산하거나 일시적으로 데이터형을 변경하고자 할 때 형변환이 발생한다. 이 절에서는 컴파일러에 의해 자동적으로 발생하는 자동 형변환과 사용자에 의한 강제 형변환에 대해 살펴보기로 한다.

### 1 자동 형변환

일반적으로 수식은 하나 이상의 변수와 상수가 결합된 형태를 가진다. 이때 변수와 상수가 서로 다른 데이터형을 가진다면 C언어는 내부적으로 정해진 자동 형 변환 규칙에 따라 혼합된 식을 처리한다.

자동 형변환이란 크기가 다른 데이터 형끼리 연산될 때 데이터 형이 가장 큰 데이터형으로 임시적으로 변환되어 계산이 이루어지는 것을 말한다. 이는 크기가 작은 데이터를 더

정밀하게 표현함으로써 연산에 의해 발생하는 데이터의 손실을 최소화하기 위함이다.

예를 들어 2 + 3.14를 연산한다고 했을 때 정수 2가 실수형 2.0으로 형변환 된다면 연산 결과는 5.14가 된다. 그러나 반대로 실수 3.14가 정수형 2으로 형변환 된다면 결과는 2 + 3 = 5가 되므로 소수점 이하가 잘려 나가는 현상이 발생한다. 따라서 연산 과정에서 발생되는 자동 형변환 규칙은 그림 2.17과 같다.

char → int → long → float → double → long double

**그림 2.17 자동 형 변환 규칙(작은 데이터 형 → 큰 데이터 형)**

자동 형변환 규칙에 따라 문자와 정수, 실수형 데이터를 한 문장에서 산술 연산 하는 경우를 살펴보자.

```
x = 'A' + 100 - 3.14 ;
```

이때 가장 큰 데이터형은 double형(3.14의 데이터형)이므로 컴파일러는 나머지 데이터를 모두 double형으로 자동 형변환하여 같게 만든 후 산술 연산을 수행한다. 즉 연산 과정은 다음과 같다.

```
x = 65.0 + 100.0 - 3.14 ;
```

따라서 연산 결과는 161.86이 되며, 이는 변수 x에 저장되므로 데이터 손실을 막기 위해 x는 double형으로 선언되어야 한다.

## 2 강제 형변환

강제 형변환이란 C컴파일러가 아닌 프로그래머가 강제적으로 데이터의 형을 일시적으로 변환시키는 것을 말한다. 강제 형변환 형식은 다음과 같다.

```
(데이터형) 인자 ;
```

**그림 2.18 강제 형변환**

인자는 상수나 수식 또는 변수이며, 인자 앞에 괄호를 붙여 원하는 데이터형을 써 주면 된다. 예를 들어 실수 상수 4.2를 임시로 정수 4로 변환시키고자 한다면 괄호 안에 int를 명시하기만 하면 된다.

```
int a ;
a = (int)4.2 ; // 4.2는 int형으로 변환되어 a에 4가 대입됨
```

이때 강제 형변환된 정수값은 변수 a에 대입하므로 변수 a는 int형으로 선언되어야 한다. 또한 아래의 예는 실수형 변수 x와 y의 합을 구하는 수식의 결과를 정수형으로 강제 형변환한 경우를 보인 것이다.

```
float x = 3.1, b = 4.2 ;
int a ;
a = (int)(x+y) ; // 수식 x+y의 값 7.3은 정수 7로 형변환
```

x는 3.1, y는 4.2이므로 수식 x+y의 결과는 7.3이 되고 이를 int형으로 강제 형변환하면 7이 된다.

## 2.5 컴퓨터에서의 정수 및 실수 표현법

이 장에서는 데이터를 메모리에 저장하기 위해 변수를 선언하고 값을 초기화하는 방법에 대해 알아보았다. 그렇다면 변수를 선언함으로써 할당받게 되는 메모리 공간에는 실제로 정수와 실수가 어떤 형태로 저장되는 것일까? 이 절에서는 실제로 컴퓨터가 메모리에 정수와 실수를 표현하는 방법에 대해 자세히 살펴보기로 한다.

### 1 정수 표현법

정수형 변수가 선언되고 값을 대입하면 컴퓨터는 할당받은 N비트의 메모리 공간에서 첫 번째 비트는 부호를 의미하는 비트를 저장하게 된다. 이때 양수면 0을, 음수면 1을 저장한다. 그리고 나머지 N-1개의 비트에는 양수면 절대값, 음수면 절대값, 1의 보수 그리고 2의 보수법으로 값을 표현한다.

### (1) 양의 정수 표현법

다음과 같이 short형의 변수 a에 양의 정수 9가 초기화되는 경우를 살펴보자.

```
short a = 9 ;
```

컴파일러는 2바이트, 즉 16비트의 메모리를 할당받게 되며, 9는 양수이므로 첫 번째 부호 비트에는 0을 저장한다. 그리고 나머지 15개의 비트에는 9를 15비트 2진수로 표현한 000000000001001을 저장하게 된다. 이를 그림으로 나타내면 다음과 같다.

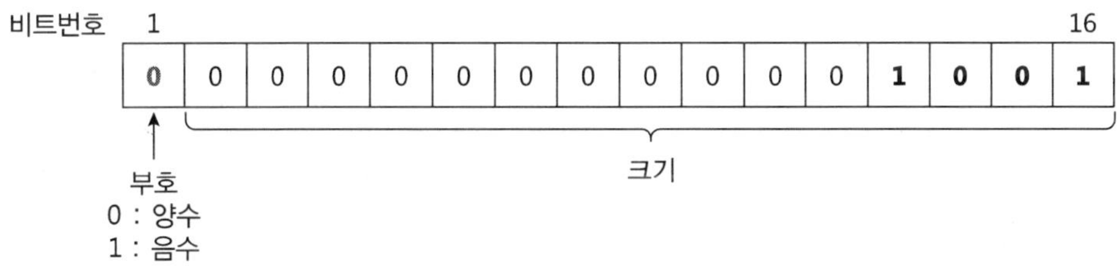


그림 2.19 양의 정수 9가 실제로 저장되는 모습

### (2) 음의 정수 표현법

양의 정수 표현법과는 달리 음의 정수를 표현하는 방법으로는 세 가지가 있다. 즉 부호화된 절대값 표현, 1의 보수를 이용한 표현 그리고 2의 보수를 이용한 표현이다.

❶ **부호화 절대값 표현**이란 첫 번째 비트는 부호 비트를 나타내고, 나머지 비트에는 음수의 절대값을 2진수로 표현하는 것이다. 이는 부호 비트가 1이라는 점을 제외하고는 양의 정수 표현법과 같다.
아래와 같이 short형 변수 a에 -9를 초기화하는 문장을 살펴보자.

```
short a = -9 ;
```

이때 -9는 음수이므로 첫 번째 부호 비트는 1, 나머지 15비트는 다음 그림과 같이 -9의 절대값인 9를 2진수로 표현한다.

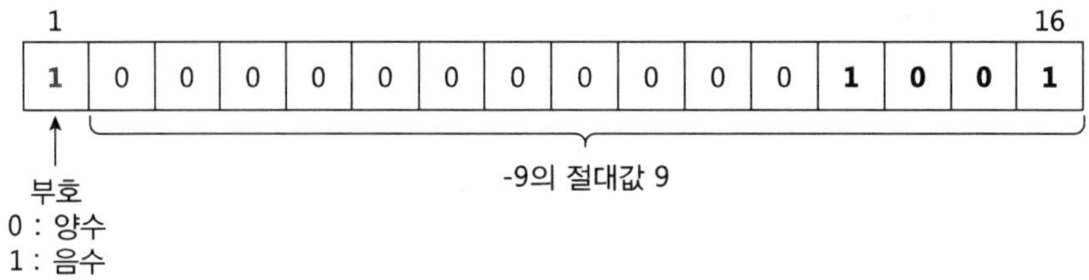


**그림 2.20 음의 정수 -9에 대한 부호화된 절대값 표현**

❷ 그리고 **1의 보수 표현법**이란 부호화된 절대값 표현에서 부호 비트는 그대로 두고 절대값으로 표현한 15비트의 값을 0은 1로, 1은 0으로 변환하는 것이다.

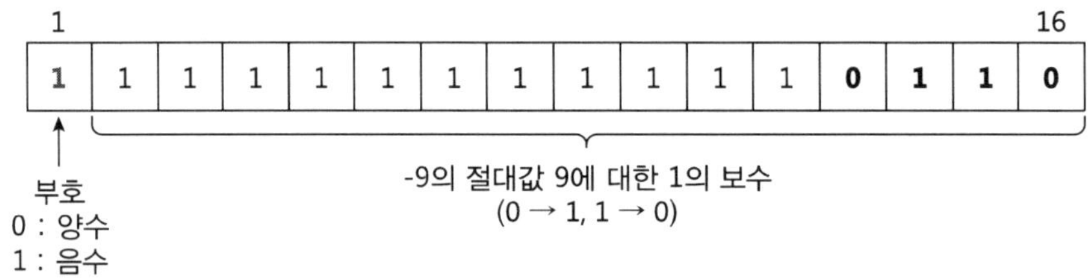


**그림 2.21 음의 정수 -9에 대한 1의 보수 표현**

❸ 마지막 세 번째 방법으로써 2의 보수 표현법[12)]은 1의 보수 표현에 의한 값에 1을 더하는 방법이다.

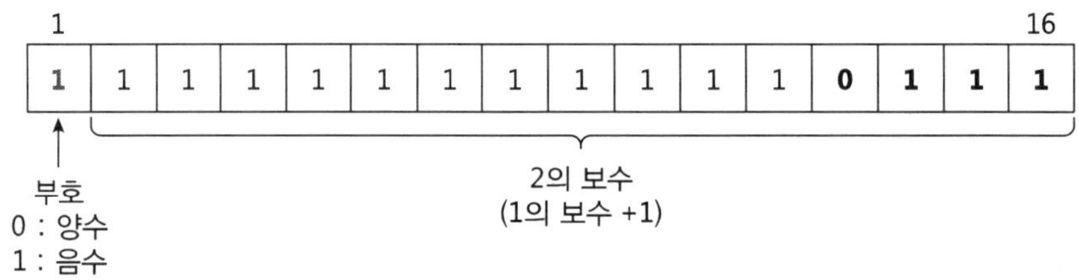


**그림 2.22 음의 정수 -9에 대한 2의 보수 표현**

이러한 세 가지 표현법 가운데 실제로 컴퓨터가 음수를 표현할 때는 2의 보수 표현법을 이용하게 된다. 이는 2의 보수 표현법이 -0을 표현하지 않는 대신 음수 하나를 더 표현할 수 있기 때문이다. 이에 관한 자세한 사항은 디지털 논리회로 또는 컴퓨터구조 서적을 참고하기 바란다.

12) 실제로 컴퓨터는 음수를 저장할 때 **2의 보수법**을 이용한다.

## 2 실수 표현법

컴퓨터마다 각자 서로 다른 형태로 실수를 표현하는 것을 방지하기 위해 IEEE에서는 IEEE754 표준안을 발표하였다. 현재 대부분의 컴퓨터는 이 표준안에 따라 실수를 메모리에 저장한다. 아래의 그림은 32비트의 float형 변수에 실수값을 저장하기 위한 메모리 구조를 나타낸 것이다.

**그림 2.23 IEEE754에 의한 실수 표현**

첫 번째 비트는 부호 비트로써 주어진 실수가 양수면 0, 음수면 1을 저장한다. 그리고 실수를 2진수로 변환한 후 최상위 비트가 1이 되도록, 즉 1. 의 형태가 되도록 소수점의 자리를 이동한다. 이때 2의 멱승으로 표현되는 지수값에 127을 더한 후 2진수로 변환한 값을 2번째 비트부터 9번째 비트까지 저장한다. 그리고 최상위 비트 1을 제외한 나머지 값은 23 비트의 가수부에 저장한다.

예를 들어 float형으로 선언된 변수 a에 3.14를 대입하는 문장을 살펴보자.

```
float a = 3.14 ;
```

먼저 3.14를 2진수로 표현하면 11.0010001…. 가 된다. 실수를 2진수로 변환하는 방법은 아래의 그림과 같이 정수부 3은 2로 나눈 나머지를 취하고, 소수점 이하 0.14는 2를 곱하여 정수부는 취하고, 정수부를 뺀 나머지 값은 2로 곱한 값이 1.0이 될 때까지 계속해서 2를 곱하면서 정수부를 취한다.

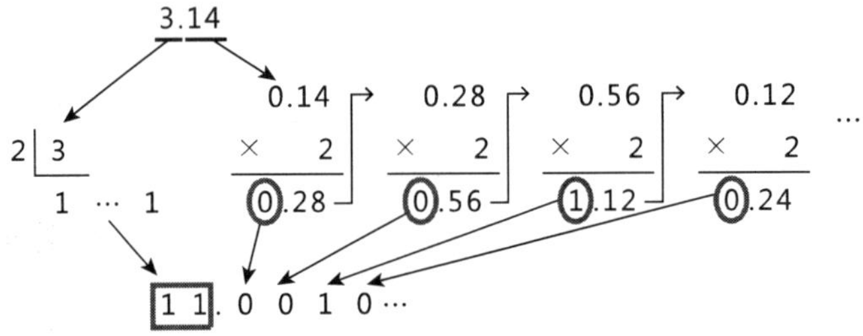


2진수로 변환된 값을 최상위 비트가 1이 되도록 자리 이동하면 1.10010001…$\times 2^1$가 되며, 여기서 가수부에는 1.을 생략한 10010001…만 23비트로 표현한다. 또한 2의 멱승값인 1에 127을 더한 128은 8비트로 변환한 후 지수부에 저장한다. 3.14의 부호는 양수이므로 첫 번째 부호 비트에는 0이 저장된다. 따라서 3.14를 float형 변수에 저장하면 다음과 같다.

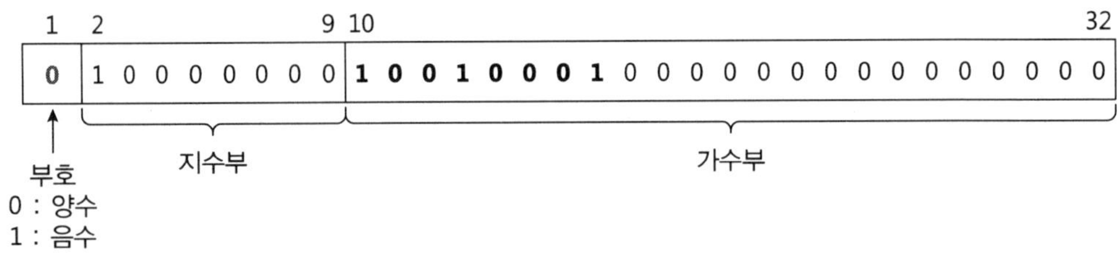


그림 2.24 실수 3.14가 실제로 저장되는 모습

# 연습문제

**01** 다음의 빈 칸을 채우시오.

(1) C언어에서 데이터는 크게 ______와 ______로 나뉜다.

(2) 상수 중 8진수는 숫자 앞에 기호 ______를 그리고 16진수는 기호 ______를 붙여서 10진수와 구분한다.

(3) 상수에는 작은 따옴표(' ')로 묶어서 표현하는 ______ 상수와 큰 따옴표("")로 묶어서 하나의 값으로 취급하는 ______ 상수가 있다.

(4) ______는 어떤 값을 저장하기 위해 메모리 공간에 붙여진 이름을 의미한다.

(5) C 프로그램에서 모든 변수와 함수는 사용 전 반드시 ______해야 한다.

(6) 변수 선언시 데이터형은 세 가지 의미를 담고 있는데 이는 ______, ______, ______이다.

(7) 변수를 선언하면 그 변수에는 쓰레기값이 저장된다. 따라서 반드시 변수의 ______ 과정이 필요하다.

(8) 문자형 변수에는 ______형의 데이터, 정수형 변수에는 ______형의 데이터를 그리고 실수형 변수에는 ______형의 데이터를 저장하여야 한다. 그렇지 않은 경우 엉뚱한 값이 변수에 저장되어 사용자가 원하지 않는 결과를 얻을 수 있다.

(9) 어떤 데이터형이 나타낼 수 있는 크기보다 큰 범위의 데이터를 변수에 대입하고자 할 때 ______가 발생한다.

(10) 서로 다른 데이터형의 데이터들이 한 문장에서 산술 연산되는 경우 컴파일러에 의해 ______ 변환이 일어난다.

(11) 컴파일러가 아닌 사용자에 의해 강제로 인자의 데이터형을 변환하고자 할 때는 인자 앞에 ______를 붙여준다.

(12) 컴퓨터는 음이 정수를 메모리에 저장할 때 ______ 방법을 사용하여 저장한다.

**02** 다음의 데이터를 어떤 변수에 저장하고자 할 때 변수에 알맞은 데이터형은 무엇인가?

(1) 학점(A, B, C, D, F)
(2) 학생들의 몸무게
(3) 한 학급의 인원 수
(4) 지구의 둘레

**03** char a ;로 선언된 변수 a에 문자 A를 저장하는 명령문으로 바르게 나타낸 것은?

(1) a = "A" ;
(2) a = A ;
(3) A = a ;
(4) a = 'A' ;

**04** 다음 상수들의 데이터형과 의미는 각각 무엇인가?

(1) '\n'
(2) 1016
(3) 99.44
(4) 0xB5
(5) 2.1e-300

**05** 다음의 문제에 적합하도록 변수를 선언하고 초기화하라.

(1) 변수 a를 선언하고 정수값 25가 저장되도록 초기화하라.
(2) 변수 b를 선언하고 실수값 3.14가 저장되도록 초기화하라.
(3) 변수 c를 선언하고 실수값 2.0e45가 저장되도록 초기화하라.
(4) 변수 d를 선언하고 문자 'B'가 저장되도록 초기화하라.
(5) 변수 e를 선언하고 8진수 71이 저장되도록 초기화하라.
(6) 변수 f를 선언하고 16진수 A7이 저장되도록 초기화하라.

**06** 다음 프로그램의 실행 결과를 구하고, 결과에 대해 설명하라.

```
#include <stdio.h>
void main(void)
{
    unsigned char x = 256 ;
   printf("%d\n", x) ;
}
```

**07** 다음의 문장이 틀린 이유에 대해 설명하시오.

(1) a + b = 100 ;

(2) int 8a = 10 ;

(3) int a = b = 5 ;

(4) int value = 2,500 ;

(5) int a = 3 ;
    int a = 5 ;

(6) char c = "Y" ;

**08** 데이터형 변환 우선 순위가 낮은 순위에서 높은 순위로 나열된 것 중 맞지 않는 것은 ?

(1) char 〈 int 〈 unsigned int

(2) float 〈 long 〈 double

(3) unsigned short 〈 float 〈 double

(4) int 〈 long 〈 double

**09** 다음과 같이 강제 형변환을 한 경우 변수 x에 대입되는 값은 얼마인가?

```
char x ;
x = (char)65 ;
```

**10** 12와 −12를 4바이트 int형 변수 x에 2진수 형태로 저장하라.

**11** −5.2를 4바이트 float형 변수 y에 2진수 형태로 저장하라.

CHAPTER 03

# 표준 입출력 처리

**학・습・목・표**

- 데이터 입출력 처리 방법에 대해 알아본다.
- 표준 입출력의 개념을 이해한다.
- 표준 출력 함수의 종류를 살펴보고 각각의 사용법에 대해 이해한다.
- 표준 입력 함수의 종류를 살펴보고 각각의 사용법에 대해 이해한다.

## 3.1 데이터 입출력 처리

2장에서는 C언어에서 다루는 다양한 데이터의 종류와 사용법에 대해 살펴보았다. 그렇다면 이러한 데이터들을 어떤 방법으로 컴퓨터에 입력하고, 어떻게 컴퓨터가 처리한 결과를 사용자에게 출력할 수 있을까? C언어에서는 컴퓨터에/로부터의 데이터 입출력을 위해 그림 3.1과 같이 표준 입출력과 파일 입출력 방법을 지원한다.

(a) 표준 입출력

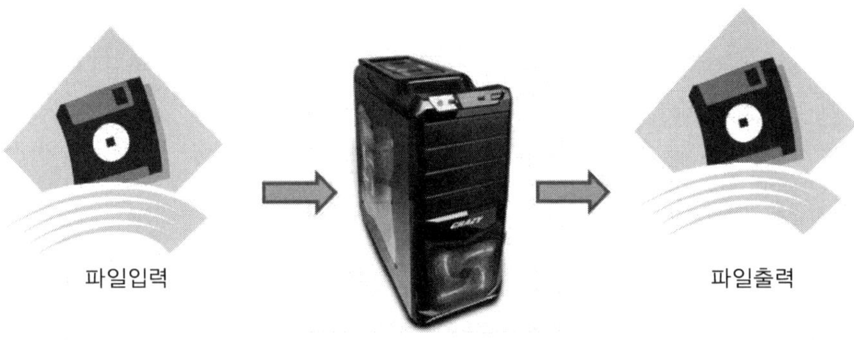


(a) 파일 입출력

**그림 3.1 데이터 입출력 방법**

**표준 입출력**(standard input/output) 방법은 키보드로부터 데이터를 입력받고, 화면을 통해 컴퓨터의 처리 결과를 출력하는 것을 말한다. 표준 입력은 프로그램에 필요한 데이터를 키보드를 통해 직접 입력받게 되므로 적은 양의 데이터를 입력할 때는 유용하나, 프로그램을 실행시킬 때마다 매번 데이터를 입력해야 하는 번거로움이 있다. 표준 출력 또한 컴퓨터의 처리 결과를 화면을 통해 출력하므로 적은 양의 처리 결과를 즉시 확인하고자 할 때 유용하다. 그러나 많은 양의 결과를 출력할 때는 화면이 다음 페이지로 넘어가서 앞의 출력 결과를 확인하지 못하는 경우가 발생할 수 있다. 이러한 문제점을 보완한 것이 파일 입출력 방법이다.

**파일 입출력**(file input/output)은 파일로부터 데이터를 입력받고 처리 결과를 파일에 출력하는 방법이다. 따라서 영구적이고 많은 양의 데이터를 입출력할 때 유용하다. 표 3.1은 표준 입출력과 파일 입출력 방법을 비교한 것이다.

**표 3.1** 데이터 입출력 방법에 따른 입출력 장소와 특징

| 입출력 방법 | 입력 장소 | 출력 장소 | 용도 |
|---|---|---|---|
| 표준 입출력 | 키보드 | 화면 | 간단하고 일시적인 데이터의 입출력에 사용 |
| 파일 입출력 | 파일 | 파일 | 많은 양의 데이터와 영구 보관을 위한 데이터의 입출력에 사용 |

이 장에서는 표준 입출력을 위한 다양한 라이브러리 함수들에 관해 살펴보고, 파일 입출력에 관련된 자세한 내용은 12장에서 다루기로 한다.

## 3.2 표준 출력 함수

C언어에서 지원하는 대표적인 표준 출력 함수로는 printf(), putchar(), puts() 함수가 있다. 이러한 표준 출력 함수들은 사용자의 용도와 목적에 따라 선택적으로 사용될 수 있으며, 헤더 파일 〈stdio.h〉에 정의되어 있다. 따라서 프로그램에서 이 세 함수를 사용할 경우에는 다음과 같이 #include문에 이 헤더 파일을 반드시 포함시켜 주어야 한다.

```
#include <stdio.h>
```

여기서 stdio.h는 standard input/output header의 약자이며, 표준 입력과 출력에 관련된 다양한 함수들을 정의한 헤더 파일이라는 의미이다.

## 1 다양한 형태의 데이터 출력 : printf()

printf() 함수는 다양한 형태의 데이터를 화면에 출력하고자 할 때 자주 사용되는 범용 표준 출력 함수이다. 이름, 주소 등과 같은 문자열이나 정수나 실수 또는 한 개의 문자를 출력할 때 사용한다. printf() 함수의 형식은 다음과 같다.

```
printf("출력할 문자열 또는 변환 문자 리스트", 인자 리스트);
```

그림 3.2 printf() 함수의 형식

큰 따옴표 내에 기술되는 내용은 화면에 출력하고자 하는 문자열 또는 변수나 상수, 수식의 결과를 어떤 형태로 화면에 출력할 것인가를 지정하는 변환 문자들의 나열이다. 단순히 문자열만 화면에 출력하고자 한다면 큰 따옴표 뒤의 콤마와 인자 리스트는 생략한다.

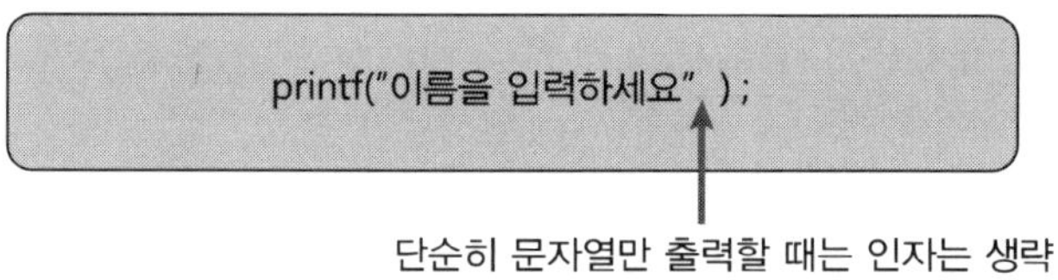


그러나 변수나 상수, 수식의 결과를 출력하고자 할 때는 인자 리스트에 출력 대상을 콤마(,)로 나열하고 출력 형태를 나타내는 변환 문자를 큰 따옴표 안에 지정한다. 즉 아래의 예와 같이 정수형 데이터는 %d, 실수형 데이터는 %f, 문자형은 %c, 문자열은 %s로 지정한다.

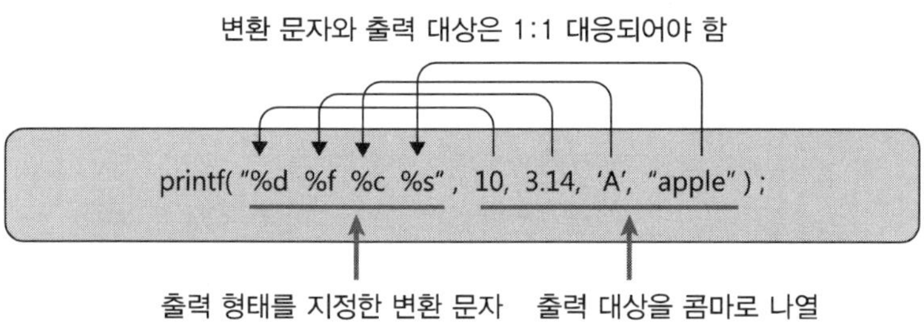


이때 출력 대상과 변환 문자는 각각 1:1 대응되어야 한다. 표 3.2는 다양한 변환 문자의 종류와 사용 예를 나타낸 것이다.

표 3.2 변환 문자의 종류

| 변환 문자 | | 기능 | 사용 예 | 출력 형태 |
|---|---|---|---|---|
| 문자형 | %c | 문자 출력 | char a = 'A' ;<br>printf("%c", a) ; | A |
| 정수형 | %d | 10진 정수 출력 | int a = 100 ;<br>printf("%d", a) ; | 100 |
| | %o | 8진수 출력 | int a = 10 ;<br>printf("%o", a) ; | 12 |
| | %x | 16진수 출력 | int a = 17 ;<br>printf("%x", a) ; | 11 |
| | %ld | long형의 10진 정수 출력 | long a = 100L ;<br>printf("%ld", a) ; | 100 |
| | %u | 무부호(unsigned int) 정수 출력 | unsigned int a = 10 ;<br>printf("%u", a) ; | 10 |
| 실수형 | %f | 소수점 이하 6자리 실수 출력 | float b = 3.14 ;<br>printf("%f", b) ; | 3.140000 |
| | %e | 지수 형태의 실수 출력 | float b = 3.14 ;<br>printf("%e", b) ; | 3.14e+00 |
| 문자열 | %s | 문자열 출력 | char c[10]= "apple" ;<br>printf("%s", c) ; | apple |

이제 주어진 두 개의 정수 값의 합과 평균을 구하여 화면에 출력하는 프로그램을 살펴보자.

**예제 3.1 두 정수값의 합과 평균을 구하는 프로그램**

```
#include <stdio.h>
void main(void)
{
    int a = 10, b = 25;          // 두 개의 정수형 변수 a와 b의 선언 및 초기화
    int sum ;                    // 합을 저장할 변수 선언
    float avg ;                  // 평균을 저장할 변수 선언

    sum = a+b ;                  // 두 변수의 합을 구하여 sum에 대입
```

```
        avg = (float)sum/2 ;            // 평균을 구하여 avg에 대입
        printf("합 = %d, 평균 = %f이다.\n", sum, avg) ; // 합과 평균을 화면에 출력
}
```

실행 결과

```
합 = 35, 평균 = 17.500000
(현재 커서)
```

먼저 두 개의 정수 10과 25의 합은 정수이므로 합의 결과를 저장할 변수 sum은 정수형으로 선언되었다. 또한 합 35는 정수일지라도 합을 2로 나눈 평균은 17.5와 같이 실수이므로 평균을 저장할 변수 avg는 반드시 실수형으로 선언되어야 한다.

이때 평균을 구하는 과정에서 반드시 주의해야 할 부분이 있다. 두 정수의 평균을 구하기 위해 합을 2로 나누게 되는데 합인 35가 정수이고 2도 정수이므로 평균은 자동 형변환에 의해 정수가 되어 35 / 2 = 17이 된다. 즉 정확한 나눗셈 결과인 17.5가 되지 않는다.

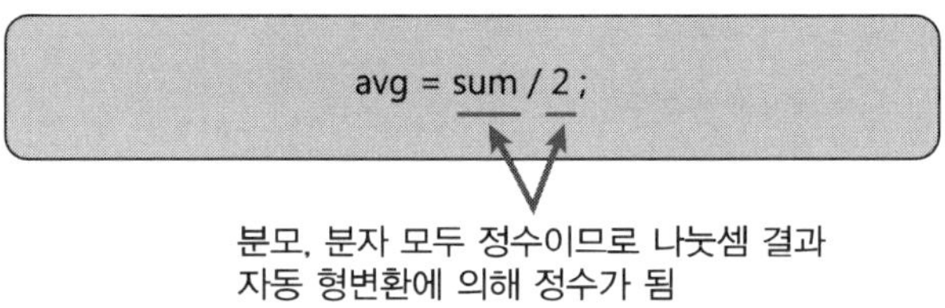


따라서 평균값을 계산할 때는 아래와 같이 분모나 분자 중 적어도 하나는 실수형이 되도록 반드시 강제 형변환이 이루어져야 한다.

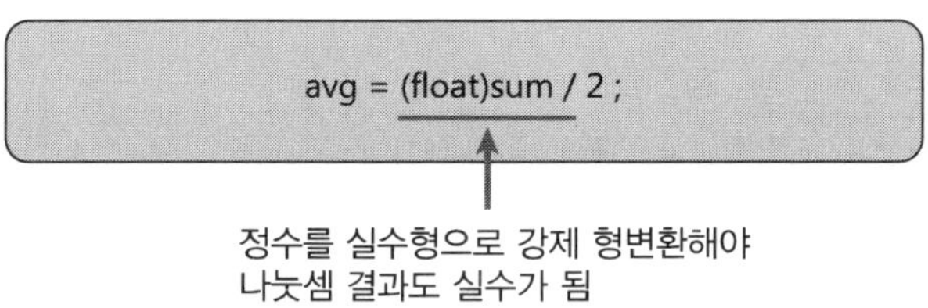


계산된 합과 평균을 출력하기 위해 각각 변환 문자 %d와 %f를 사용하였으며, 특히 %f는 소수점 이하 6자리까지 강제 출력함을 알 수 있다. 만일 소수점 이하 자릿수를 조절하고자 한다면 형식 변환자를 사용할 수 있다.

표 3.3은 정수와 실수의 정렬 및 출력 자릿수와 형태를 결정하기 위한 다양한 형식 변환자의 종류와 사용 예를 나타낸 것이다.

**표 3.3** 변환 문자의 종류

| 형식변환자 | | 기능 | 사용 예 | 출력 형태 |
|---|---|---|---|---|
| 정수 | %d | 화면의 왼쪽부터 정수값을 출력 | printf("%d", 5) ; | 5 |
| | %3d | 세 자리 정수 형태로 오른쪽 정렬 | printf("%3d", 5) ; | _ _ 5 |
| | %-3d | 세 자리 정수 형태로 왼쪽 정렬 | printf("%-3d", 5) ; | 5 _ _ |
| 실수 | %f | 소수점 이하 6자리까지 출력 | printf("%f", 3.14) ; | 3.140000 |
| | %.3f | 소수점 이하 3자리까지 출력 | printf("%.3f", 3.14) ; | 3.140 |
| 8진수 | %o | 정수를 8진수로 변환하여 출력 | printf("%o", 10) ; | 12 |
| | %#o | 출력된 8진수 앞에 0을 출력 | printf("%#o", 10) ; | 012 |
| 16진수 | %x | 정수를 16진수로 변환하여 출력 | printf("%x", 17) ; | 11 |
| | %#x | 출력된 16진수 앞에 0x를 출력 | printf("%#x", 17) ; | 0x11 |

또한 예제 3.1에서 합과 평균을 출력하기 위한 printf() 함수를 살펴보면 보면 '\n'이 사용되었다. 이는 줄 바꾸기 출력 제어 문자로써 마치 엔터키를 이용하여 현재 커서를 다음 줄로 넘기는 것과 같은 역할을 한다.

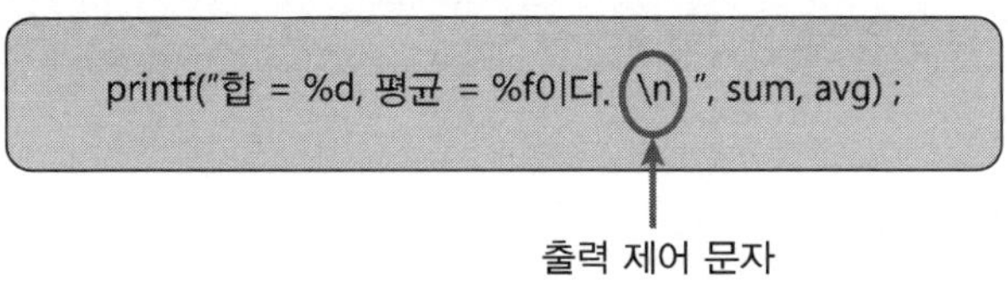


따라서 커서를 다음 줄로 바꾸고자 한다면 원하는 수만큼 '\n'을 사용하면 되는 것이다. 표 3.4는 '\n' 외에 표준 출력 함수에서 자주 사용되는 다양한 출력 제어 문자를 나타낸 것이다.

**표 3.4** 출력 제어 문자의 종류

| 형식변환자 | 기능 | 사용 예 | 출력 형태 |
|---|---|---|---|
| \n | 커서를 다음 줄로 바꾸기 | printf("apple\n") ; | apple(현재 커서) |
| \t | 탭 간격만큼 띄우기 | printf("apple\t") ; | apple(현재 커서) |
| \b | 커서를 뒤로 한 칸 이동시키기 | printf("apple\b") ; | appl |
| \' | 작은 따옴표 출력하기 | printf("apple\'") ; | apple' |
| \" | 큰 따옴표 출력하기 | printf("apple\"") ; | apple" |
| \\ | 역슬래시 출력하기 | printf("apple\\") ; | apple\ |

## 2 한 개의 문자 출력 : putchar()

printf() 함수가 다양한 형태의 데이터를 출력하기 위한 범용 표준 출력 함수인 반면 putchar() 함수는 한 개의 문자를 화면에 출력하기 위한 전용 표준 출력 함수이다. 따라서 printf() 함수에서 %c를 사용하는 것과 같은 기능을 수행한다. putchar() 함수의 형식은 다음과 같다.

```
putchar( 인자 ) ;
```

그림 3.3 putchar() 함수의 형식

여기서 인자는 반드시 정수형의 상수나 변수 또는 수식이어야 하며, 화면에 출력될 때는 아스키코드에 의해 이 정수 값에 해당하는 문자가 출력된다.

예제 3.2는 putchar() 함수를 사용하여 인자가 변수, 상수 그리고 수식인 경우에 대해 해당 문자를 화면에 출력하는 프로그램이다.

**예제 3.2 putchar() 함수를 사용한 문자 출력**

```
#include <stdio.h>
void main(void)
{
    int a = 65 ;

    putchar(a) ;              // 정수형 변수의 값 65를 문자 형태로 출력
    putchar(32+33) ;          // 수식의 값 65를 문자 형태로 출력
    putchar(65) ;             // 정수 상수 65를 문자 형태로 출력

}
```

실행 결과

```
AAA
```

예제로부터 putchar() 함수는 자동 줄바꿈이 되지 않는 것을 알 수 있다. 따라서 줄을 바꾸려면 다음과 같이 putchar() 함수에서 출력 제어 문자 '\n'을 사용하거나 printf() 함수를 사용하면 된다.

**예제 3.3 putchar() 함수에서 출력 제어 문자를 사용하여 문자 출력**

```
#include <stdio.h>
void main(void)
{
    int a = 65 ;

    putchar(a) ;
    putchar('\n') ;             // 줄바꾸기
    putchar(32+33) ;
    printf("\n") ;              // 줄바꾸기
    putchar(65) ;
    putchar('\n') ;             // 줄바꾸기
}
```

실행 결과

```
A
A
A
```

## 3 문자열 출력 : puts()

puts() 함수는 문자열을 화면에 출력하기 위한 전용 표준 출력 함수이며, printf() 함수에서 %s를 사용한 것과 같다. puts() 함수의 형식은 다음과 같다.

```
puts( 인자 ) ;
```

**그림 3.4 puts() 함수의 형식**

예제 3.4는 puts() 함수를 이용하여 키보드로부터 문자열을 입력받아 문자 배열 a에 저장하고, 저장한 문자열을 다시 화면에 출력하는 프로그램이다.

**예제 3.4 puts() 함수를 사용한 문자열 출력**

```
#include <stdio.h>
void main(void)
{
     char a[10] = "banana" ;      // 문자 배열 a 선언 및 초기화

     puts(a) ;
     puts("apple") ;
}
```

실행 결과

```
banana
apple
```

문자 배열이란 여러 개의 문자를 메모리에 연속해서 저장하는 구조이며, char a[10];과 같이 선언된 경우 a는 배열명, 대괄호 내의 10은 메모리에 연속 저장 가능한 최대 데이터의 수를 의미한다. 배열명 앞의 char는 연속 저장되는 데이터들이 모두 문자형임을 나타낸다. 즉 배열 a에는 문자들이 연속 저장되므로 이를 문자 배열이라고도 한다.

또한 실행 결과 puts() 함수는 putchar() 함수와는 달리 자동으로 줄바꿈이 되는 것을 알 수 있다.

## 3.3 표준 입력 함수

### 1 다양한 형태의 데이터 입력 : scanf()

scanf() 함수는 정수나 실수 그리고 문자나 문자열과 같은 다양한 형태의 데이터를 입력받기 위해 사용되는 범용 표준 입력 함수이다. scanf() 함수의 형식은 다음과 같다.

```
scanf(" 변환 문자 리스트", &인자 리스트) ;
```

그림 3.5 scanf() 함수의 형식

큰 따옴표 내의 변환 문자 리스트는 키보드로부터 입력받을 데이터의 형태를 의미하는 변환 문자이다. 변환 문자는 표 3.2와 같이 printf() 함수에서 사용된 변환 문자와 동일하게 사용할 수 있다. 단 scanf() 함수를 사용할 때 주의할 점은 int형 정수를 입력받고자 할 때는 %d, long형 정수를 입력받을 때는 %ld를 사용해야 한다. 또한 float형의 실수를 입력받고자 할 때는 %f, double형의 실수를 입력받을 때는 %lf를 사용해야 한다.

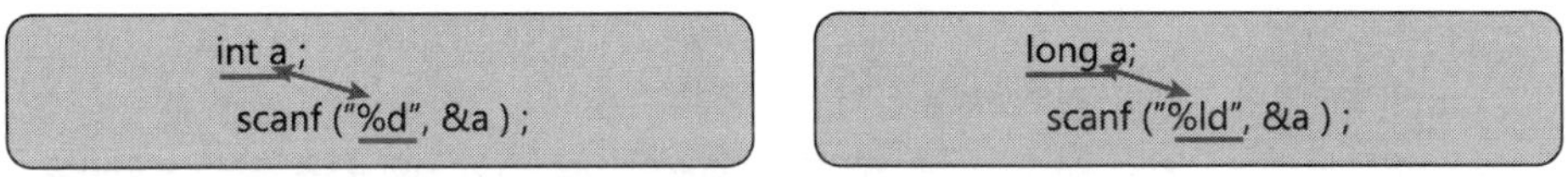


(a) 정수형의 데이터 입력(int→%d, long→%ld)

(b) 실수형의 데이터 입력(float→%f, double→%lf)

**그림 3.6 scanf() 함수를 사용할 때 주의할 점**

또한 인자는 키보드로부터 입력받은 데이터를 저장할 변수를 의미하며, 이때 문자열을 제외한 모든 변수 앞에는 반드시 기호 &를 붙여 주어야 한다.

**그림 3.7 scanf() 함수는 문자열을 제외한 모든 변수명 앞에 반드시 &를 붙여야 함**

그리고 변환 문자와 인자는 1:1 대응되므로 데이터형과 개수는 서로 일치해야 한다.

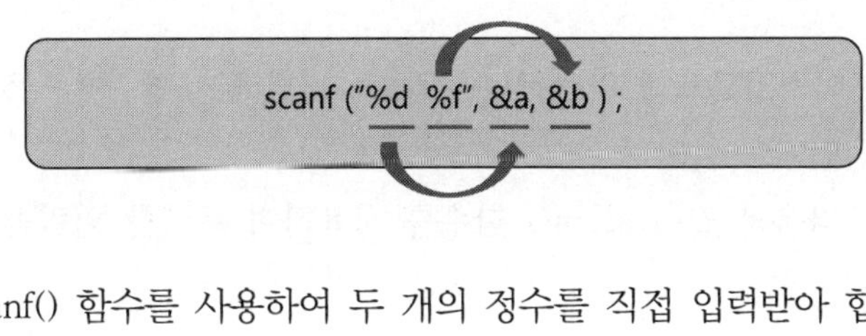


예제 3.5는 scanf() 함수를 사용하여 두 개의 정수를 직접 입력받아 합과 평균을 구하는 프로그램으로써 예제 3.1을 약간 수정한 것이다.

**예제 3.5 scanf() 함수를 사용한 데이터 입력**

```
#include <stdio.h>
void main(void)
{
    int a, b, sum ;
    float avg ;

    printf("두 개의 정수를 입력하세요 : ") ;
    scanf("%d %d", &a, &b) ;        // 키보드로부터 변수 a와 b의 값을 직접 입력받음

    sum = a+b ;
    avg = (float)sum / 2 ;

    printf("합은 %d, 평균은 %.2f", sum, avg) ;
}
```

실행 결과

```
두 개의 정수를 입력하세요 : 15 20
합은 35, 평균은 17.50
```

## 2 한 개의 문자 입력 : getchar()

getchar() 함수는 한 개의 문자만을 입력받기 위한 전용 함수로 이용되며, 형식은 다음과 같다.

```
변수명 = getchar( ) ;
```

그림 3.8 getchar() 함수의 형식

입력받은 문자는 아스키코드에 의해 정수 값으로 변환되어 변수에 저장된다. 따라서 변수는 정수형으로 선언되어야 한다.

getchar() 함수는 다음과 같이 scanf() 함수를 사용하여 문자를 입력받는 것과 같다.

```
int a ;                char a ;
a = getchar() ; ⇔ scanf("%c", &a) ;
```

예제 3.6은 getchar() 함수를 사용하여 문자를 입력받고 printf() 함수를 이용하여 그대로 출력하는 프로그램을 나타낸 것이다.

**예제 3.6 getchar() 함수를 사용한 문자 입력**

```
#include <stdio.h>
void main(void)
{
    int c ;

    printf("1개의 문자를 입력하세요 : ") ;
    c = getchar() ;
    printf("입력받은 문자는 %c이다", c) ;
}
```

실행 결과

```
1개의 문자를 입력하세요 : A
입력받은 문자는 A이다
```

### 3 문자열 입력 : gets()

gets() 함수는 문자열만을 입력받기 위한 함수로 사용되며, 형식은 다음과 같다.

```
gets( 인자 ) ;
```

그림 3.9 gets() 함수의 형식

이때 인자는 입력받은 문자열을 저장할 문자 배열이어야 한다. 예제 3.7은 gets() 함수를 이용하여 문자열을 입력받고 printf() 함수를 사용하여 출력하는 프로그램을 작성한 것이다.

### 예제 3.7 gets() 함수를 사용한 공백이 있는 문자열 입력

```
#include <stdio.h>
void main(void)
{
    char name[10] ; // 최대 10개의 문자를 연속 저장할 수 있는 문자 배열 선언

    printf("이름을 입력하라 : ") ;
    gets(name) ;
    printf("입력받은 이름은 %s이다.", name) ;
}
```

**실행 결과**

```
이름을 입력하라 : EunJung Kim
입력받은 이름은 EunJung Kim이다.
```

gets() 함수를 통해 공백이 있는 문자열을 입력받은 경우 공백을 포함한 전체 문자열과 문자열의 끝을 알리는 널문자('\0')가 배열 name에 저장된다.

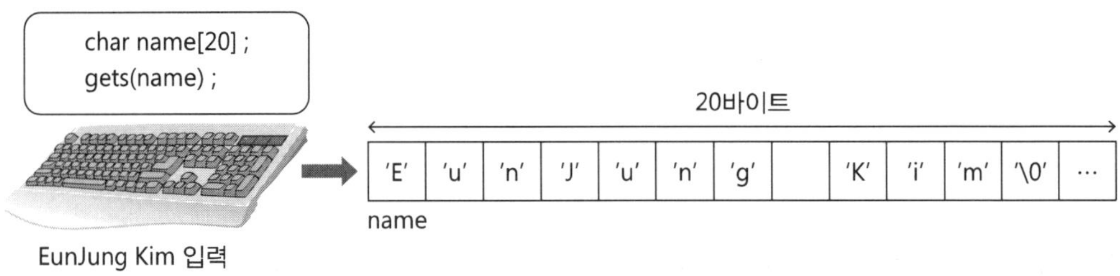


이제 예제 3.8과 같이 scanf() 함수를 사용하여 예제 3.7에서와 동일한 문자열을 입력받아 보자.

### 예제 3.8 scanf() 함수를 사용한 공백을 포함한 문자열 입력

```
#include <stdio.h>
void main(void)
{
    char name[10] ; // 최대 10개의 문자를 연속 저장할 수 있는 문자 배열 선언
```

```
        printf("이름을 입력하라 : ") ;
        scanf("%s", name) ;
        printf("입력받은 이름은 %s이다.", name) ;
}
```

실행 결과

```
이름을 입력하라 : EunJung Kim
입력받은 이름은 EunJung이다.
```

실행 결과를 살펴보면 scanf() 함수는 gets() 함수와는 달리 공백이 있는 이름을 제대로 입력받지 못하고 있음을 알 수 있다. 즉 공백 문자 이전까지의 문자열만 배열에 저장되어 출력된다는 것을 의미한다.

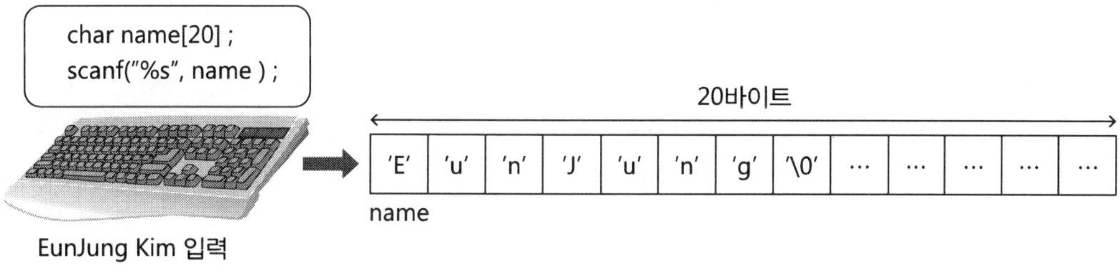


이는 scanf() 함수는 줄바꾸기(엔터키)나 공백 문자(스페이스)를 만나면 문자열의 입력이 완료되고 문자열의 끝을 의미하는 널문자가 곧바로 저장되기 때문이다. 따라서 이름이나 주소 등과 같이 공백이 있는 문자열을 입력받기를 원한다면 반드시 gets() 함수를 사용해야 한다.

# 연습문제

**01** 다음의 빈 칸을 채우시오.

(1) 표준 입출력이란 ______로부터 데이터를 입력받고, ______로 출력하는 것을 말한다.

(2) 표준 입출력에 관한 라이브러리 함수들은 헤더 파일 ______에 정의되어 있으며, 사용 전 반드시 ______문을 이용하여 프로그램에 포함시켜야 한다.

(3) 함수 ______는 정수, 실수, 문자, 문자열의 데이터를 출력할 수 있는 범용 표준 출력 함수이며, 출력할 인자와 변환 문자는 1:1 대응되어야 한다.

(4) printf() 함수에서 정수값(int형, long형)을 출력하려면 변환 문자 ______, 실수(float, double형)를 출력하려면 ______, 8진수와 16진수 형태로 출력하려면 각각 ______, ______의 변환 문자를 사용한다. 그리고 무부호 정수(unsinged int) 형태로 출력하려면 ______를 사용한다.

(5) printf() 함수에서 출력하고자 하는 내용의 정렬과 자릿수를 결정하기 위해 형식 변환자를 사용할 수 있다. 정수를 4자리 폭 오른쪽 정렬하려면 ______, 실수를 소수점 이하 세자리 형태로 출력하려면 ______, 8진수 또는 16진수 형태로 출력하되 각각의 진법을 의미하는 0과 0x를 자동 출력해 주려면 ______와 ______를 사용한다.

(6) 한 개의 문자만을 화면에 출력할 수 있는 함수는 ______이며, 출력하고자 하는 인자는 ______형이어야 한다.

(7) 문자열만을 화면에 출력할 수 있는 전용 표준 출력 함수는 ______이다.

(8) scanf() 함수는 문자열을 제외한 정수, 실수, 문자를 입력받고자 할 때, 입력받은 데이터를 저장할 변수 앞에 반드시 주소를 의미하는 기호 ______를 붙여야 한다.

(9) scanf() 함수에서 입력받은 데이터를 변수에 저장할 때는 선언된 변수의 데이터형에 따라 적절한 변환 문자를 사용해야 한다. 즉 입력받은 데이터를 int형의 변수에 저장하고자 한다면, 변환 문자 ______를, long형의 변수이면 ______ 그리고 float형의 변수일 때는 ______, double형의 변수이면 ______를 사용해야 한다.

(10) 문자 한 개만 입력받을 수 있는 전용 표준 입력 함수는 ______이며, 입력받은 문자를 저장할 변수는 ______형으로 선언되어야 한다.

(11) 문자열만 입력받을 수 있는 전용 표준 입력 함수는 ______이며, 입력 받은 문자열은 ______에 저장한다.

(12) 주소 등 공백이 있는 문자열을 입력받기 위해서는 표준 입력 함수 ______를 사용해야 한다.

**02** 다음에서 지시하는 문장을 기술하시오.

(1) 실수 2.5를 화면에 출력하는 문장(단 소수점 이하 두 자리까지 출력)
(2) 정수 3을 출력하는 문장(단 두 자리 폭 오른쪽 정렬)
(3) 문자 'B'를 출력하는 문장
(4) 문자열 "I like school"을 출력하는 문장
(5) 정수 30을 8진수 및 16진수로 출력하는 문장(단 각 진법을 의미하는 기호도 출력)

**03** 아래의 입력 문장에 오류가 있다면 그 오류를 설명하라.

(1) scanf("%c %f %d", a, &b, &c) ;
(2) scanf("%s %d", a, b) ;
(3) scanf("%f, %d", &a, &b) ;
(4) scanf(\n"%f", a) ;

**04** num, jumsu, name 변수들이 각각 아래의 값을 가진다고 할 때 주어진 출력 문장들은 어떤 결과를 출력하겠는가?

num = 1234567, jumsu = 98.5, name = EunSuk

(a) printf("%s", name) ;
(b) printf("%10d\n%f", num, jumsu) ;
(c) printf("%d %f", num, jumsu) ;
(d) printf("%-10d %.3f", num, jumsu) ;

**05** 아래의 프로그램은 두 정수를 입력받아 합과 평균을 구하는 프로그램이다. 다음 프로그램에서 괄호 안을 채우시오.

```
#include <stdio.h>
void main(void)
{
    int x, y ;
( ① ) s ;
( ② ) a ;

printf("x와 y의 값을 차례로 입력하시오 : ") ;
   scanf("%d %d", ③, ④) ;
   s = x + y ;
   a = ( ⑤ ) / 2 ;
   printf("합 = ⑥, 평균 = ⑦", s, a) ;
}
```

**06** 삼각형의 밑변과 높이를 입력받아 면적을 출력하는 프로그램을 작성하라. 삼각형의 면적을 구하는 공식은 다음과 같다.

$$\text{면적} = \frac{1}{2} \times \text{밑변} \times \text{높이}$$

**07** 세 개의 저항 $R_1$, $R_2$, $R_3$이 병렬 연결되어 있을 때, 합성 저항 $R$을 구하는 프로그램을 작성하라. 합성 저항을 구하는 공식은 다음과 같다.

$$\frac{1}{R} = \frac{1}{R_1} + \frac{1}{R_2} + \frac{1}{R_3}$$

**08** 두 점의 좌표를 입력받아 두 점 사이의 거리를 구하는 프로그램을 작성하라.
두 점 $(x_1, y_1)$과 $(x_2, y_2)$의 떨어진 거리를 구하는 공식은 다음과 같다.

$$D = \sqrt{(x_2 - x_1)^2 + (y_2 - y_1)^2}$$

이때 제곱근 $\sqrt{x}$ 는 라이브러리 함수 sqrt(x), $x^2$은 pow(x,2)를 사용하여 계산한다. 두 함수는 수학 관련 함수로써 〈math.h〉에 정의되어 있다.

**09** 달러의 값을 입력받아 환율을 계산하는 프로그램을 작성하라. 단 1달러는 1050원이라 가정한다.

**10** 학생의 이름과 C언어 과목의 중간 및 기말 성적을 입력받아 합과 평균을 구하여 출력하는 프로그램을 작성하라. 단 출력 형식은 아래와 같다.

```
이름을 입력하시오 : Lee Jun
중간고사 점수를 입력하시오 : 80
기말고사 점수를 입력하시오 : 95
Lee Jun의 총점은 175점이며, 평균은 87.5점입니다
```

CHAPTER 04

# 수식과 연산자

**학·습·목·표**

- C언어에서 사용되는 다양한 연산자들의 종류와 기능에 대해 이해한다.
- 연산자의 우선 순위와 결합 규칙을 이해한다.

## 4.1 수식과 연산자

수식이란 그림 4.1과 같이 피연산자와 연산자의 조합된 식을 의미한다. 피연산자(operand)란 연산의 대상이 되는 데이터로써 4와 6은 피연산자에 해당하며, 연산자(operator)란 연산을 나타내는 기호로써 *가 이에 해당한다.

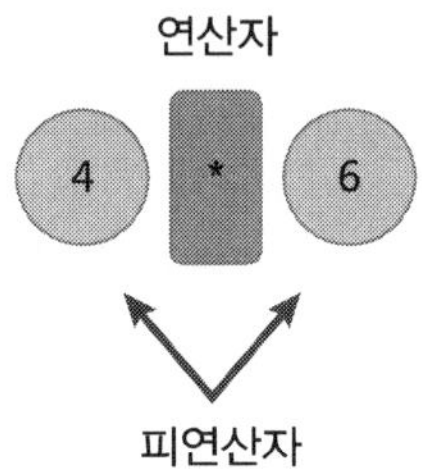


그림 4.1 수식(피연산자와 연산자)

C언어에서는 풍부한 연산자들을 제공하고 있으며, 피연산자의 개수와 종류 및 기능에 따라 표 4.1과 같이 분류할 수 있다.

표 4.1 연산자의 분류

| 연산자의 분류 | 연산자 | 의미 |
|---|---|---|
| 부호 | − | 음수 표시 |
| 산술 | + − * / % | 사칙 연산과 나머지 연산 |
| 대입 | = += −= *= /= %= | 오른쪽의 값을 왼쪽에 대입 |
| 증감 | ++ −− | 변수의 값을 1증가, 1감소 |
| 관계 | > >= < <= == != | 대소등가 비교 |
| 논리 | && \|\| ! | 논리적 AND, OR, NOT |
| 조건 | ? : | 조건에 따라 선택 실행 |
| 콤마 | , | 문장을 순차적으로 실행 |
| 비트 | & \| ^ ~ << >> | 비트별 AND, OR, XOR, NOR, 이동 |
| sizeof 연산자 | sizeof | 변수나 데이터형의 크기를 반환 |
| 형변환 연산자 | (데이터형) | 강제 형변환 |
| 포인터 연산자 | * & | 포인터가 가리키는 내용 및 주소 |
| 구조체 연산자 | . -> | 구조체의 멤버 참조 |

## 4.2 부호 연산자

부호 연산자는 피연산자의 부호를 바꾸는 연산자로써 한 개의 피연산자를 필요로 하므로 단항 연산자이다. 표 4.2는 부호 연산자의 의미와 예를 나타낸 것이다.

**표 4.2** 부호 연산자의 의미

| 부호 연산자 | 연산자 | 예 | 연산 결과 |
|---|---|---|---|
| 음수 | − | −(10) | −10 |

## 4.3 산술 연산자

산술 연산자는 덧셈, 뺄셈, 곱셈, 나눗셈의 사칙 연산 그리고 나머지 연산을 실행하며, 두 개의 피연산자를 요구하는 이항 연산자이다. 표 4.3은 산술 연산자들의 종류와 의미를 나타낸 것이다.

**표 4.3** 산술 연산자의 종류와 의미

| 산술 연산자 | 연산자 | 예 | 연산 결과 |
|---|---|---|---|
| 덧셈 | + | 8 + 5 | 13 |
| 뺄셈 | − | 8 − 5 | 3 |
| 곱셈 | * | 8 * 5 | 40 |
| 나눗셈 | / | 8 / 5 | 1 |
| 나머지 | % | 8 % 5 | 3 |

### 1 사칙 연산자

사칙 연산자 가운데 나눗셈 연산자(/)를 사용할 때는 특별히 주의해야 한다. 예를 들어 8/5의 경우 연산 결과는 1.6이 되어야 하나 그림 4.2(a)와 같이 1이 계산된다. 이는 두 개의 피연산자(8과 5)가 모두 정수이므로 자동 형변환에 의해 연산 결과도 정수형이 되어 소수점 이하가 버려지기 때문이다. 따라서 1.6의 정확한 나눗셈 결과를 얻기 위해서는 그림 4.2(b)와 같이 두 개의 피연산자 중 적어도 하나는 실수가 되도록 해야 한다.

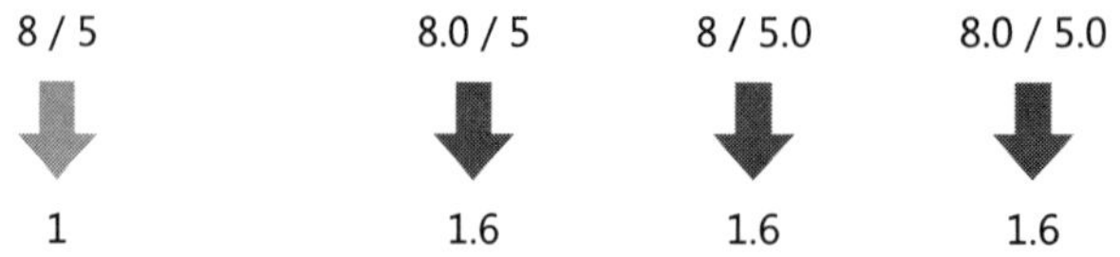


(a) 정수와 정수의 나눗셈 (b) 실수와 정수 또는 실수와 실수의 나눗셈

**그림 4.2 나눗셈 연산**

## 2 나머지 연산자

나머지 연산자(%)는 두 개의 피연산자를 요구하며, a % b는 a를 b로 나누었을 때 나머지를 계산한다. 예를 들어 그림 4.3과 같이 8 % 5의 결과는 8을 5로 나눈 나머지인 3이 된다.

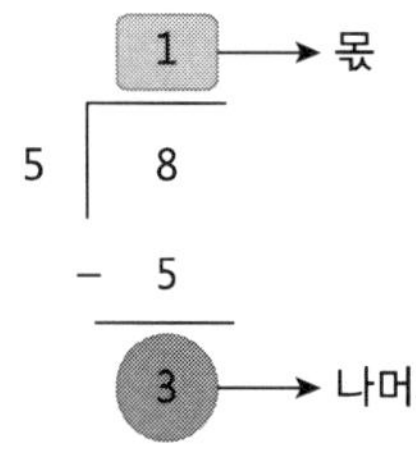


**그림 4.3 나머지 연산**

이때 8을 5로 나눈 몫의 값 1은 8 / 5와 같이 정수끼리 나눗셈 한 결과와 같음을 알 수 있다.

이와 같이 나머지 연산자는 짝수 및 홀수의 여부를 판별(2로 나눈 나머지가 0이면 짝수, 1이면 홀수)하거나 n의 배수를 계산(n으로 나눈 나머지가 0이면 n의 배수)하는 등 많은 응용문제에 사용할 수 있다. 특히 나눗셈 연산자와 나머지 연산자를 이용하면 일수를 입력받아 주와 일수를 계산하거나 초를 입력받아 시, 분, 초로 변환하는 등 다양한 변환 프로그램을 작성하는데 매우 유용하다.

예제 4.1은 그 중 일수를 입력받아 주와 일수를 계산하는 프로그램을 작성한 것이다.

**예제 4.1 일수를 입력받아 주와 일수로 변환하는 프로그램**

```
#include <stdio.h>
void main(void)
{
    int days, week, day ;
```

```
        printf("일수를 입력하시오 : ") ;
        scanf("%d", &days) ;  // 입력받은 정수값을 변수 days에 저장

        week = days / 7 ;   // 입력받은 일수를 7로 나눈 몫이 주수가 됨
        day = days % 7 ;   // 입력받은 일수를 7로 나눈 나머지가 일수가 됨

        printf("%d일은 %d주 %d일이다.\n", days, week, day) ;
}
```

실행 결과

```
일수를 입력하시오 : 16
16일은 2주 2일이다.
```

1주일은 7일이므로 16일을 7로 나눈 몫은 주수가 되고, 그 나머지는 일수가 되는 것이다.

## 4.4 대입 연산자

### 1 대입 연산자

대입 연산자(=)는 대입 연산자를 기준으로 오른쪽에 위치한 상수나 변수, 수식의 값을 왼쪽의 변수에 저장하는 연산자이다.

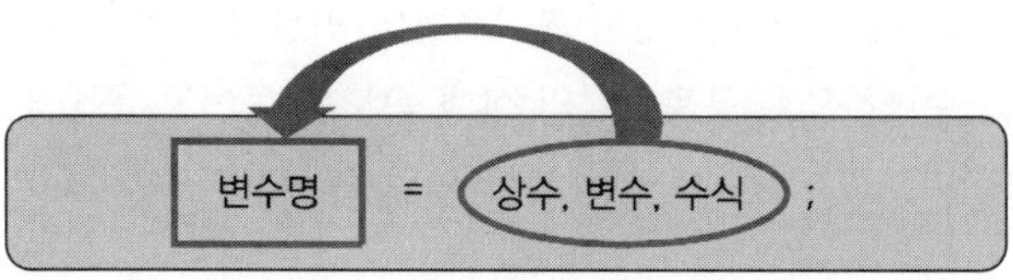


그림 4.4 대입 연산자의 의미

예를 들어 a = 10 ; 의 문장은 변수 a에 정수 상수 10을 대입, 즉 저장하라는 의미이다. 대입 연산자를 사용할 때 주의할 점은 대입 연산자의 왼쪽은 반드시 1개의 변수여야 한다는 것이다. 이는 상수나 수식의 결과는 프로그램 실행 도중 변할 수 없는 상수이므로 새로운 값을 저장할 수 없기 때문이다. 다음은 대입 연산자를 잘못 사용한 예를 나타낸 것이다.

```
x +1 = 10 ;  // 대입 연산자의 왼쪽에는 수식이 올 수 없음
3 = a + b ;  // 대입 연산자의 왼쪽에는 상수가 올 수 없음
```

## 2 복합 대입 연산자

복합 대입 연산자(+=, -=, /= 등)는 대입 연산자와 기타 연산자들을 결합하여 하나의 연산자로 만든 것이다.

예를 들어 sum = sum + a ;의 문장은 변수 sum의 값에 a의 값을 더한 후 sum에 그 값을 저장하라는 의미이다. 이 문장은 대입 및 덧셈 연산을 수행하므로 총 두 번의 연산이 수행된다. 이를 복합 대입 연산자로 바꿔서 표현하려면 그림 4.5와 같이 대입 연산자의 왼쪽과 오른쪽에 공통으로 존재하는 오른쪽의 변수 sum을 없애고 대입 연산자 =와 덧셈 연산자 +의 위치를 바꾼 후 붙여 쓰면 된다.

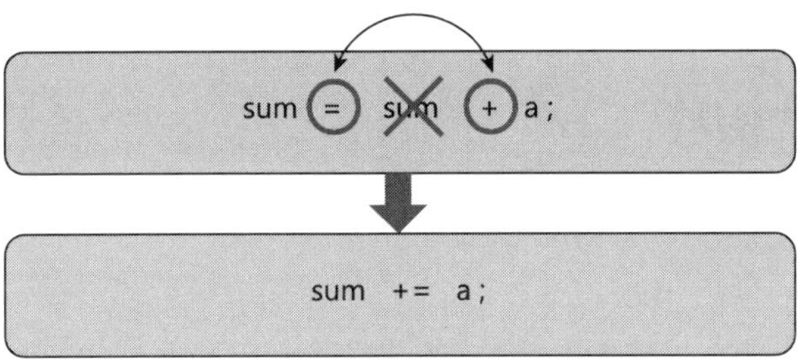


그림 4.5 복합 대입 연산자의 의미

위의 문장은 덧셈 및 대입 연산을 합쳐 총 두 번의 연산이 수행되나 복합 대입 연산자는 단 한 번의 연산만을 수행하므로 프로그램의 실행 속도를 높이고 문장을 간결하게 작성하고자 할 때 주로 사용한다. 표 4.4는 다양한 복합 대입 연산자의 예와 의미를 나타낸 것이다.

표 4.4 복합 대입 연산자의 예

| 복합 대입 연산자 | 예 | 의미 |
|---|---|---|
| += | a += b ; | a = a + b ; |
| -= | a -= b ; | a = a - b ; |
| *= | a *= b ; | a = a * b ; |
| /= | a /= b ; | a = a / b ; |

표 4.4 복합 대입 연산자의 예(계속)

| 복합 대입 연산자 | 예 | 의미 |
|---|---|---|
| %= | a %= b ; | a = a % b ; |
| &= | a &= b ; | a = a & b ; |
| \|= | a \|= b ; | a = a \| b ; |
| != | a != b ; | a = a ! b ; |
| 〈〈= | a 〈〈= b ; | a = a 〈〈 b ; |
| 〉〉= | a 〉〉= b ; | a = a 〉〉 b ; |

예제 4.2는 대입 연산자와 복합 대입 연산자를 이용하여 변수의 값을 계산하고 출력하는 프로그램이다.

**예제 4.2 대입 연산자와 복합 대입 연산자를 사용하여 변수의 값을 계산**

```
#include <stdio.h>
void main(void)
{
    int a = 10, b = 5 ;          // 변수 a에 10을, b에는 5를 대입

    a /= 3 ;                     // a = a / 3 ; 과 같은 의미
    b %= 3 ;                     // b = b % 3 ; 과 같은 의미

    printf("a = %d\n", a) ;
    printf("b = %d\n", b) ;
}
```

실행 결과

```
a = 3
b = 2
```

## 4.5 증감 연산자

증감 연산자(++, --)는 변수의 값을 1만큼 증가시키거나 감소시키는 단항 연산자이며, 복합 대입 연산자와 마찬가지로 프로그램의 실행 속도를 높이고 문장을 간결하게 할 때 주로 사용된다.

변수의 값을 1만큼 증가시키는 방법은 a = a + 1 ; 또는 4.3절에서 배운 복합 대입 연산자를 사용한 a+=1 ; 이 있다. 이 문장들은 증가 연산자 ++를 이용하여 a++ ; 로 간단하게 표현할 수 있다. 감소 연산자 --도 증가 연산자와 마찬가지 방법으로 표현이 가능하다.

```
a = a+1;  ⇔  a+=1;  ⇔  a++;
```

```
a = a-1;  ⇔  a-=1;  ⇔  a--;
```

그림 4.6 증감 연산자의 의미

표 4.5는 증감 연산자의 종류와 사용 예를 나타낸 것이다.

표 4.5 증감 연산자의 종류

| 증감 연산자 | 연산자 | 예 | 연산 결과 |
|---|---|---|---|
| 1 증가 | ++ | a++ 또는 ++a | a=10일 때 11이 됨 |
| 1 감소 | -- | a-- 또는 --a | a=10일 때 9가 됨 |

증감 연산자를 사용할 때 주의할 점은 반드시 변수에만 사용할 수 있다는 점이다. 즉 상수나 수식의 결과는 바뀔 수 없으므로 1만큼 증가시키거나 감소시킬 수 없다.

```
10++ ;       // 상수에는 증감 연산자를 사용할 수 없음
(x+y)++ ;    // 수식에는 증감 연산자를 사용할 수 없음
```

첫 번째 예문에서 10++ ; 는 10 = 10+1 ; 과 같은 의미이며, 대입 연산자의 오른쪽 수식의 결과인 11을 왼쪽의 상수 10에 대입하라는 뜻이므로 잘못된 표현이다. 마찬가지로 두 번째 예문은 (x+y) = (x+y) + 1 ; 와 같은 의미이며, 결국 수식의 결과를 수식 (x+y)의 결과인

상수에 대입하라는 뜻이므로 오류를 발생시키게 된다.

또한 증감 연산자는 표 4.6과 같이 연산자의 위치에 따라 전혀 다른 의미로 해석이 된다는 점에 유의해야 한다.

**표 4.6** 증감 연산자의 위치에 따른 의미

| 구분 | 예 | 의미 |
|---|---|---|
| 전위 | ++a 또는 --a | 변수의 값을 1만큼 먼저 증가 및 감소시킨 후 수식에 사용 |
| 후위 | a++ 또는 a-- | 현재 변수의 값을 수식에 먼저 사용한 후 1만큼 증가 및 감소시킴 |

즉 변수 앞에 오는 전위와 뒤에 오는 후위의 경우 전혀 다른 결과를 초래할 수 있다. 예를 들어 아래와 같이 후위일 경우, 현재 변수 a의 값을 먼저 y에 대입한 후 a의 값을 1만큼 증가시키게 된다. 따라서 변수의 출력 값은 a는 11, y는 10이 된다.

```
int a = 10, y ;
y = a++ ;
printf("a=%d, y=%d", a, y) ;    // a=11, y=10을 출력
```

반면 전위의 경우 현재 변수 a의 값을 먼저 1만큼 증가시킨 후 증가된 값을 y에 대입한다. 따라서 출력 값은 a와 y의 값 모두 11이 된다.

```
int a = 10, y ;
y = ++a ;
printf("a=%d, y=%d", a, y) ;    // a=11, y=11을 출력
```

그러나 증감 연산자가 다른 연산자와 함께 사용되지 않고 단독으로 사용될 경우에는 전위와 후위의 차이는 없다.

```
int a = 10 ;
++a ;                    // a++ ; 와 같은 의미
printf("a=%d", a) ;    // a=11을 출력
```

예제 4.3은 증감 연산자의 전위와 후위의 차이를 확인하기 위한 프로그램이다. 주석문을 이해하면서 실행 결과와 비교해 보길 바란다.

**예제 4.3 증감 연산자의 위치에 따른 변수의 값 출력**

```
#include <stdio.h>
void main(void)
{
    int x=3, y=4, z, w ;

    z = x++ ;                  // x를 먼저 z에 대입한 후 x를 1만큼 증가시킴
    w = --y ;                  // y를 먼저 1만큼 감소시킨 후 그 값을 w에 대입함
    printf("x=%d, y=%d, z=%d, w=%d\n", x, y, z, w) ;
}
```

실행 결과

```
x=4, y=3, z=3, w=3
```

## 4.6 관계 연산자

관계 연산자는 두 피연산자 간의 대소등가 관계를 나타낼 때 사용하는 연산자이다. 연산 결과는 참 또는 거짓이며, 참일 때는 1, 거짓일 때는 0의 정수를 반환한다. 표 4.7은 관계 연산자의 종류를 나타낸 것이다.

**표 4.7** 관계 연산자의 종류와 의미

| 관계 연산자 | 연산자 | 예 | 변수 a의 값 |
|---|---|---|---|
| 작다 | < | a = (1<3) | 1 |
| 작거나 같다 | <= | a = (1<=3) | 1 |
| 크다 | > | a = (1>3) | 0 |
| 크거나 같다 | >= | a = (1>=3) | 0 |
| 같다 | == | a = (1==3) | 0 |
| 같지 않다 | != | a = (1!=3) | 1 |

예를 들어 x 〉 y라는 문장의 경우 변수 x가 y보다 큰지 아닌지를 판별하고, 참이면 1을 거짓이면 0의 값을 반환한다. 다음은 관계 연산자를 사용한 예문을 보인 것이다.

```
1==3      // 1은 3과 같지 않으므로 거짓(0)
1<=4      // 1은 4보다 작거나 같으므로 참(1)
2 != 10   // 2는 10과 같지 않으므로 참(1)
1 > 3     // 1은 3보다 크지 않으므로 거짓(0)
```

예제 4.4는 관계 연산자를 사용하여 두 개의 피연산자간의 대소등가 관계를 출력해 보는 프로그램이다.

**예제 4.4 관계 연산자를 사용하여 두 개의 피연산자 간의 대소등가 알아보기**

```
#include <stdio.h>
void main(void)
{
    int x=1, y=2 ;
    printf("x<y = %d\n", x<y) ;
    printf("x<=y = %d\n", x<=y) ;
    printf("x>y = %d\n", x>y) ;
    printf("x>=y = %d\n", x>=y) ;
    printf("x==y = %d\n", x==y) ;
    printf("x!=y = %d\n", x!=y) ;
}
```

실행 결과

```
x<y = 1
x<=y = 1
x>y = 0
x>=y = 0
x==y = 0
x!=y = 1
```

## 4.7 논리 연산자

논리 연산자는 두 피연산자 간의 논리 값(참 또는 거짓)에 대한 관계를 나타낼 때 사용하는 연산자이다. 연산 결과는 관계 연산자와 마찬가지로 참 아니면 거짓이며, 참이면 1, 거짓이면 0의 정수를 반환한다. 표 4.8은 논리 연산자의 종류를 나타낸 것이다.

표 4.8 논리 연산자의 종류와 의미

| 논리 연산자 | 연산자 | 예 | 연산 결과 |
|---|---|---|---|
| 논리곱(AND) | && | (1>3) && (2>5) | 0(거짓) |
| 논리합(OR) | \|\| | (1<=3) \|\| (5>9) | 1(참) |
| 논리부정(NOT) | ! | !(12<20) | 0(거짓) |

### 1 논리곱(AND) 연산자

논리곱 연산자(&&)는 두 피연산자의 논리값이 모두 참일 때만 참이 되는 연산자이다. 따라서 피연산자의 값이 하나라도 거짓이면 거짓의 값을 반환한다.

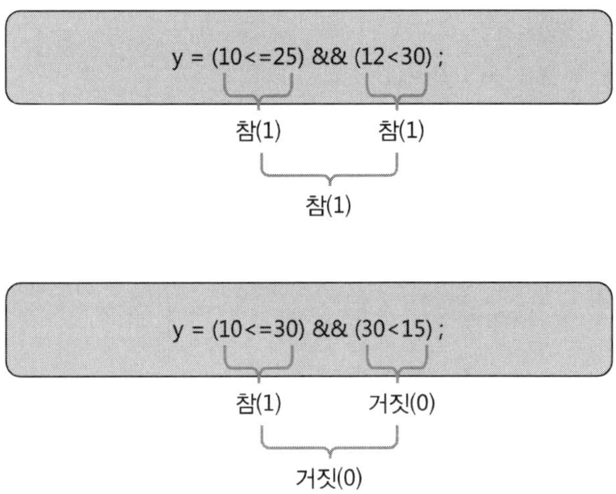


그림 4.7 논리 곱 연산자의 의미(두 피연산자의 값이 모두 참일 때만 참)

### 2 논리합(OR) 연산자(||)

논리합 연산자(||)는 두 피연산자의 논리값이 하나라도 참이면 참이 되는 연산자이다.

따라서 모두가 거짓일 경우에만 거짓의 값을 반환한다.

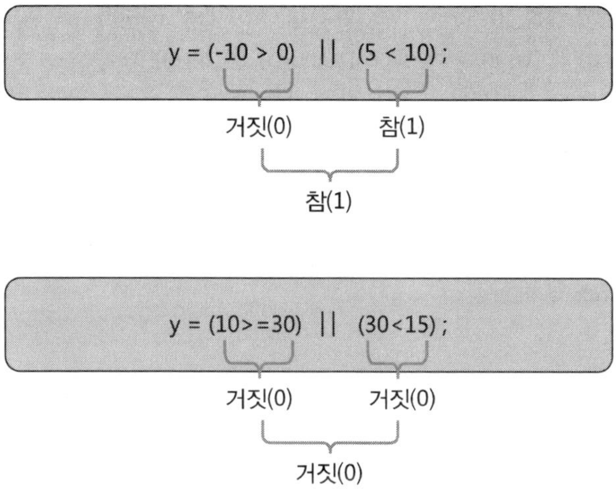


**그림 4.8 논리 합 연산자의 의미(피연산자의 값이 하나라도 참이면 참)**

## 3 논리 부정(NOT) 연산자

논리 부정 연산자(!)는 하나의 피연산자를 대상으로 하며, 논리값이 참이면 거짓, 거짓이면 참의 값을 반환한다.

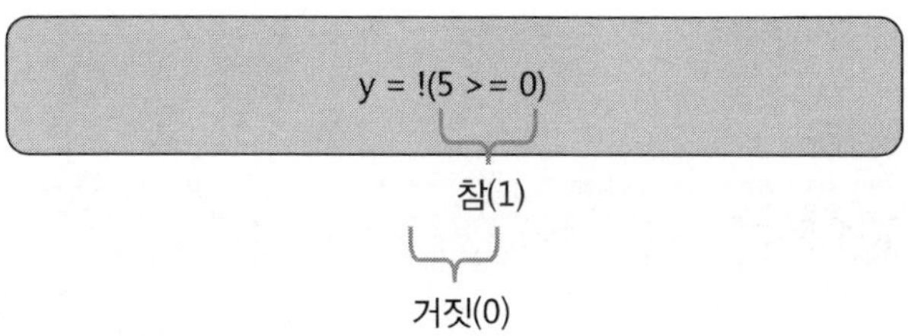


**그림 4.9 논리 부정 연산자의 의미(피연산자의 값이 참이면 거짓, 거짓이면 참)**

예제 4.5는 논리곱, 논리합, 논리 부정 연산자를 사용하여 수식의 참과 거짓을 판별하는 프로그램이다.

**예제 4.5 논리 연산자를 사용하여 수식의 참과 거짓 알아보기**

```
#include <stdio.h>
void main(void)
```

```
{
    int a=2, b=5, c=8, d=-3 ;
    printf("(a>=b) && (b<c) = %d\n", (a>=b) && (b<c)) ;
    printf("(a>=b) || (b<c) = %d\n", (a>=b) || (b<c)) ;
    printf("!a = %d\n", !a) ;
    printf("!d = %d\n", !d) ;
}
```

실행 결과

```
(a>=b) && (b<c) = 0
(a>=b) || (b<c) = 1
!a = 0
!d = 0
```

예제를 통해 알 수 있듯이 수식의 결과가 참이면 1, 거짓이면 0을 반환하나, 피연산자의 경우 그 값이 0이면 거짓으로 간주하고, 0이 아닌 모든 수는 무조건 참으로 간주한다. 따라서 변수 a의 값 2와 d의 값 -3은 참으로 간주한 후 처리한다.

> 피연산자의 값이 0이면 거짓, 0이 아닌 모든 수(양수 또는 음수)는 참으로 처리됨

## 4.8 조건 연산자

조건 연산자(?:)는 피연산자가 세 개인 삼항 연산자로써, 조건식에 따라 서로 다른 수식을 실행한다. 조건 연산자의 형식은 다음과 같다.

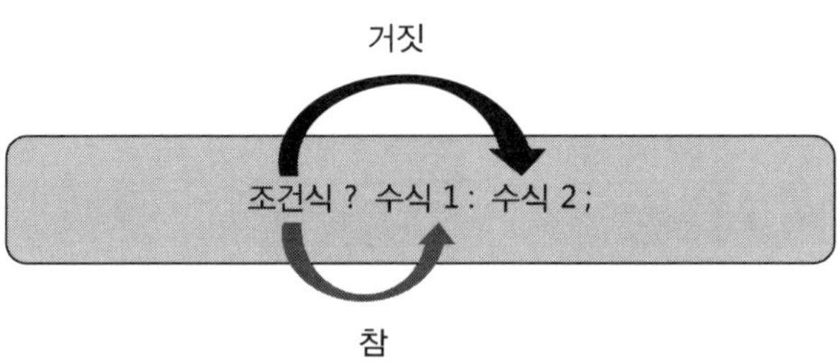


그림 4.10 조건 연산자의 형식과 의미

조건 연산자는 먼저 조건식을 판별한 후 참이면 수식1을, 거짓이면 수식2를 실행한다. 따라서 주로 최대 및 최소값을 구하거나 절대값을 구할 때 사용된다.

**예제 4.6 조건 연산자를 사용하여 최대값 판별하기**

```
#include <stdio.h>
void main(void)
{
    int a, b, max, min ;

    printf("정수값 2개를 차례대로 입력하시오 : ") ;
    scanf("%d %d", &a, &b) ;

    max = (a>=b) ? a : b ;
    min =  (a <b) ? a : b ;

    printf("%d와 %d의 최대값은 %d 최소값은 %d이다.\n", a, b, max, min) ;
}
```

실행 결과

```
정수값 2개를 차례대로 입력하시오 : 3  5
3와 5의 최대값은 5 최소값은 3이다.
```

## 4.9 콤마 연산자

콤마 연산자(,)는 변수 선언시 여러 개의 변수를 구분하거나 수식을 여러 개로 분리하기 위해 사용된다. 콤마 연산자의 형식은 다음과 같다.

수식 1, 수식 2, 수식 3, … ;

그림 4.11 콤마 연산자의 형식

이때 수식1, 수식2, 수식3이 차례대로 실행되며, 최종 값은 마지막 수식의 결과가 된다.

예제 4.7은 콤마 연산자를 사용하여 마지막 수식의 결과를 변수에 저장하고 출력하는 프로그램이다.

**예제 4.7 콤마 연산자를 사용한 프로그램**

```
#include <stdio.h>
void main(void)
{
    int a, b, c  ;
    c = (a = 10, b = 20, a+b) ;
    printf("a = %d, b = %d, c = %d\n", a, b, c) ;
}
```

실행 결과

```
a = 10, b = 20, c = 30
```

## 4.10 비트 연산자

비트 연산자는 0 또는 1의 비트 값을 가지는 피연산자를 대상으로 하는 연산자이다. 따라서 피연산자가 비트가 아닌 경우 2진수로 변환한 후 연산을 수행한다. 표 4.9는 비트 연산자의 종류와 의미를 나타낸 것이다.

표 4.9 비트 연산자의 종류와 의미

| 연산자의 분류 | 연산자 | 예 | 연산 결과 |
|---|---|---|---|
| 비트 곱(AND) | & | 1001 & 1100 | 1000 |
| 비트 합(OR) | \| | 1001 \| 1100 | 1101 |
| 비트 XOR(XOR) | ^ | 1001 ^ 1100 | 0101 |
| 비트 부정(NOT) | ~ | ~1001 | 0110 |
| 비트 왼쪽 이동 | << | 10011100 << 2 | 01110000 |
| 비트 오른쪽 이동 | >> | 10011100 >> 2 | 00100111 |

## 1 비트 곱(AND) 연산자

비트 곱 연산자(&)는 피연산자의 대응되는 두 비트가 모두 1일 때만 1이 되는 연산자이다. 예를 들어 a가 1010, b가 1101일 때 a & b는 다음과 같이 1000이 된다.

| | | | | |
|---|---|---|---|---|
| a | 1 | 0 | 1 | 0 |
| b | 1 | 1 | 0 | 1 |
| a&b | 1 | 0 | 0 | 0 |

그림 4.12 비트 곱 연산자의 의미(대응되는 두 비트가 모두 1일 때만 1)

비트 곱 연산자를 이용하면 특정 비트의 값을 확인하거나 특정 비트를 0으로 만드는 것이 가능하다. 예를 들어 a가 1010일 때 세 번째 비트의 값을 알고자 한다면 0010과 비트 곱 연산을 수행한다.

1 0 1 0 & 0 0 1 0 ⇒ 0 0 **1** 0 (세 번째 비트값을 알 수 있음)

또한 1010의 세 번째 비트 값을 0으로 클리어 하려면 1101과 비트 곱 연산하면 된다.

1 0 1 0 & 1 1 0 1 ⇒ 1 0 **0** 0 (세 번째 비트값을 0으로 클리어)

## 2 비트 합(OR) 연산자

비트 합 연산자(|)는 피연산자의 대응되는 두 비트 중 하나라도 1이면 1이 되는 연산자이다. 즉 대응되는 두 비트가 모두 0일 때만 0이 된다. 예를 들어 a가 1010, b가 1101일 때 a | b는 1110이 된다.

| | | | | |
|---|---|---|---|---|
| a | 1 | 0 | 1 | 0 |
| b | 1 | 1 | 0 | 0 |
| a\|b | 1 | 1 | 1 | 0 |

그림 4.13 비트 합 연산자의 의미(대응되는 두 비트 중 하나라도 1이면 1)

따라서 비트 합 연산자는 비트 곱 연산자와는 달리 특정 비트의 값을 1로 만드는데 사용할 수 있다. 예를 들어 1001에서 세 번째 비트 값을 1로 세트하고자 한다면 0010과 비트 합 연산을 수행하면 된다.

1 0 0 1 | 0 0 1 0 ⇒ 1 0 **1** 1 (세 번째 비트값을 1로 세트)

### 3 비트 배타적 논리합(XOR) 연산자

비트 XOR(exclusive OR) 연산자(·)는 대응되는 두 비트가 서로 다를 때는 1, 같으면 0이 되는 연산자이다.

| | | | | |
|---|---|---|---|---|
| a | 1 | 0 | 1 | 0 |
| b | 1 | 1 | 0 | 0 |
| a^b | 0 | 1 | 1 | 0 |

그림 4.14 비트 XOR 연산자의 의미(대응되는 두 비트가 서로 다를 때만 1)

그림 4.14의 연산 결과로부터 b의 비트값이 1인 경우에는 a와 반대되는 비트값(1은 0으로, 0은 1로)이 출력되고, b의 비트값이 0인 경우는 a의 값이 그대로 출력됨을 알 수 있다. 따라서 비트 배타적 논리합 연산자를 이용하면 특정 비트를 0과 1이 서로 바뀌도록 만들 수 있다. 예를 들어 1010의 값을 0101로 바꾸고자 한다면 1111과 비트 배타적 논리합 연산을 수행할 수 있다.

1 0 1 0 ^ 1 1 1 1 ⇒ **0 1 0 1** (전체 비트가 1은 0, 0은 1로 바뀜)

### 4 비트 부정(NOT) 연산자

비트 부정 연산자(~)는 하나의 피연산자를 대상으로 비트값이 0이면 1, 1이면 0으로 바꾸는 연산자이다. 따라서 변수 a의 값이 1010일 때 ~a는 0101이 된다.

| a | 1 | 0 | 1 | 0 |
|---|---|---|---|---|
| ~a | 0 | 1 | 0 | 1 |

**그림 4.15 비트 부정 연산자의 의미(비트 값이 1이면 0, 0이면 1로 바뀜)**

비트 부정 연산자는 모든 비트의 값이 반대로 바뀌므로 1의 보수 연산자라고도 한다.

## 5 비트 왼쪽 이동(LEFT-SHIFT) 연산자

비트 왼쪽 이동 연산자(〈〈)는 정해진 비트 수만큼 왼쪽으로 자리를 이동시키는 연산자이다. 변수 a가 0x12(10진수 18)라고 할 때 a〈〈2는 01001000, 즉 0x48(10진수 72)가 된다. 이때 자리 이동 후 하위의 빈자리는 모두 0으로 채워진다.

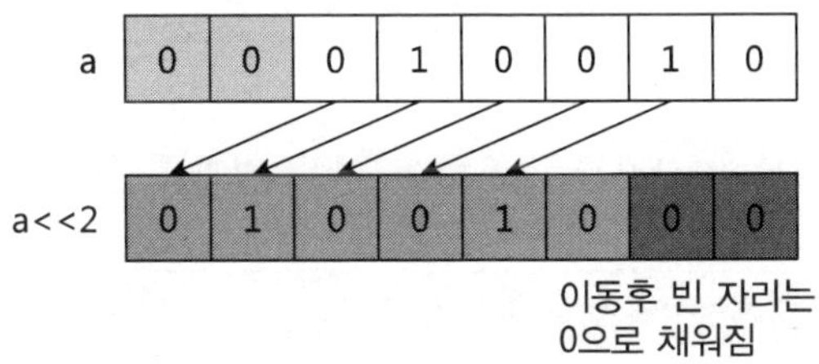


**그림 4.16 비트 왼쪽 이동 연산자의 의미**

이때 왼쪽으로 2비트 만큼 이동한 결과를 살펴보면 원래의 a의 값 18이 72가 되었음을 알 수 있다. 이는 결국 18을 2비트 왼쪽 이동하면 18에 $2^2$을 곱한 것과 같은 결과이다.

따라서 이를 일반식으로 표현하면 a를 n비트 만큼 왼쪽으로 이동시킨 것은 a의 값에 $2^n$을 곱한 것과 같음을 알 수 있다.

$$a << n \Leftrightarrow a * 2^n$$

## 6 비트 오른쪽 이동(RIGHT-SHIFT) 연산자

비트 왼쪽 이동과 마찬가지로 비트 오른쪽 이동 연산자(〉〉)는 정해진 비트 수만큼 오른쪽으로 자리를 이동시키는 연산자이다. 변수 a가 0x12라고 할 때 a〉〉2는 00000100, 즉 0x04(10진수 4)가 된다. 이때 자리 이동 후 상위 빈자리는 모두 0으로 채워진다.

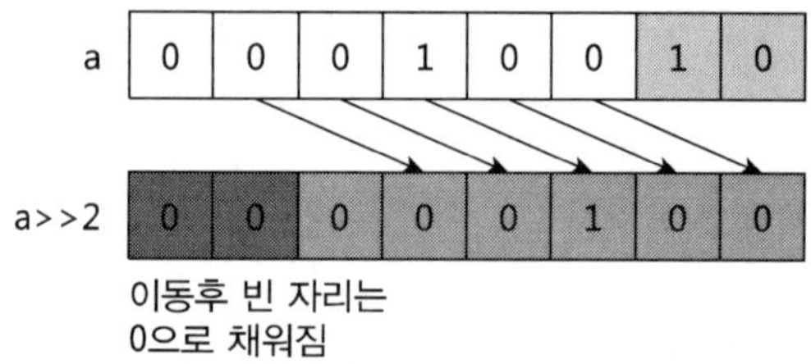


**그림 4.17 비트 오른쪽 이동 연산자의 의미**

연산 결과 18을 2비트 만큼 오른쪽 이동한 것은 18에 $2^2$을 나눈 결과인 4와 같음을 알 수 있다. 즉 이를 일반식으로 표현하면 a를 n비트 만큼 오른쪽으로 이동시킨 것은 a의 값에 $2^n$을 나눈 것과 같다.

$$a >> n \Leftrightarrow a / 2^n$$

예제 4.7은 다양한 비트 연산자를 사용하여 연산 결과를 출력하는 프로그램이다.

**예제 4.8 비트 연산자를 사용하여 연산 결과 출력**

```
#include <stdio.h>
void main(void)
{
    unsigned char a = 10, b = 12 ;
    printf("a & b = %d\n", a & b) ;
    printf("a | b = %d\n", a | b) ;
    printf("a ^ b = %d\n", a ^ b) ;
    printf("~a = %d\n", ~a) ;
    printf("a<<3 = %d\n", a<<3) ;
    printf("b>>4 = %d\n", b>>4) ;
}
```

실행 결과

```
a & b = 8
a | b = 14
a ^ b = 6
~a = -11
a<<3 = 80
b>>4 = 0
```

## 4.11 sizeof 연산자

sizeof 연산자는 C언어에서만 볼 수 있는 연산자로써 연산의 대상이 되는 인자의 데이터형의 크기를 바이트 단위로 반환해 준다. 여기서 인자는 상수나 변수 또는 수식을 의미한다. sizeof 연산자의 형식은 다음과 같다.

```
sizeof( 인자 )
```

**그림 4.18 sizeof 연산자의 형식**

대개 int형의 크기는 시스템마다 다르므로 사용자의 컴퓨터에서 허용하는 데이터형의 크기를 알고자 할 때 주로 사용한다.

예제 4.9와 같이 여러분의 시스템에서 제공하는 데이터형의 크기들을 알아보도록 하자.

**예제 4.9 sizeof 연산자를 사용하여 데이터형의 크기를 알아보기**

```
#include <stdio.h>
void main(void)
{
    printf("char의 크기는 %d byte\n", sizeof(char)) ;
    printf("short의 크기는 %d byte\n", sizeof(short)) ;
    printf("int의 크기는 %d byte\n", sizeof(int)) ;
    printf("long의 크기는 %d byte\n", sizeof(long)) ;
    printf("float의 크기는 %d byte\n", sizeof(float)) ;
    printf("double의 크기는 %d byte\n", sizeof(double)) ;
}
```

실행 결과

```
chad의 크기는 1 byte
short의 크기는 2 byte
int의 크기는 4 byte
long의 크기는 4 byte
float의 크기는 4 byte
double의 크기는 8 byte
```

## 4.12 형변환 연산자

형변환(type cast) 연산자는 2장에서 설명한 바와 같이 int형의 데이터를 char형으로 변환하거나 float형의 데이터를 int형으로 변환하는 등 사용자가 데이터의 형을 강제적으로 변환시킬 때 사용하는 연산자이다. 강제 형변환 연산자의 사용 형식은 다음과 같다.

```
(데이터형)인자
```

그림 4.19 강제 형변환 연산자의 형식

여기서 인자는 상수나 변수, 수식을 의미한다. 예를 들어 실수값 12.13을 정수형으로 변환하고자 한다면 (int)12.13와 같이 써주면 된다.

```
(int)12.13;          // 12, 실수 상수 12.13을 정수형으로 변환
(char)(34+64) ;  // b, 수식의 결과 98을 문자형으로 변환
(float)x ;           // 변수 x의 값을 실수형으로 변환
```

## 4.13 포인터 및 구조체 연산자

포인터 및 구조체 연산자는 각각 9장과 10장에서 자세히 다루도록 한다.

## 4.14 연산자의 우선 순위와 결합 규칙

연산자의 우선 순위란 여러 종류의 연산자를 포함하는 수식에서 어떤 연산을 먼저 할 것인지를 결정하는 규칙을 말한다. 일반적으로 수학에서 곱셈과 나눗셈이 덧셈과 뺄셈보다 우선 순위가 높은 것과 같은 원리이다.

또한 결합 규칙이란 우선 순위가 같은 연산자들이 있을 때 어떤 연산을 먼저 할 것인가를

결정하는 것이다. 곱셈과 나눗셈이 결합되어 있을 때 먼저 기술된 연산자를 먼저 실행하는 규칙이 바로 결합 규칙인 것이다. 표 4.10은 연산자들의 우선 순위를 높은 순에서 낮은 순으로 나열한 것이다.

**표 4.10** 연산자의 우선 순위 및 결합 규칙

<table>
<tr><th>우선 순위</th><th>연산자</th><th>결합 규칙</th></tr>
<tr><td>1</td><td>() -〉 .</td><td>→</td></tr>
<tr><td>2</td><td>++ -- - sizeof 형변환 연산자</td><td>←</td></tr>
<tr><td>3</td><td>* / %</td><td>→</td></tr>
<tr><td>4</td><td>+ -</td><td>→</td></tr>
<tr><td>5</td><td>〈〈 〉〉</td><td>→</td></tr>
<tr><td>6</td><td>〈 〈= 〉 〉=</td><td>→</td></tr>
<tr><td>7</td><td>== !=</td><td>→</td></tr>
<tr><td>8</td><td>&</td><td>→</td></tr>
<tr><td>9</td><td>^</td><td>→</td></tr>
<tr><td>10</td><td>|</td><td>→</td></tr>
<tr><td>11</td><td>&&</td><td>→</td></tr>
<tr><td>12</td><td>||</td><td>→</td></tr>
<tr><td>13</td><td>? :</td><td>←</td></tr>
<tr><td>14</td><td>= += -= *= /= 〈〈=</td><td>←</td></tr>
<tr><td>15</td><td>,</td><td>→</td></tr>
</table>

표에서 알 수 있는 바와 같이 우선 순위의 일반적인 규칙을 요약하면 다음과 같다.

- 괄호 연산자의 우선 순위가 가장 높다.
- 연산자의 우선 순위는 단항 〉 산술 〉 관계 〉 논리 〉 대입 〉 콤마 연산자 순이다.

그림 4.20은 복잡한 수식이 연산되는 과정을 번호 순으로 나타낸 것이다.

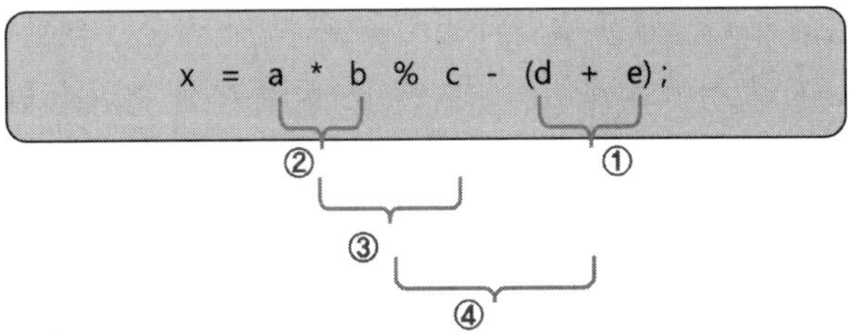


**그림 4.20 연산자의 우선 순위 및 결합 규칙**

먼저 괄호 안의 연산이 가장 먼저 수행이 되고, 곱셈과 나머지 연산자의 우선 순위는 같으므로 왼쪽의 곱셈 연산이 먼저 실행되고 다음으로 나머지 연산이 수행된다. 마지막으로 뺄셈이 수행되며 이 연산 결과는 변수 x에 대입된다.

# 연습문제

**01** 다음의 빈 칸을 채우시오.

(1) 변수와 상수 등의 데이터에 대해 연산을 지시하는 것을 ______라 한다.

(2) 4 / 3의 연산 결과는 4를 3으로 나누었을 때 ______을 구하는 것과 같다.

(3) 4 % 3의 연산 결과는 4를 3으로 나누었을 때 ______를 구하는 것과 같다.

(4) 대입 연산자는 등호의 ______에서 ______ 방향으로 연산이 이루어지며, 등호 왼쪽에는 반드시 1개의 ______가 와야 한다.

(5) 나눗셈 연산자는 피연산자가 모두 정수일 때 연산 결과는 ______형이 된다.

(6) 연산자 ______는 피연산자의 값이 모두 참일 때만 참이 되는 연산자이다.

(7) 0은 논리값 ______, 0이 아닌 모든 양수나 음수는 논리값 ______로 간주된다.

(8) 관계 연산자 중 같다를 의미하는 연산자는 ______, 같지 않다를 의미하는 연산자는 ______이다.

(9) 증감 연산자는 반드시 ______에만 사용할 수 있다.

(10) 연산자 ______는 피연산자의 대응되는 두 비트가 서로 다른 경우에만 1이 되는 연산자이다.

(11) 비트 왼쪽 이동 연산자는 원래의 값에 ______를 곱한 것과 같다.

(12) 연산자 ______는 조건식에 따라 다른 수식을 실행하는 연산자이다.

(13) 여러 데이터형의 데이터들이 한 수식에서 사용될 때 컴파일러에 의해 가장 큰 데이터형으로 변환된 후 연산이 되는 것을 ______라 한다.

(14) 사용자가 데이터형의 크기를 강제적으로 변환시키는 것을 ______라 한다.

(15) 수식에서 어떤 연산자들이 먼저 계산되는지를 결정하는 것을 ______라 한다.

(16) 같은 우선 순위를 가지는 연산자들이 있을 때 우선 순위를 결정하는 것을 ______라 한다.

**02** 다음 수식의 결과값은 얼마인가?

(1) 4 / 3

(2) 10 % 4

(3) 1.2 + 3 / 4

(4) 1.2 + (float)3 / 4

**03** x=3, y=4, z=5일 때 다음 문장의 결과는 얼마인가?

(1) w = x-- + ++y % 13 / 3 ;

(2) w = x + y / 3 + z

(3) w = (x / 2) % 5

(4) w = x * y % z

**04** a=0x4F2D가 16비트에 저장된다고 할 때 다음 문장의 결과는 얼마인가?

(1) a & 0x2D5E

(2) a | 0x2D5E

(3) a >> 2

(4) a << 3

**05** 다음의 수식을 프로그램 연산식으로 표현하시오. 이때 모든 영문자는 변수로 가정한다.

(1) $m = \dfrac{a+b}{c-d}$

(2) $D = b^2 - 4ac$

(3) $\pi r^2 \quad \because \pi = 3.14$

(4) $k = \dfrac{n(n-1)(n-2)}{2}$

**06** 다음 프로그램의 실행 결과를 예측하라.

(1)

```
#include <stdio.h>
void main(void)
{
        int a = 5, b = 10, d ;

        a = b++;
        d = ++a ;
        printf("a=%d b=%d d=%d\n",a, b, d);

        a=b + ++d ;
        printf("a=%d b=%d d=%d\n",a, b, d);
}
```

(2)

```
#include <stdio.h>
void main(void)
{
    int a, b, c, d ;
    int x = 10, y =7 ;

    a = x & y ;
    b = x | y ;
    c = x ^ y ;
    d = ~x ;
    printf("x&y = %d\n", a);
    printf("x|y = %d\n", b);
    printf("x^y = %d\n", c);
    printf("~x = %d\n", d);
}
```

**07** 다음 프로그램은 어떤 기능을 하는 프로그램인지 예측하시오.

```
#include <stdio.h>
void main(void)
{
  unsigned char lastmask = 1;
  unsigned char firstmask = 128;
  unsigned char input ;

  printf("값을 입력하시오 : ");
  scanf("%d", &input);

  printf("입력값 %d의 첫번째 비트는 %d이다.\n", input, input&firstmask);
  printf("입력값 %d의 마지막 비트는%d이다\n", input, input&lastmask);
}
```

**08** 7번을 응용하여 unsigned char의 정수값을 입력받아 첫 번째와 네 번째 그리고 마지막 비트의 값을 바꾸는 프로그램을 작성하라. 단 비트 마스크를 이용하여 작성해야 한다.

**09** 초를 입력받아 시, 분, 초를 계산하는 프로그램을 작성하라. 예를 들어 3665초는 1시간 1분 5초이다.

**10** 반지름을 입력받아 원의 면적과 둘레를 계산하여 출력하는 프로그램을 작성하라. 반지름이 $r$일 때 원의 면적은 $\pi r^2$, 원의 둘레는 $2\pi r$이다. 단 $\pi$는 3.14로 가정한다.

**11** 세 자리로 이루어진 숫자를 입력받은 후 각 자릿수를 분리하여 이 자릿수를 출력하는 프로그램을 작성하라. 예를 들어 379를 입력받으면 백의 자릿수 3, 십의 자릿수 7, 일의 자릿수 9를 출력하도록 한다.

**12** 2차 방정식의 계수가 각각 $a=1$, $b=3$, $c=2$일 때 근을 구하는 프로그램을 작성하고 근이 $x=-1$과 $x=-2$가 됨을 확인하라. 2차 방정식에서 근을 구하는 공식은 다음과 같다. 단 제곱근( $\sqrt{x}$ )은 sqrt(x) 함수를 사용하여 계산하고, 프로그램에서 이 함수를 사용하기 위해 #include문에 〈math.h〉를 포함시켜 준다.

$$ax^2 + bx + c = 0$$

$$\because x = \frac{-b \pm \sqrt{b^2 - 4ac}}{2a}$$

CHAPTER 05

# 제어문

**학·습·목·표**

- 프로그램의 흐름 제어에 대해 이해한다.
- if문의 구조를 이해하고 응용한다.
- switch문의 구조를 이해하고 응용한다.
- while문의 구조를 이해하고 응용한다.
- do~while문의 구조를 이해하고 응용한다.
- for문의 구조를 이해하고 응용한다.
- 중첩된 반복문의 구조와 실행 과정을 이해한다.
- break문, continue문, goto문에 대해 이해한다.

## 5.1 제어문이란?

프로그램을 구성하는 문장들은 기본적으로 그림 5.1과 같이 위에서 아래로 순차적으로 실행된다. 그러나 경우에 따라 특정 문장만을 실행하거나 반복 실행이 필요한 경우가 있다. 이와 같이 프로그램 실행의 흐름을 결정하는 데 사용되는 문장을 제어문이라 한다.

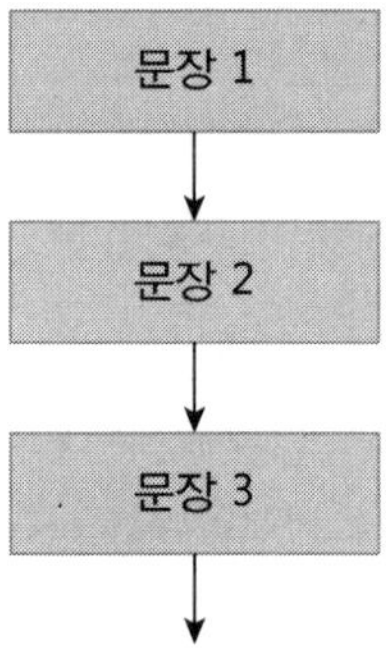


**그림 5.1 프로그램의 순차적인 흐름**

C언어는 표 5.1과 같이 주어진 조건식에 따라 프로그램의 수행 여부를 제어하는 조건문과 수행 횟수를 제어하는 반복문 그리고 기타 유용한 제어문들을 제공한다.

표 5.1 제어문의 종류

| 제어문 | 종류 |
|---|---|
| 조건문 | if |
| | if ~ else |
| | 다중 if |
| | switch |
| 반복문 | while |
| | do~while |
| | for |
| 기타 제어문 | break |
| | continue |
| | goto |

# 5.2 조건문

조건문은 그림 5.2와 같이 조건식의 결과 값에 따라 특정 문장의 실행 여부를 제어하는 문장이다. 즉 조건식이 참이면 문장 1을, 거짓이면 문장 2를 실행한다.

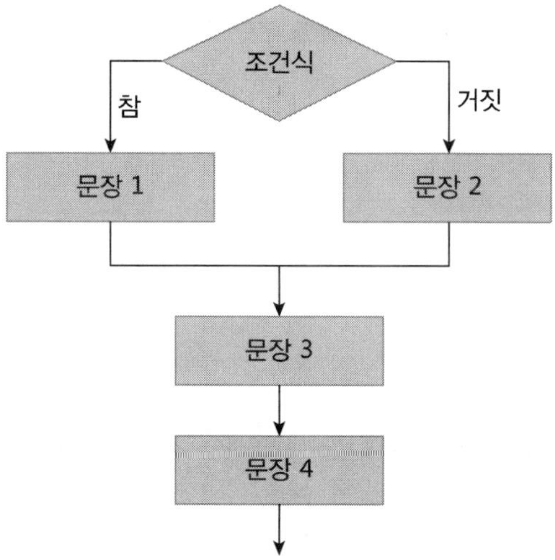


그림 5.2 조건문의 흐름

조건문으로는 if, if~else, if~else if~else, switch문 등이 있다.

## 1 if문

if문은 조건식이 참이면 특정 문장을 실행하고, 거짓이면 실행하지 않는 가장 간단한 형태의 조건문으로써 형식은 다음과 같다.

```
if (조건식)
{
    문장 ;
}
```

그림 5.3 if문의 형식

이때 조건식이 참일 때 실행할 문장들은 중괄호({ })[13] 내에 기술하되, 한 개의 문장만을

13) 조건식이 참일 때 실행할 문장이 2개 이상이면 반드시 중괄호로 묶어 주어야 한다.

실행할 때는 중괄호를 생략할 수 있다. 그러나 조건식이 참일 때 실행해야 할 문장이 여러 개이면 반드시 중괄호로 묶어 주어야 한다.

예제 5.1은 정수를 입력받은 후 짝수 여부를 판별하고 짝수이면 10의 값을 더해서 출력하는 프로그램을 나타낸 것이다.

**예제 5.1 if문을 이용한 짝수의 연산**

```
#include <stdio.h>
void main(void)
{
    int a ;

    printf("정수를 입력하시오 : ") ;
    scanf("%d", &a) ;

    if(a%2==0)    // a를 2로 나눈 나머지가 0이면, 즉 a가 짝수이면
    {
        printf("짝수를 입력 받았습니다.\n") ;
        a+=10;
    }
    printf("a = %d\n", a) ;
}
```

실행 결과

```
정수를 입력하시오 : 5          정수를 입력하시오 : 8
a = 5                          짝수를 입력 받았습니다.
                               a = 18
```

이때 if문 내의 조건식이 참, 즉 a가 짝수이면 중괄호 내의 두 문장을 차례대로 실행하고, 거짓이면 중괄호 내의 문장들은 모두 실행하지 않게 된다.

## 2 if~else문

if~else문은 조건식이 참일 때와 거짓일 때 실행할 문장을 각각 명시할 때 사용하며, 형식은 다음과 같다.

```
if (조건식)
{
    문장 1 ;
}
else
{
    문장 2 ;
}
```

**그림 5.4 if~else문의 형식**

즉 조건식 1이 참이면 문장 1을 실행하고, 조건식이 거짓이면 문장 2를 실행하게 된다. 이때도 조건식이 참 또는 거짓일 때 실행할 문장이 여러 개이면 반드시 중괄호 내에 기술해야 한다.

예제 5.2는 정수를 입력받아 짝수인지 홀수인지를 출력하는 프로그램을 작성한 것이다.

**예제 5.2 if~else문을 이용하여 짝수 및 홀수 여부를 판별하는 프로그램**

```
#include <stdio.h>
void main(void)
{
    int a ;

    printf("정수를 입력하시오 : ") ;
    scanf("%d", &a) ;

    if(a%2==0)
        printf("%d는 짝수이다. \n", a) ;
    else
        printf("%d는 홀수이다. \n", a) ;
}
```

실행 결과

```
정수를 입력하시오 : 5          정수를 입력하시오 : 8
5는 홀수이다.                  8은 짝수이다.
```

## 3 if~else if~else문

if~else if~else문은 여러 개의 조건식이 주어지고, 각 조건식에 따라 문장을 실행하는 조건문으로써 형식은 다음과 같다.

```
if (조건식 1)
{
    문장 1 ;
}
else if (조건식 2)
{
    문장 2 ;
}

else if (조건식 3)
{
    문장 3 ;
}
else
{
    문장 4 ;
}
```

그림 5.5 if~else if~else문의 형식

먼저 조건식 1을 판별한 후 참이면 문장 1을 실행한다. 그러나 조건식 1이 거짓이면 조건식 2를 판별하고 참이면 문장 2를 실행한다. 만일 조건식 2가 거짓이면 조건식 3을 판별하고 참이면 문장 3을 수행한다. 그러나 조건식 3이 거짓이 되면 문장 4를 실행한다.

즉, 주어진 조건식을 위에서 아래로 차례대로 판별한 후 참에 해당하는 문장을 실행하며, 모든 조건식이 거짓이면 else문에서 지정한 문장을 실행하게 된다. 이때 조건식이 모두 거짓일 때 실행할 문장이 필요 없다면 else문을 쓰지 않아도 된다.

예제 5.3은 점수를 입력받아 해당하는 학점을 출력하는 프로그램이다.

**예제 5.3 if~else if~else문을 이용하여 학점을 출력하는 프로그램**

```
#include <stdio.h>
void main(void)
{
    int record ;
```

```
    printf("점수를 입력하시오 : ") ;
    scanf("%d", &record) ;

    if(record>90)
        printf("당신의 학점은 A입니다.\n") ;
    else if(record>80)
        printf("당신의 학점은 B입니다. \n") ;
    else if(record>70)
        printf("당신의 학점은 C입니다. \n") ;
    else if(record>60)
        printf("당신의 학점은 D입니다. \n") ;
    else
        printf("당신의 학점은 F입니다. \n") ;
}
```

실행 결과

| | |
|---|---|
| 점수를 입력하시오 : 95 | 점수를 입력하시오 : 58 |
| 당신의 학점은 A입니다. | 당신의 학점은 F입니다. |

입력받은 점수는 if문의 첫 번째 조건식부터 마지막 조건식까지 순서대로 평가된다. 따라서 58점을 입력받은 경우 90보다 크지 않고 80보다도 크지 않으며, 다음의 조건식에 해당하는 70보다 크지 않고 60보다도 크지 않다. 결국 위의 조건식이 모두 거짓이므로 나머지 else에 해당하는 문장을 실행하게 된다.

## 4 switch문

조건식이 많을 경우 복수개의 if문을 사용하게 되므로 if문의 블록 범위를 주의 깊게 확인해야 한다. 자칫 잘못하면 의도한 바와 전혀 다른 결과를 초래할 수 있으며, 이는 컴파일시 에러를 유발하지 않기 때문에 프로그래머가 일일이 코드를 확인해야 한다. 따라서 조건식이 많아지면 해당 경우의 조건을 일목요연하게 표현해 주는 switch문을 이용하는 것이 좋다.

switch문의 형식은 다음과 같다.

```
switch (수식)
{
    case 값1 : 문장 1 ;
               break ;
    case 값2 : 문장 2 ;
               break ;
    case 값3 : 문장 3 ;
               break ;
    case 값4 : 문장 4 ;
               break ;
    default : 문장 5 ;
}
```

**그림 5.6 switch 문의 형식**

먼저 수식의 값을 평가한 후 case 뒤의 상수 값과 일치하면 해당하는 문장을 실행한다. 즉 수식의 결과가 값1이면 문장 1, 값2이면 문장 2, 값3이면 문장 3, 값4이면 문장 4를 실행한다. 만일 수식의 값이 어떤 값에도 해당하지 않는다면 default에서 지정한 문장 5를 수행한다. 따라서 default문은 case의 상수 값에 일치하지 않는 경우를 처리할 때 유용하며, 불필요시 생략 가능하다.

switch문을 사용할 때 주의할 점은 수식이 반드시 정수형이어야 한다는 점이다. 또한 switch문에서 벗어나려면 반드시 **break문**을 사용해야 한다. 즉 수식의 결과가 값1에 해당할 때 문장 1만을 실행하고 switch문을 빠져 나오고자 한다면 반드시 break문[14]을 마지막 문장에 넣어 주어야 한다.

예제 5.4는 switch문에서 break를 사용한 경우와 그렇지 않은 경우를 비교한 것이다.

**예제 5.4 switch문을 이용하여 성별을 판별하는 프로그램**

```
#include <stdio.h>
void main(void)
{
    int first ;

    printf("주민번호 뒤 첫 숫자 입력 : ") ;
    scanf("%d", &first) ;
```

```
#include <stdio.h>
void main(void)
{
    int first ;

    printf("주민번호 뒤 첫 숫자 입력 : ") ;
    scanf("%d", &first) ;
```

14) break문 : switch문은 수식에 해당하는 경우에만 문장을 실행해야 하므로 반드시 break문을 사용한다.

```
    switch(first)                          switch(first)
    {                                      {
        case 1 : printf("남자\n") ;            case 1 : printf("남자\n") ;
        case 2 : printf("여자\n") ;                    break ;
    }                                          case 2 : printf("여자\n") ;
}                                          }
                                       }
```

실행 결과

```
주민번호 뒤 첫 숫자 입력 : 1              주민번호 뒤 첫 숫자 입력 : 1
남자                                      남자
여자
```

이 프로그램은 주민번호 뒷자리 중 첫 번째 숫자가 1이면 남자, 2이면 여자를 출력하도록 한 것이다. 그러나 왼쪽의 프로그램은 1이 입력되었을 때 남자와 여자가 같이 출력된다. 이는 남자가 출력되고 난 후 switch문을 벗어나지 못하고 다음 문장을 실행하였기 때문이다. 이러한 문제는 오른쪽 프로그램과 같이 다음 case문을 만나기 전에 break문을 넣어 줌으로써 해결할 수 있다. 그러나 마지막 case문의 경우 switch문이 종료되는 마지막 문장이므로 break를 넣지 않아도 된다.

예제 5.5는 switch문을 이용하여 삼각형과 사각형 그리고 원의 면적을 선택적으로 구하는 프로그램이다.

**예제 5.5 switch문을 이용하여 도형의 면적을 선택적으로 계산하는 프로그램**

```
#include <stdio.h>
void main(void)
{
    int sel ;
    float r, a, b ;

    printf("도형을 선택하시오(원:1, 삼각형:2, 사각형:3) : ") ;
    scanf("%d", &sel) ;

    switch(sel)
    {
```

```
            case 1 : printf("반지름을 입력하라 : ") ;
                     scanf("%f", &r) ;
                     printf("원의 면적은 %.2f이다.\n", 3.14*r*r) ;
                     break ;
            case 2 : printf("밑변과 높이를 입력하라 :") ;
                     scanf("%f %f", &a, &b) ;
                     printf("삼각형의 면적은 %.2f이다.\n", (a*b)/2) ;
                     break ;
            case 3 : printf("가로 및 세로 길이를 입력하라 :") ;
                     scanf("%f %f", &a, &b) ;
                     printf("사각형의 면적은 %.2f이다.\n", a*b) ;
      }
}
```

실행 결과

```
도형을 선택하시오(원:1, 삼각형:2, 사각형:3) : 1
반지름을 입력하라 : 2
원의 면적은 12.56이다.
```

## 5.3 반복문

반복문은 그림 5.7과 같이 조건식에 따라 특정 문장의 반복 실행 여부를 제어하는 문장이다. 즉 조건식이 참이면 문장 1을 반복적으로 실행하며 거짓이면 반복문을 벗어나 문장 2를 실행한다.

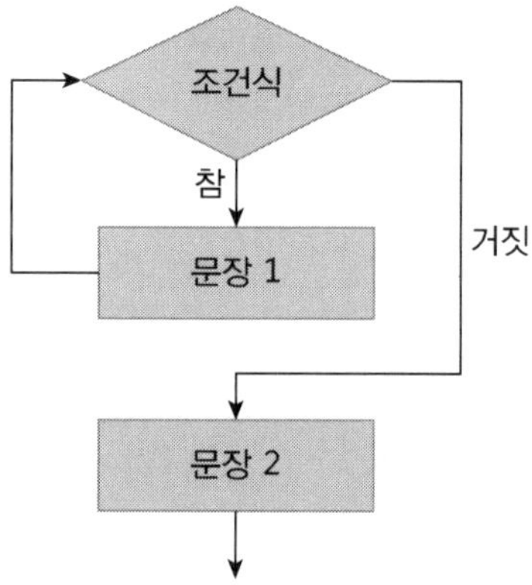


그림 5.7 반복문의 흐름

반복문으로는 while, do~while, for문이 있다.

## 1 while문

while문은 조건식을 먼저 판별한 후 참이면 중괄호 내에 기술된 문장들을 실행한다. 모든 문장들이 실행되고 나면 다시 조건식을 판별하고 참이라면 다시 중괄호 내의 문장들을 반복적으로 실행한다. 만일 조건식이 거짓이 되면 while문을 벗어나서 중괄호 아래의 문장을 실행하게 된다.

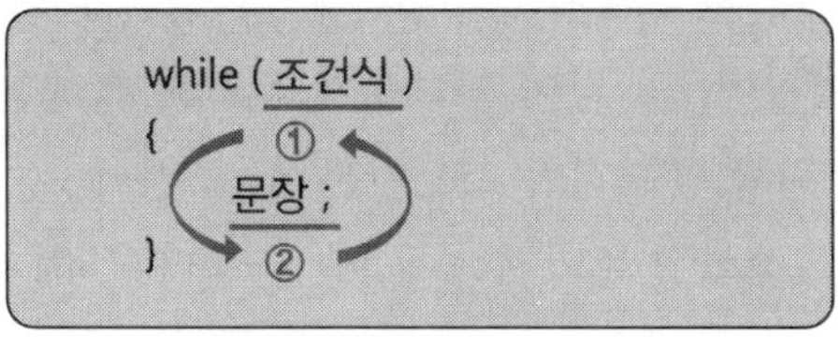


그림 5.8 while문의 형식

조건문과 마찬가지로 조건식이 참일 때 반복 수행할 문장이 여러 개이면 반드시 중괄호로 묶어 주어야 한다. 그러나 반복적으로 실행할 문장이 한 개이면 중괄호는 생략 가능하다.

예제 5.6은 while문을 이용하여 1부터 10까지의 합을 구하는 프로그램이다.

**예제 5.6 while문을 이용하여 1부터 10까지의 합을 구하는 프로그램**

```
#include <stdio.h>
void main(void)
{
    int i=1 ;  // 더하고자 하는 첫 번째 수를 저장하기 위한 변수 i의 선언 및 초기화
    int sum = 0 ;  // 더한 값을 저장하는 변수, 반드시 0으로 초기화되어야 함

    while(i<=10)    // 변수 i의 값이 더하고자 하는 마지막 수가 될 때까지
    {
        sum+=i ;  // i를 누적해서 더한 후
        i++ ;       // i를 1만큼 증가시킴
    }
    printf("1부터 10까지의 합은 %d이다\n", sum) ;
}
```

실행 결과

1부터 10까지의 합은 55이다

변수 i는 1부터 10까지 1씩 증가되는 값을 저장할 변수이므로 초기값을 1로 설정한다. 그리고 변수 sum은 1부터 10까지의 합을 저장할 변수로 선언되었다.

먼저 while문을 만나게 되면 조건식, 즉 i가 10보다 작거나 같은지를 판별한다. 현재 i의 값이 1이므로 조건식은 참이 되어 중괄호 안으로 들어오게 된다. 이때 sum에는 i의 값 1을 더하게 되므로 sum의 초기값은 반드시 0이어야 한다. 만일 sum의 값을 미리 0으로 초기화[15]하지 않는다면 쓰레기값에 i의 값이 더해지게 되므로 엉뚱한 결과를 초래할 수 있게 된다. 이제 변수의 값을 1만큼 증가시켜 2로 만든 후 조건식 i가 10보다 작거나 같은지를 다시 판별하고, 참이면 계속해서 기존의 sum에 1만큼 증가된 i의 값을 더하게 된다. 이러한 과정을 반복하다가 1씩 증가된 변수 i의 값이 10보다 커지면 while문을 벗어나게 된다.

반복문을 사용할 때는 특별히 무한 루프에 빠지지 않도록 주의[16]해야 한다. 즉 조건식이 결코 거짓이 되지 않는다면 반복문을 계속해서 실행하게 되어 프로그램이 종료되지 않기 때문이다. 위의 예제에서 문장 i++는 while문을 벗어날 수 있게 해 주는 아주 중요한 문장이다.

## 2 do~while문

do~while문은 while문과는 달리 반복 실행할 문장을 먼저 실행한 후 조건식을 판별하게 되는 반복문이다. do~while문의 형식은 다음과 같다.

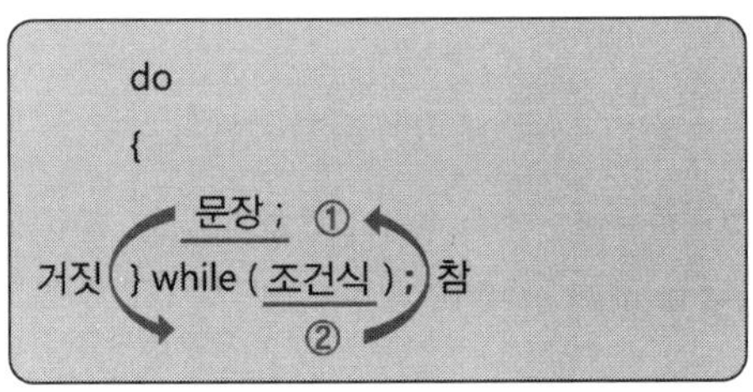


그림 5.9 do~while문의 형식

do~while문은 while문과는 달리 조건식이 거짓일지라도 중괄호 내의 문장은 적어도 한 번은 실행하게 되며, 조건식 뒤에는 반드시 세미콜론(;)을 붙여 주어야 한다.

15) 변수의 값을 계속해서 더하거나 곱할 때는 더하거나 곱한 결과를 저장할 변수를 반드시 초기화해야 한다.
16) 반복문을 사용할 때는 무한 루프에 빠지지 않도록 반복문을 벗어날 수 있는 문장을 반드시 명시해야 한다.

예제 5.7은 do~while문을 이용하여 1부터 10까지의 합을 구하는 프로그램을 나타낸 것이다.

**예제 5.7 do~while문을 이용하여 1부터 10까지의 합을 구하는 프로그램**

```
#include <stdio.h>
void main(void)
{
    int i=1 ;              // 더하고자 하는 첫 번째 수를 저장하기 위한 변수 i의 선언 및 초기화
    int sum = 0 ;          // 더한 값을 저장하는 변수, 반드시 0으로 초기화되어야 함

    do
    {
        sum+=i ;           // i를 누적해서 더한 후
        i++ ;              // i를 1만큼 증가시킴
    }while(i<=10) ;        // 변수 i의 값이 더하고자 하는 마지막 수가 될 때까지
    printf("1부터 10까지의 합은 %d이다\n", sum) ;
}
```

실행 결과

```
1부터 10까지의 합은 55이다
```

## 3 for문

for문은 while, do~while문과 함께 자주 사용되는 반복문으로서 형식은 다음과 같다.

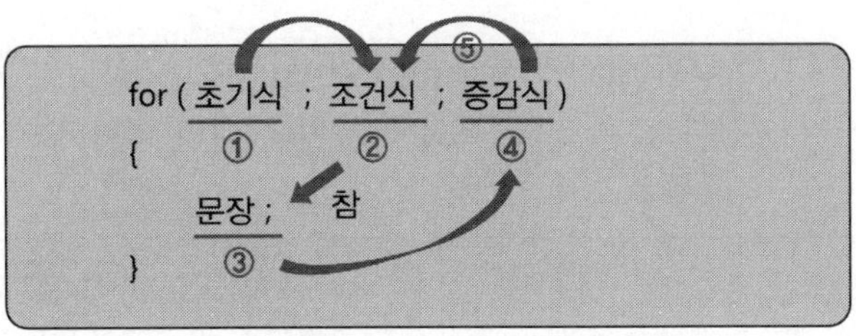


그림 5.10 for문의 형식

for문은 괄호 안에 반드시 세 개의 세미콜론이 와야 하며, 첫 번째 항은 반복문을 수행하기 전 변수의 값을 초기화하는 부분이다. 두 번째 항은 중괄호 내의 문장을 반복 실행하기 위한 조건식, 세 번째 항은 반복 조건을 변경하기 위해 변수의 값을 변화시키는 부분이다.

for문의 실행 순서는 ① 초기식을 가장 먼저 실행한 후 ② 조건식을 비교한다. 만일 조건

식이 참이라면 ③ 중괄호 내의 문장을 실행하고, ④ 변수의 값을 변화시키는 증감식을 수행한다. ⑤ 증감된 변수의 값으로 조건식을 다시 판별하고, 조건식이 참이면 다시 ③부터 같은 과정을 반복하게 된다. 그러나 조건식이 거짓이라면 중괄호를 벗어나 for문을 종료한다.

예제 5.8은 for문을 이용하여 1부터 10까지의 합을 구하는 프로그램을 나타낸 것이다.

**예제 5.8 for문을 이용하여 1부터 10까지의 합을 구하는 프로그램**

```
#include <stdio.h>
void main(void)
{
    int i ;
    int sum = 0 ;           // 더한 값을 저장하는 변수, 반드시 0으로 초기화되어야 함

    for(i=1; i<=10 ; i++)   // i를 1로 초기화하고 i의 값을 1씩 증가시켜 가며 10보다
    {                       // 작거나 같을 때까지 중괄호 내의 문장을 반복 실행
        sum+=i ;            // i를 누적해서 더함
    }
    printf("1부터 10까지의 합은 %d이다\n", sum) ;
}
```

실행 결과

```
1부터 10까지의 합은 55이다
```

## 4 중첩 반복문

중첩 반복문이란 그림 5.11과 같이 반복문 내에 또 다른 반복문이 실행되는 것을 말하며, 주로 구구단이나 배열 연산과 같은 2차원 또는 3차원 형태의 데이터를 다룰 때 사용된다.

```
for ( 초기식 ; 조건식 ; 증감식 )
{
    while (조건식)
    {
        문장 ;
    }
}
```

```
for ( 초기식 ; 조건식 ; 증감식)
{
    for ( 초기식 ; 조건식 ; 증감식 )
    {
        문장 ;
    }
}
```

그림 5.11 중첩된 반복문의 형식

중첩 반복문의 실행 순서로는 ① 가장 바깥쪽 반복문의 초기식과 ② 조건식을 차례대로 평가한 후 참인 경우 ③ 안쪽 반복문을 실행하게 된다. 그리고 안쪽 반복문의 조건식이 참인 동안은 중괄호 내의 문장을 계속해서 반복 실행한다. 안쪽 반복문을 모두 실행하였거나 반복문의 조건식이 거짓이 되면 ④ 바깥쪽 반복문의 증감식을 수행하여 변수의 값을 바꾸고 ⑤ 바깥쪽 조건식을 다시 평가한 후 참이면 ③부터 다시 안쪽 반복문을 반복해서 실행하게 된다. 이러한 과정을 반복하다가 바깥쪽 조건식이 거짓이 되면 중첩 반복문을 완전히 벗어나게 된다.

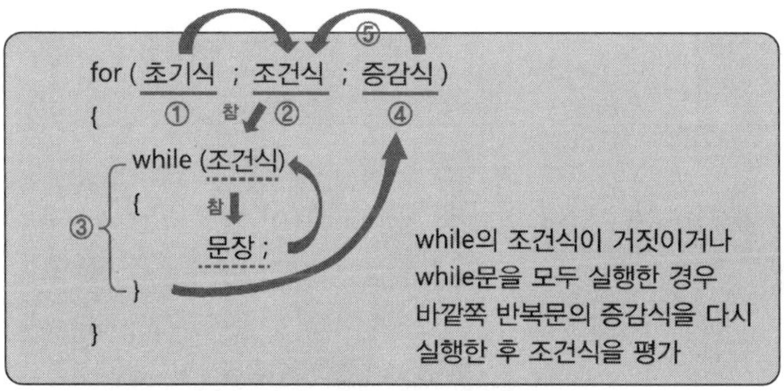


**그림 5.12 중첩된 반복문의 흐름 순서**

예제 5.9는 중첩 반복문을 이용하여 2단부터 3단까지의 구구단 일부를 출력하는 프로그램을 작성한 것이다.

**예제 5.9 중첩 반복문을 이용하여 2단부터 3단까지의 구구단 일부를 출력**

```
#include <stdio.h>
void main(void)
{
    int i, j ;
    for(i=2; i<=3; i++)      // i의 값이 2부터 3이 될 때까지
   {
       for(j=1; j<=5; j++)  // j의 값은 1에서 5까지 1씩 증가시켜 가며
             printf("%d * %d = %d\n", i, j, i*j) ; // i*j를 출력
   }
}
```

실행 결과

```
2 * 1 = 2
2 * 2 = 4
2 * 3 = 6
2 * 4 = 8
2 * 5 = 10
3 * 1 = 3
3 * 2 = 6
3 * 3 = 9
3 * 4 = 12
3 * 5 = 15
```

위의 프로그램에서 변수의 값이 변화될 때 printf문이 반복되는 과정을 그림으로 나타내면 다음과 같다.

printf("%d * %d = %d \ n", i, j, i*j \ n)

| | | |
|---|---|---|
| i = 2 | j = 1 | 2 * 1 = 2 |
| | j = 2 | 2 * 2 = 4 |
| | j = 3 | 2 * 3 = 6 |
| | j = 4 | 2 * 4 = 8 |
| | j = 5 | 2 * 5 = 10 |
| i = 3 | j = 1 | 3 * 1 = 3 |
| | j = 2 | 3 * 2 = 6 |
| | j = 3 | 3 * 3 = 9 |
| | j = 4 | 3 * 4 = 12 |
| | j = 5 | 3 * 5 = 15 |

**그림 5.13 중첩된 반복문에서 변수 값의 변화**

## 5.4 기타 제어문

C언어에서는 조건문과 반복문 외에 프로그램의 흐름을 제어하는 break, continue, goto문이 있다.

### 1 break문

break문은 주로 반복문을 벗어나고자 할 때 사용한다.

```
break ;
```

그림 5.14 break문의 형식

예를 들어 1부터 10까지의 정수를 출력하는 반복문에서 조건식에 의해 1부터 5까지의 정수만을 출력하고자 할 때 break문을 사용할 수 있다. 반복문에서 break문이 실행되면 반복문을 즉시 벗어나 반복문 아래의 문장이 실행된다. 예제 5.10은 학생들의 점수를 반복해서 입력받아 평균을 구하되 음수를 만나면 입력을 끝내고 평균을 출력하는 프로그램을 작성한 것이다.

**예제 5.10 break문을 사용하여 학생들의 점수를 입력받아 평균을 구하는 프로그램**

```
#include <stdio.h>
void main(void)
{
    int a, num=0, sum = 0 ;
    float avg ;

    printf("점수를 입력하세요 : ") ;
    do
    {
      scanf("%d", &a) ;
      if(a<0)              // 입력받은 점수가 음수이면
          break ;          // 곧바로 반복문을 벗어남
      sum+=a ;             // 입력받은 점수가 음수가 아닌 경우 합을 구하고
```

```
        num++ ;            // 입력받은 점수의 개수를 1씩 카운트
        printf("점수를 입력하세요 : ") ;
    }
    avg = (float)sum/num ;  // 평균을 구함
    printf("입력받은 점수의 평균은 %.2f이다.\n", avg) ;
}
```

실행 결과

```
점수를 입력하세요 : 90
점수를 입력하세요 : 80
점수를 입력하세요 : 70
점수를 입력하세요 : -10
입력받은 점수의 평균은 80.00이다.
```

예제 프로그램에서는 do~while문을 이용하여 학생들의 점수를 반복해서 입력받도록 하고 있으며, 입력받은 점수가 음수이면 break문이 실행되어 반복문을 바로 벗어난다. 그러나 양수이면 입력받은 점수를 누적해서 더하고, 몇 명의 점수를 입력받았는지의 정보를 변수 num에 저장한다. 따라서 합을 저장할 변수 sum과 입력받은 점수의 개수를 저장할 변수 num은 반드시 0으로 초기화되어야 한다. 평균은 점수를 모두 입력받은 후 마지막으로 한 번만 계산하면 되므로 반복문을 벗어난 다음에 기술한다.

이와 같이 break문은 반복문을 벗어날 때 유용하나 중첩 반복문에서 break문을 사용하게 되면 내부의 반복문만 벗어난다는 문제점을 가진다.

예제 5.11은 중첩 반복문에서 break를 사용한 예제 프로그램이다.

**예제 5.11 중첩 반복문에 break를 사용한 프로그램**

```
#include <stdio.h>
void main(void)
{
    int i, j ;

    for(i=1; i<5; i++)        // i를 1부터 4까지 1씩 증가시키고
    {
        for(j=0; j<5; j++)  // j는 0부터 4까지 1씩 증가시키되
```

```
        {
            if(j%3==0)    // j가 3의 배수이면
                break ;   // 안쪽 반복문을 벗어남
        }
        printf("i = %d, j= %d\n", i, j) ;
    }
}
```

실행 결과

```
i = 1, j = 3
i = 2, j = 3
i = 3, j = 3
i = 4, j = 3
```

중첩 반복문의 바깥쪽 반복문에서는 변수 i의 값이 1부터 4까지 1씩 증가되고 있으며, 내부 반복문에서는 j의 값이 3의 배수가 되면 break문을 실행한다. 이때 break문을 포함하는 내부 반복문만을 벗어나면 다음 문장인 printf 함수를 실행하게 된다. 따라서 내부 반복문을 벗어나는 시점에서 j의 값은 항상 3이 된다. 따라서 출력되는 변수 i의 값은 1부터 4까지 1씩 증가된 값이지만 j의 값은 항상 3이다.

## 2 continue문

continue문은 현재 실행하고 있는 반복문의 나머지 문장을 건너뛰고 다음 반복을 계속하고자 할 때 사용한다. 따라서 반복문에서 continue문을 만나면 continue문 다음에 있는 문장들은 실행되지 않는다.

```
continue ;
```

**그림 5.15 continue문의 형식**

예제 5.12는 continue문을 이용하여 1부터 10까지의 정수 중에서 짝수만을 출력하는 프로그램이다.

**예제 5.12 continue문을 이용하여 1부터 10사이의 짝수를 출력하는 프로그램**

```
#include <stdio.h>
void main(void)
{
    int i, j ;
    for(i=1; i<=10; i++)
   {
      if(j%2==1)          // i가 홀수이면
            continue ;  // 다음 반복을 계속(증감식 수행)
      printf("%d  ", i) ;
    }
}
```

실행 결과

```
2  4  6  8  10
```

1부터 10까지의 정수에 대해 현재 변수의 값이 홀수이면 printf 문장을 실행하지 않고 다음 반복, 즉 증감식을 곧바로 실행하여 변수의 값을 1만큼 증가시킨다. 그러나 변수의 값이 짝수이면 이를 화면에 출력한다.

## 3 goto문

goto문은 조건식 없이 원하는 위치로 어느 곳이든 점프하도록 만드는 문장으로써 주로 중첩된 반복문을 한 번에 벗어나고자 할 때 유용하게 사용된다. goto문의 형식은 다음과 같다.

```
goto lable ;
...
...
lable : printf ( "goto문에 의해 점프되었습니다") ;
```

그림 5.16 goto문의 형식

goto문은 goto와 레이블의 두 부분으로 구성된다. 레이블은 점프하기를 원하는 위치에 붙인 이름으로써 변수명 규칙을 이용하여 만든 후 문장 앞에 적고 콜론을 붙이면 된다. 그

리고 프로그램에서 레이블이 붙어있는 위치로 점프하고자 할 때는 goto 다음에 레이블 이름을 적어주고 세미콜론을 붙인다. 단 goto문은 한 함수 안에서만 점프가 가능하다.

예제 5.13은 goto문을 이용하여 출력하기를 원하는 단을 입력받아 구구단을 출력하는 프로그램을 나타낸 것이다.

**예제 5.13 goto문을 이용하여 원하는 구구단 출력하기**

```
#include <stdio.h>
int main(void)
{
      int i, j=1;

      printf("출력하기를 원하는 단을 입력하시오 : ") ;
      scanf("%d", &i) ;
      re : printf("%d * %d = %d \n", i, j, i*j) ;
      j++ ;
      if(j==10)
           goto end ;
      goto re :
      end : return 0 ;
   }
}
```

실행 결과

```
출력하기를 원하는 단을 입력하시오 : 5
5 * 1 = 5
5 * 2 = 10
5 * 3 = 15
5 * 4 = 20
5 * 5 = 25
5 * 6 = 30
5 * 7 = 35
5 * 8 = 40
5 * 9 = 45
```

이 프로그램은 반복문을 이용한 경우보다 프로그램이 훨씬 복잡하고 이해하기 어렵다는 것을 쉽게 알 수 있다. 실제로 goto문을 사용하는 프로그램은 매우 빠르게 실행된다. 그러나 조건없이 갑자기 다른 문장으로 건너뛰기 때문에 프로그램이 복잡해지며 해독과 유지 보수가 어려워진다. 따라서 goto문은 가능한 한 사용하지 않고 중첩 반복문을 한 번에 벗어날 필요가 있는 경우 사용하는 것이 좋다.

예제 5.14는 goto문을 이용하여 중첩 반복문을 일시에 벗어나는 프로그램을 나타낸 것이다. i의 값을 1부터 9까지 1씩 증가시켜 가면서 변수 j의 값을 1부터 9까지 1씩 증가시켜 3의 배수가 되는지를 평가한다. 만일 3의 배수가 되면 goto문을 실행하여 곧바로 중첩 반복문을 빠져 나오고, printf 문장을 수행하게 된다. 중첩 반복문을 벗어날 때 i와 j의 값은 각각 1과 3이다.

**예제 5.14 goto문을 이용하여 중첩 반복문을 일시에 벗어나는 프로그램**

```
#include <stdio.h>
int main(void)
{
      int i, j;

      for(i=1; i<10; i++)
      {
          for(j=1; j<10; j++)
          {
                if(j%3==0)
                      goto end ;
          }
    }
    printf(i = %d, j = %d", i, j) ;
}
```

실행 결과

```
i = 1, j = 3
```

# 연습문제

**01** 다음의 빈 칸을 채우시오.

(1) 프로그램 실행의 흐름을 결정하는 데 사용되는 문장을 ______이라 한다.

(2) ______문은 조건식이 참이면 특정 문장을 실행하고, 거짓이면 실행하지 않는 가장 간단한 형태의 조건문이다.

(3) ______문은 조건식이 참일 때와 거짓일 때 실행할 문장을 각각 명시할 때 사용하는 조건문이다.

(4) ______문은 여러 개의 조건식이 주어지고, 각 조건식에 따라 문장을 실행하는 조건문이다.

(5) switch문은 수식에 해당하는 경우의 문장들만 실행해야 하므로 ______문을 사용해야 한다.

(6) 초기식, 조건식, 증감식을 한 개 문장에서 사용하는 반복문은 ______이다.

(7) ______문은 반복 실행할 문장을 먼저 실행한 후 조건식을 판별하게 되는 반복문이다.

(8) ______문은 현재 실행하고 있는 반복문의 나머지 문장을 건너뛰고 다음 반복을 계속하고자 할 때 사용한다.

(9) 중첩 반복문을 일시에 벗어나기 위해서는 ______문을 사용한다.

**02** 다음의 프로그램에서 문법적 오류나 논리적 오류를 찾고 수정하라.

```
#include    <stdio.h>
void main(void)
{
    int jumsu ;
```

```
    printf("0점에서 100점 사이의 점수를 입력하세요 :");
    scanf("%d", &jumsu);
    if(jumsu >= 0 && jumsu < 60)
        printf("%d점은 F학점", jumsu) ;
    else if
            printf("%d점은 D학점", jumsu) ;
    else if
            printf("%d점은 C학점", jumsu) ;
}
```

03 다음 프로그램의 실행 결과를 예측하라.

```
#include    <stdio.h>
void main(void)
{
    int i, sum=0 ;
    for(i=1; i<=10; i+=3)
    {
      if(i % 2 ==0) continue ;
      sum += i ;
    }
    printf("합은 %d이다\n", sum) ;
}
```

04 키보드로부터 점수를 입력받아 switch문을 이용하여 학점을 출력하는 프로그램을 작성하라. (90점 이상 : A, 80점 이상 : B, 70점 이상 : C, 60점 이상 : D, 그 외 : F)

05 한 개의 문자를 입력받아 영문자이면 "영문자", 숫자이면 "숫자", 그 외는 "특수문자"를 출력하는 프로그램을 작성하라.

06 문자열을 입력받아 거꾸로 출력하되 대문자는 소문자로, 소문자는 대문자로 변환하여 출력하는 프로그램을 작성하라.

**07** 2차 방정식의 계수 a, b, c를 입력받아 실근을 가지는지, 허근을 가지는지, 또는 중근을 가지는지의 여부를 판별하는 프로그램을 작성하라. (판별식 $D = b^2 - 4ac$이며, $D > 0$이면 실근, 0이면 중근, 그 외는 허근을 가진다)

**08** 키보드로부터 태어난 연도를 입력받아 띠를 자동으로 계산하는 프로그램을 작성하라.

연도를 12로 나눈 나머지가 0이면 원숭이 띠, 1이면 닭띠, 2이면 개띠, 3이면 돼지띠, 4이면 쥐띠, 5이면 소띠, 6이면 범띠, 7이면 토끼띠, 8이면 용띠, 9이면 뱀띠, 10이면 말띠, 11이면 양띠이다.

**09** 임의의 정수 n을 입력받아 1부터 n까지 3으로 나누어지지 않는 수를 출력하는 프로그램을 작성하라.

**10** while문을 이용하여 1에서 10 사이의 짝수의 합과 홀수의 합을 구하여 출력하는 프로그램을 작성하라. (한 개의 while문을 이용)

**11** 1에서 50 사이의 수에서 3의 배수이자 5의 배수를 모두 출력하는 프로그램을 작성하라.

**12** 1에서 10사이의 정수 n1와 n2를 입력받아 그 사이의 수를 모두 출력하는 프로그램을 작성하라. 2와 8 사이의 수는 3, 4, 5, 6, 7이다.

**13** 다음과 같은 형태로 출력되는 프로그램을 작성하라.

```
    *
  * * *
* * * * *
  * * *
    *
```

**14** 정수를 입력받아 팩토리얼을 계산하는 프로그램을 작성하라. 팩토리얼이란 다음과 같이 정의된다.

$$n! = n \times n-1 \times \cdots \times 3 \times 2 \times 1$$

**15** 임의의 양의 정수를 입력받아 소수인지 아닌지의 여부를 판별하는 프로그램을 작성하라. 소수는 1과 자신의 수로만 나누어 떨어지고 그 사이의 수로는 나누어 떨어지지 않는 수를 말한다. 예를 들어 5는 1과 5로만 나누어 떨어지고, 그 사이의 수 2, 3, 4로는 어느 것도 나누어 떨어지지 않으므로 소수이다.

**16** 피타고라스의 정리는 직각삼각형에서 직각을 낀 두 변의 길이를 a, b라고 하고, 빗의 길이를 c라고 하면, $a^2+b^2=c^2$의 수식이 성립한다는 것이다. 각 변의 길이가 100보다 작은 삼각형 중에서 피타고라스의 정리가 성립하는 직각 삼각형은 몇 개나 있을까? 3중 반복문을 사용하여 피타고라스의 정리를 만족하는 3개의 정수를 찾도록 한다.

**17** 두 정수를 입력받아 최대공약수를 구하는 프로그램을 작성하라. 최대공약수를 구하는 알고리즘은 기원전에 유클리드에 의해 개발되었으며 다음과 같다.

```
1. 두 수 가운데 큰 수를 x, 작은 수를 y라 한다.
2. y가 0이면 공약수는 x와 같다.
3. r ← x % y
4. x ← y
5. y ← r
6. 단계 2로 돌아간다.
```

**18** 다음의 형식으로 정렬된 구구단을 출력하는 프로그램을 작성하라. 곱셈 결과는 형식 변환자를 사용하여 두 자리 폭 왼쪽 정렬되도록 출력한다.

```
2*1= 2    3*1=3     …    8*1=8     9*1=9
2*2= 4    3*2=6     …    8*2=16    9*2=18
                    …

2*9=18    3*9=27    …    8*9=72    9*9=81
```

CHAPTER 06

# 사용자 정의 함수

**학 · 습 · 목 · 표**

- 함수의 정의와 필요성에 대해 이해한다.
- 사용자 정의 함수에 대해 이해한다.
- 함수를 만들고 사용하는 방법에 대해 이해하고 응용한다.
- 재귀 함수의 동작 원리를 이해하고 응용한다.

## 6.1 함수의 개념

함수(function)란 특정 기능을 수행하는 작은 단위의 독립된 프로그램이다. 지금까지 우리는 여러 가지 함수들을 사용해 왔다. 예를 들어 main() 함수는 프로그램의 시작을 알리는 함수이며, printf() 함수는 문자열이나 변수의 값을 화면에 출력하기 위해 사용하였다.

또한 그림 6.1과 같이 계산 프로그램에서 많이 사용되는 sqrt() 함수와 pow() 함수는 입력 받은 수의 제곱근(square root)과 멱승(power)의 값을 구하기 위한 수학 함수이다. 이러한 함수들은 함수를 구성하고 있는 내부 시스템을 잘 알지 못하더라도 각 함수의 기능이 무엇인지를 알고 적절한 형태의 입력만 주면 원하는 결과를 얻을 수 있다.

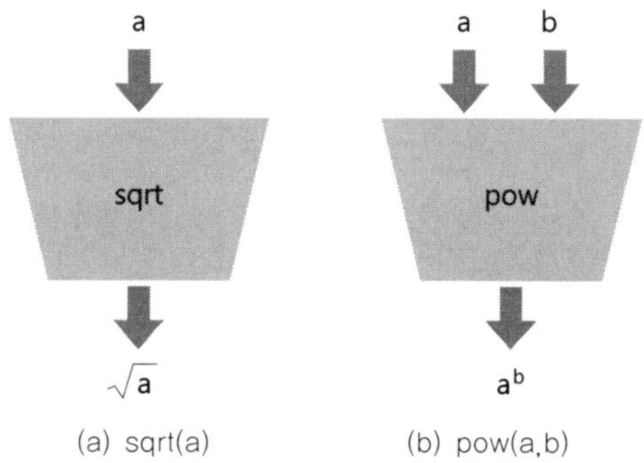


그림 6.1 함수의 입출력 구조

이와 같이 시스템에서 미리 만들어 놓고 사용자가 필요할 때 호출해서 사용하도록 허용하는 함수를 라이브러리 함수(Library Function)라고 한다. 그러나 모든 함수를 시스템에서 제공할 수는 없기 때문에 사용자는 필요할 때 직접 만들어서 사용할 수 있다. 이와 같이 사용자가 스스로 만들어 사용하는 함수를 사용자 정의 함수(User Definition Function)라 한다.

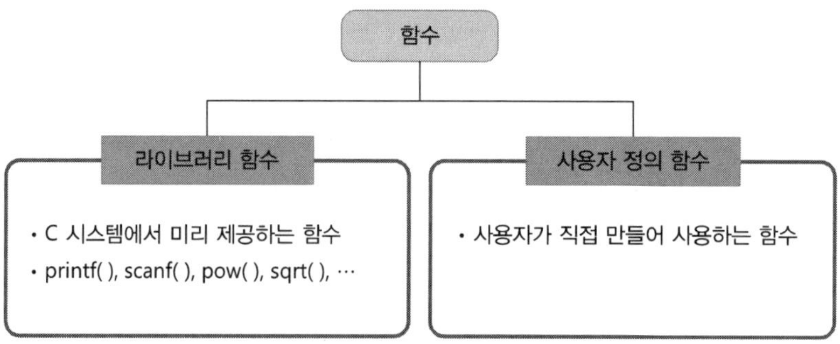


그림 6.2 함수의 분류

## 6.2 함수의 필요성

프로그래밍을 하다 보면 가끔 같은 작업을 반복해야 하는 경우가 발생한다. 예를 들어 예제 6.1과 같이 두 개의 정수 4와 3이 주어졌을 때 최대값을 구하는 프로그램을 살펴보자. if~else문을 사용하여 두 값의 크기를 비교함으로써 최대값을 결정하였다. 이때 또 다른 변수의 값 2와 5에 대해서도 최대값을 구하고자 한다면 오른쪽과 같이 왼쪽의 네모 블록의 코드를 한 번 더 복사해서 사용하면 간단하게 계산할 수 있다.

**예제 6.1 두 개의 정수 중 최대값을 구하는 프로그램**

```
#include <stdio.h>
void main(void)
{
    int a=4, b=3 ;
    int max ;

    if(a>=b)
        max = a ;
    else
        max = b ;
    print("max=%d\n", max) ;
}
```

```
#include <stdio.h>
void main(void)
{
    int a, b ;
    int max ;

    a=4, b=3 ;
    if(a>=b)
        max = a ;
    else
        max = b ;
    print("max=%d\n", max) ;

    a=2, b=5 ;
    if(a>=b)
        max = a ;
    else
        max = b ;
    print("max=%d\n", max) ;
}
```

만일 여러 변수값에 대한 최대값을 구하고자 한다면 마찬가지 방법으로 필요한 부분에 블록을 붙임으로써 프로그램을 확장할 수 있다. 그러나 이러한 방법은 프로그램을 매우 복잡하게 만들 뿐만 아니라 한 눈에 이해하기 어렵다. 그러나 이러한 문제점은 반복적으로 사용되는 블록, 즉 최대값을 구하는 코드들을 독립적인 함수 형태로 만들고 필요할 때마다 이를 호출하여 사용함으로써 해결할 수 있다.

예제 6.2는 함수를 사용하여 예제 6.1을 수정한 프로그램이다. 함수 max_cal()은 반복적으로 사용되는 코드 블럭을 함수로 정의한 것이며, main() 함수에서는 각각 두 개의 정수값을 전달하며 이 함수를 호출하고 있다.

**예제 6.2 함수를 이용하여 예제 6.1을 수정한 프로그램**

```
#include <stdio.h>
void main(void)
{
     max(4, 3) ; // a=4와 b=3을 전달하며 함수 max_cal을 호출
     max(2, 5) ; // a=2와 b=5를 전달하며 함수 max_cal을 호출
}

void max_cal(int a, int b)  // 전달받은 두 개의 정수 a, b에 대해
{                           // 최대값을 구하여 출력하는 함수
     if(a>=b)
        max = a ;
     else
        max = b ;
     print("max=%d\n", max) ;
}
```

실행 결과

```
max = 4
max = 5
```

예제 6.2를 통해 main() 함수에서 호출하는 함수명만 보더라도 전체 프로그램이 무엇을 수행하는 프로그램인지 쉽게 파악할 수 있다. 이와 같이 프로그래밍에서 함수를 사용할 때 얻을 수 있는 장점을 요약하면 다음과 같다.

- 반복해서 실행해야 할 내용을 함수로 만들어 두면 필요할 때마다 호출하여 사용할 수 있으므로 코드의 중복을 피할 수 있다.

- ❑ 각 함수는 독립적이므로 프로그램의 수정 및 편집이 용이하다.
- ❑ 적절한 함수명을 사용하면 프로그램의 구조와 기능을 한 눈에 이해할 수 있다.
- ❑ 범용으로 만들어 두면 다른 프로그램에서도 재사용할 수 있다.

## 6.3 사용자 정의 함수 만들기

이 절에서는 사용자가 직접 함수를 만들고 사용하기까지의 과정에 대해 단계별로 설명한다. 사용자 정의 함수는 그림 6.3과 같이 세 단계를 거친다.

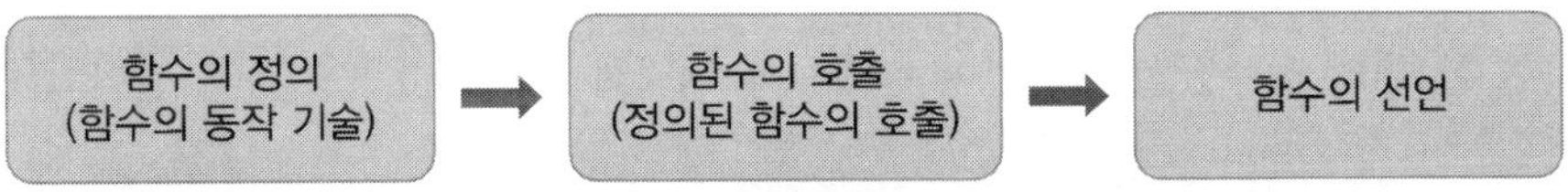


**그림 6.3 사용자 정의 함수의 작성 단계**

### 1 함수의 정의

사용자 정의 함수의 첫 번째 단계는 함수가 실행하고자 하는 동작을 기술하는 것이다. 이 과정에서는 함수의 이름을 정하고 어떤 입력으로 어떤 처리를 하며 사용자에게 어떻게 결과를 전달할 것인가에 대해 구체적으로 기술한다. 함수 정의의 형식은 다음과 같다.

```
⑤반환 데이터형 ①함수명(②입력)
{
    ③ 동작 기술 ;
    ④ return 결과값 ;
}
```

**① 함수명 결정하기**

함수명은 말 그대로 함수의 이름으로써 변수명을 부여하는 규칙과 동일하게 부여한다. 따라서 예약어나 라이브러리 함수명은 사용하지 않도록 주의해야 하며, 이 함수가 어떤 기능을 수행하는지를 쉽게 파악할 수 있도록 기능에 따라 이름을 부여하는 것이 가장 좋다. 예를 들어 면적을 계산하는 함수라면 area_func과 같이 면적을 의미하는

area가 포함되도록 하는 것이 이해도 측면에서 효율적이다.

② **입력**

이 부분은 정의된 함수를 호출한 쪽으로부터 전달받은 데이터를 저장할 변수 선언부이다. 만일 전달받는 데이터가 여러 개이면 변수는 데이터의 수만큼 선언하고, 콤마(,)로 구분한다. 그러나 아무런 데이터도 전달받지 못하면 괄호 안을 비워 두거나 void를 기입한다. 예를 들어 전달받은 데이터 없이 함수 func을 수행하기를 원한다면 다음과 같이 나타낸다.

```
func( ) ;   또는   func(void) ;
```

반면 한 개의 정수값을 전달받아 변수 x에 저장하고자 한다면 다음과 같이 입력한다.

```
func(int x) ;
```

마찬가지로 정수값 한 개와 문자 한 개를 전달 받아 변수 x와 y에 각각 저장하기를 원한다면 x를 정수형으로, y는 문자형으로 선언하고 콤마로 구분하면 된다.

```
func(int x, char y) ;
```

③ **동작 기술**

함수가 수행하고자 하는 동작을 정의하는 문장들로 구성된다. 함수의 몸체는 중괄호({)로 시작하여 중괄호(})로 끝나며, main() 함수 내의 몸체를 작성하듯이 변수 선언문, 입출력문, 제어문 등을 이용하여 함수가 목적하는 기능을 수행하도록 기술한다.

④ **return문**

③에서 기술한 동작을 수행한 후 실행 결과를 호출한 함수 측으로 반환하고자 할 때는 명령어 return을 사용한다. 이때 return문 뒤에는 전달하고자 하는 변수나 수식 또는 상수 값을 단 한 개만 기술할 수 있으며, 값을 반환함과 동시에 함수 실행은 곧바로 종료된다. 만일 전달하고자 하는 데이터 없이 단지 실행만을 하고자 한다면 return

문은 사용하지 않는다.

⑤ **반환 데이터형**

이 부분은 ④의 return문과 밀접한 관계가 있다. 즉 정의된 함수를 실행한 후 이 함수를 호출한 곳으로 전달할 데이터의 형을 지정하는 것으로써, 정수형의 데이터를 return한다면 int, 문자형의 데이터를 return한다면 char를 함수명 앞에 명시하면 된다. 만일 반환할 데이터가 없다면 return문이 사용되지 않으므로 반환 데이터형은 void로 지정한다.

이제 위에서 설명한 각 항목들이 어떻게 사용되는지 일상생활을 예로 들어 설명해 보도록 하자.

**(1) 입력과 반환 데이터형이 모두 필요한 경우**

회사 사장이 커피 심부름을 해 줄 비서를 고용했다고 하자. 이때 비서는 정의된 함수가 되는 것이고, 커피 심부름이 비서가 해야 할 일, 즉 함수의 동작이다.

**그림 6.4 입력과 반환 데이터가 모두 필요한 경우**

어느 날 사장이 그림 6.4와 같이 비서(함수)를 불러(함수 호출)에게 동전을 주면서(데이터 전달) 커피 한잔을 뽑아 줄 것을 요청했다고 하자. 이때 비서는 사장에게서 받은 동전을 지갑에 저장(입력)할 것이고 그 돈으로 자판기에서 커피를 뽑을 것이다. 뽑은 커피는 비서가 마시는 것이 아니라 비서를 호출한 사장에게 돌려주어야 하므로 return문을 통해 반환한다.

이제 함수의 원리에 의해 2개의 정수형 변수 x, y의 값을 전달받아 최대값을 구한 후 그 결과를 반환하는 함수를 정의해 보자.

```
int max_cal(int x, int y) // 입력은 두 개의 정수형 변수 x와 y
{
    int max ;

    max = (x>=y)? : x : y ; // 전달받은 x와 y를 비교하여 큰 수를 max에 대입
    return max ;              // max를 함수 max_cal()을 호출한 곳으로 반환
}
```

이 함수는 두 개의 정수값의 최대값을 구하는 기능을 수행하므로 함수명을 max-cal로 하였으며, int형의 변수 x와 y의 최대값을 구한 후 그 결과를 return문을 이용하여 반환한다. 이때 최대값은 정수형이므로 max의 데이터형인 int를 함수명 앞에 명시하고 있다.

### (2) 입력은 없고 반환 데이터만 필요한 경우

두 번째 예로 사장이 비서(함수)를 불러(함수 호출)에게 지금은 동전이 없으니(데이터 전달이 없음) 우선 비서의 동전으로 커피 한잔을 뽑아 줄 것을 요청했다고 하자. 이때 비서는 사장에게서 받은 동전이 없기 때문에(입력 부분이 없음) 비서 돈으로 커피를 뽑을 것이다. 뽑은 커피는 사장에게 갖다 주어야 하므로 return문을 통해 반환한다.

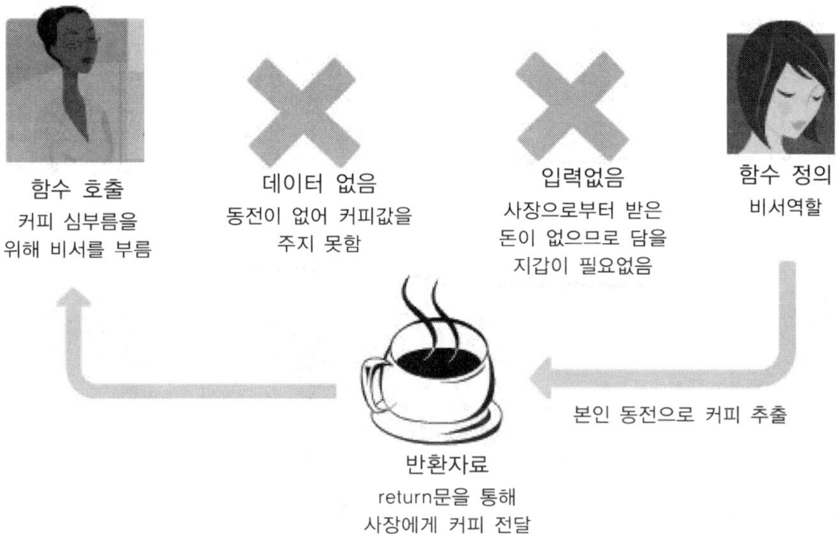


**그림 6.5 입력은 없고 반환 데이터만 필요한 경우**

이제 기보드로부터 2개의 정수를 입력받아 최대값을 구한 후 최대값을 반환하는 함수를 정의해 보자. 이 경우는 전달받는 데이터가 없으므로 입력은 void로 명시한다.

```
int max_cal(void) // 전달받은 데이터가 없으므로 void로 명시
{
    int x, y, max ;

    printf("두 개의 정수값을 차례로 입력하시오 : ") ;
    scanf("%d %d", &x, &y) ;

    max = (x>=y)? : x : y ; // 전달받은 x와 y를 비교하여 큰 수를 max에 대입
    return max ;    // 더한 결과를 함수 max_cal()을 호출한 곳으로 반환
}
```

정수형 변수 x와 y의 최대값은 return문을 통해 반환하며, 이때 최대값은 정수형이므로 int를 함수명 앞에 명시한다.

### (3) 입력은 있고 반환 데이터는 필요 없는 경우

세 번째 예로 사장은 고마움의 표시로 비서에게 돈을 주며 커피를 뽑아 마시라고 했다고 하자. 이때 비서는 커피를 뽑아 사장에게 갖다 줄 필요 없이 본인이 마시면 되기 때문에 return문이 필요 없다.

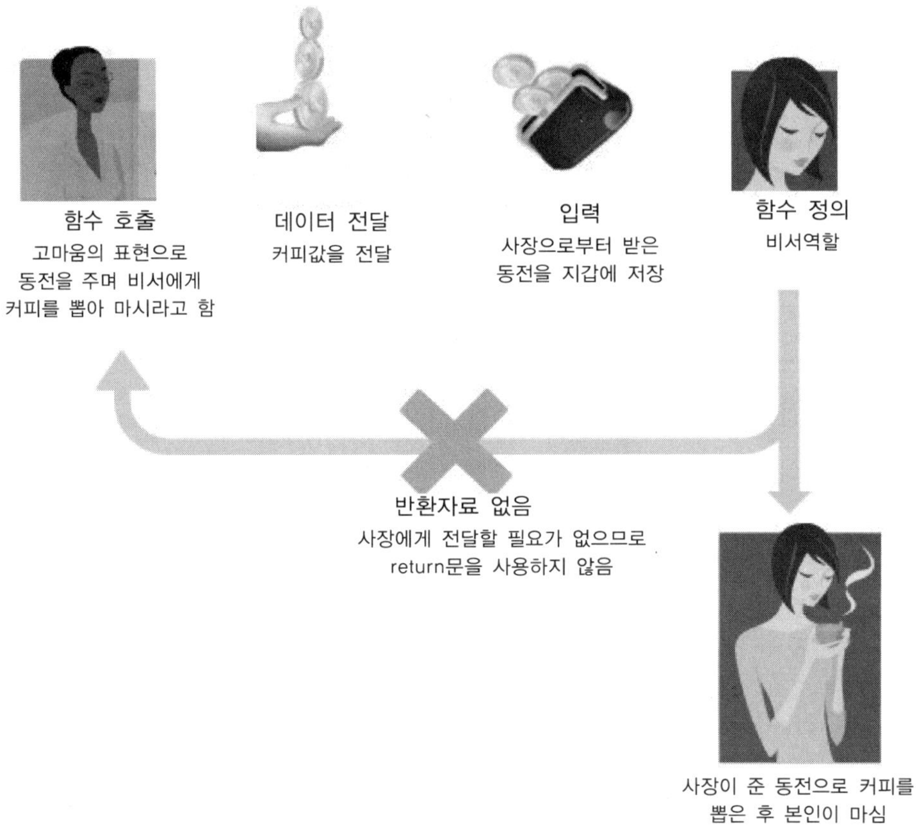


그림 6.6 입력은 있고 반환 데이터는 필요 없는 경우

이러한 경우는 전달 받은 2개의 정수 값으로부터 최대값을 구한 후 그 결과를 정의된 함수에서 직접 출력하는 경우에 해당한다. 이때 전달할 데이터가 없으므로 함수명 앞에는 void를 명시한다.

```
void max_cal(int x, int y) // 전달받은 정수형 변수 x, y
{
    int max ;

    max = (x>=y)? : x : y ; // 전달받은 x와 y를 비교하여 큰 수를 max에 대입
    printf("최대값은 %d \n", max) ; // 최대값을 출력
}
```

### (4) 입력과 반환 데이터가 모두 필요 없는 경우

사장은 비서에게 커피를 사주고 싶은데 동전이 없어 우선 비서의 돈으로 커피를 뽑아 마시면 나중에 돈을 주겠다고 했다. 이러한 경우에도 입력은 없고 비서는 커피를 뽑아 사장에게 갖다 줄 필요 없이 본인이 마시면 되므로 return문이 필요 없다.

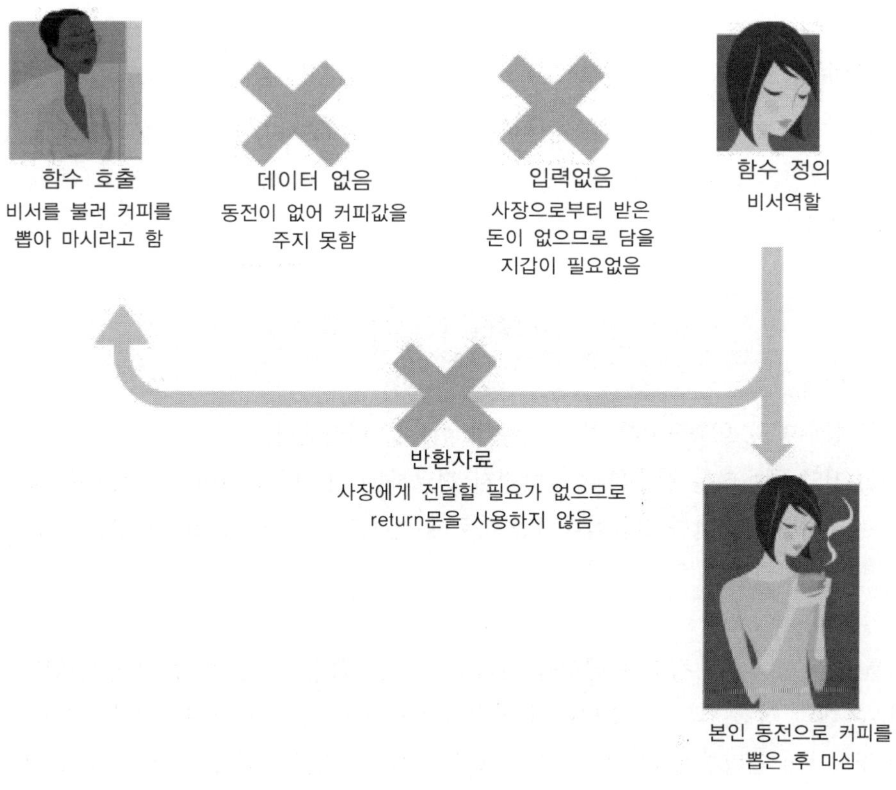


그림 6.7 입력과 반환 데이터가 모두 필요 없는 경우

이러한 형태는 전달받은 데이터 없이 함수 내에서 직접 2개의 정수값을 입력받아 최대값을 구하고 그 결과를 반환하지 않고 출력하는 함수에 해당한다.

```
void max_cal(void) // 전달받은 데이터가 없으므로 void로 명시
{
    int x, y, max ;

    printf("두 개의 정수값을 차례로 입력하시오 : ") ;
    scanf("%d %d", &x, &y) ;

    max = (x>=y)? : x : y ; // 전달받은 x와 y를 비교하여 큰 수를 max에 대입

    printf("최대값은 %d\n", max) ; // 최대값을 출력
}
```

## 2 함수의 호출

사용자 정의 함수의 두 번째 단계는 정의된 함수를 이용하기 위한 호출 과정이다. 함수를 호출하는 방법은 함수명과 함께 전달할 데이터를 함께 지정하면 된다. 함수의 호출 형식은 다음과 같다.

```
① 함수명 (② 전달 데이터) ;
```

① 함수명은 호출하고자 하는 함수의 이름을 나타낸다.

② 전달 데이터는 함수를 호출하면서 전달하는 데이터를 말한다. 만일 두 개 이상의 데이터를 전달하고자 한다면 콤마로 분리하고, 전달할 데이터가 없으면 빈 괄호를 지정한다.

예를 들어 두 개의 정수형 변수를 입력으로 하는 함수 max_cal()을 호출하려면 아래와 같이 두 개의 정수 3과 5를 전달하며 함수를 호출해야 한다. 이때 두 개의 데이터는 각각 함수 정의부의 입력부에 기술된 변수 x, y에 차례대로 전달된다. 즉 3은 정수형 변수 x에, 5는 정수형 변수 y에 저장되는 것이다.

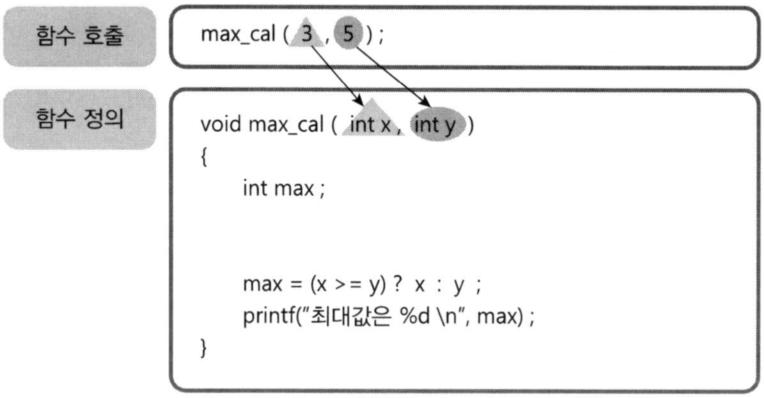


반면 외부 입력이 없는 함수를 호출하고자 할 때는 전달할 데이터가 없어야 한다. 따라서 아래와 같이 빈 괄호를 사용하여 호출한다.

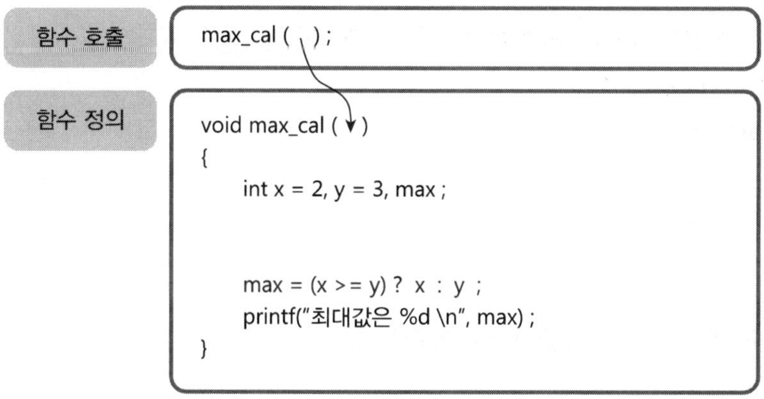


이제 return문을 가지는 함수의 경우 그 결과가 어디로 전달되는지 살펴보자. 다음의 예와 같이 변수 max의 값은 이 함수를 호출한 문장으로 전달이 되며 이 값은 다시 변수 y에 대입이 된다.

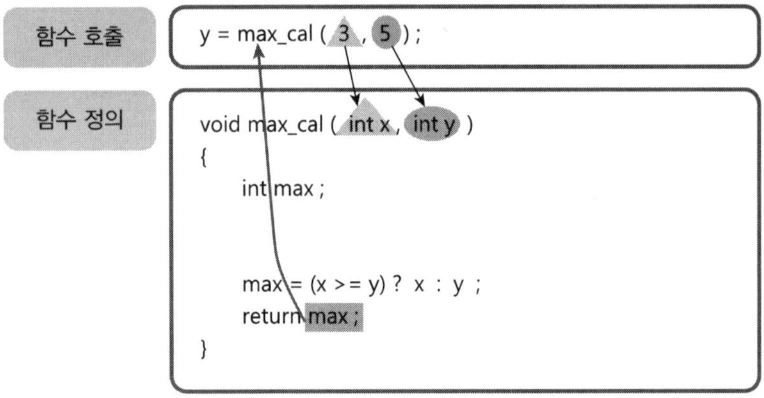


예제 6.3은 2개의 정수값의 최대값을 구하는 함수를 정의하고, 정의된 함수를 호출하는 완성된 프로그램을 나타낸 것이다.

**예제 6.3 두 개의 정수값의 최대값을 구하고 결과를 반환하는 프로그램**

```
#include <stdio.h>
void main(void)
 {
      int a , b ;
      int max ;

      printf("두 개의 정수값을 차례로 입력하시오 : ") ;
      scanf("%d %d", &a, &b) ;
      max = max_cal(a, b);
      printf("두 정수의 최대값은 = %d\n", max) ;
 }
 int max_cal(int x, int y)
 {
      int max ;

      max = (x>=y)? x : y ;
      return max ;
 }
```

실행 결과

```
두 개의 정수값을 차례로 입력하시오 : 10  20
두 정수의 최대값은 = 20
```

함수 호출시 주의할 점은 정의된 함수를 호출할 때 전달하는 데이터와 그 데이터를 저장하는 변수의 개수 및 데이터형이 반드시 일치해야 한다는 것이다.

**(1) 데이터형이 다른 경우**

전달하는 데이터와 정의된 함수의 입력부에 선언된 변수의 데이터형이 다른 경우 엉뚱한 데이터가 전달된다. 다음의 예에서 3.5와 5.4를 전달했으나 변수는 모두 정수형으로 선언되어 있기 때문에 x에는 3, y에는 5가 저장된다.

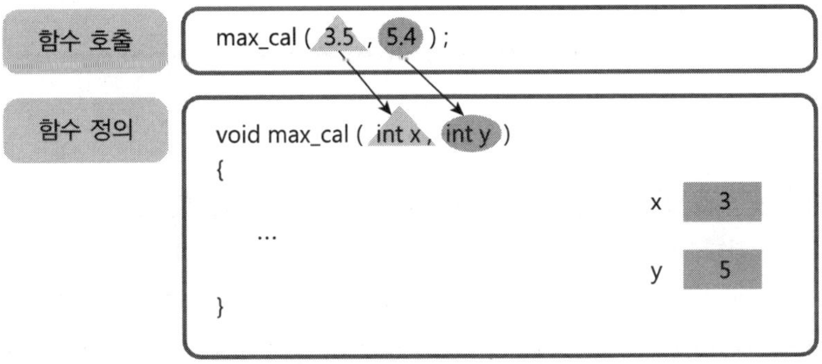


**(2) 전달되는 데이터수가 입력의 개수보다 많은 경우**

아래의 예와 같이 전달하는 데이터의 개수가 정의된 함수의 입력 수보다 많은 경우 전달된 데이터는 차례대로 변수에 저장되나, 변수에 저장되지 못하는 데이터가 발생함으로써 에러가 발생한다.

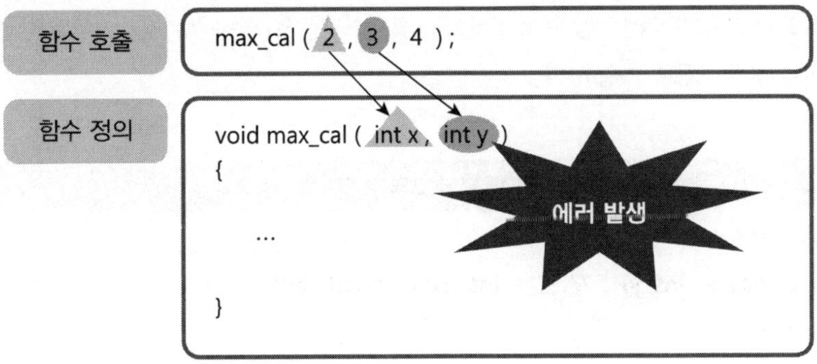

### (3) 전달되는 데이터수가 입력의 개수보다 적은 경우

반면 전달하는 데이터의 개수가 정의된 함수의 입력부에 선언된 변수의 개수보다 적은 경우, 에러는 발생하지 않으나 데이터가 저장되지 않은 변수에는 쓰레기값이 저장된다. 따라서 이 변수를 프로그램에서 사용할 경우 예상하지 못한 결과를 초래할 수 있다.

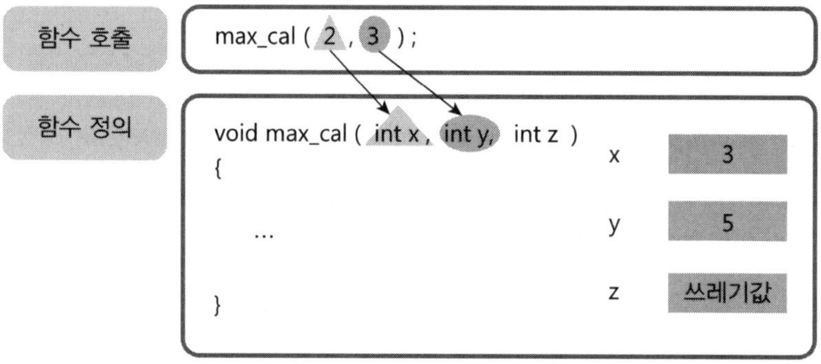


## 3 함수 선언

정의된 함수는 호출하는 함수 이전에 선언되어야 하며, 이를 함수 선언 또는 프로토타입(Prototype)이라 한다. 이는 컴파일러로 하여금 함수명 뿐만 아니라 전달 데이터와 입력의 데이터형과 개수가 일치하는지 미리 알려줌으로써 함수 사용에 오류가 있는지를 조사하는 것이다. 함수를 선언하는 방법은 아래의 형식과 같이 함수 헤더 부분만을 그대로 복사해서 붙인 후 마지막에 세미콜론을 붙이면 된다.

반환 데이터형 함수명(입력부) ;

예를 들어 예제 6.3의 경우 함수 max_cal(int x, int y)가 정의되어 있고, 이를 함수 main()에서 호출하고 있다. 따라서 함수 main()의 정의에 앞서 함수 max_cal()의 선언이 필요하다. 이때 변수명은 생략 가능하다.

**예제 6.4 사용자 정의 함수가 선언된 예제 6.3의 수정**

```
#include <stdio.h>
int max_cal(int x, int y) ; // 또는 int max_cal(int, int) ;
void main(void)
```

```
{
    int a , b ;
    int max ;

    printf("두 개의 정수값을 차례로 입력하시오 : ") ;
    scanf("%d %d", &a, &b) ;
    max = max_cal(a, b);
    printf("두 정수의 최대값은 = %d\n", max) ;
}
int max_cal(int x, int y)
{
    int max ;

    max = (x>=y)? x : y ;
    return max ;
}
```

실행 결과

```
두 개의 정수값을 차례로 입력하시오 : 10  20
두 정수의 최대값은 = 20
```

## 6.4 재귀 함수(Recursion)

동일한 작업을 반복적으로 해야 하는 경우, 함수 내에서 자기 자신을 호출하는 방법이 있다. 이러한 형태의 함수를 재귀 함수라 한다. 다음의 예를 살펴보자.

```
void main(void)
{
    printf("재귀 함수의 예입니다.\n") ;
    main() ;
}
```

이 프로그램은 함수 main()에서 '재귀 함수의 예입니다.'를 출력하고 나면 또 다시 함수

main()을 호출한다. 따라서 다시 호출된 main()을 실행하게 되어 프로그램은 종료되지 않고 '재귀 함수의 예입니다.'는 계속해서 출력한다. 이와 같이 재귀 함수는 프로그램을 간결하게 하고 팩토리얼 등의 난해한 문제를 풀기에는 적합하나 메모리가 부족할 때까지 자신을 호출하거나 무한 루프에 빠질 수 있으므로 주의해서 사용해야 한다.

예제 6.5는 팩토리얼을 구하는 프로그램으로써 재귀 함수를 사용하지 않은 예이다. 팩토리얼이란 주어진 값이 1이 될 때까지 1씩 감소시켜 나가면서 그 수들을 모두 곱한 값을 말한다. 즉 $n! = n \cdot (n-1) \cdot (n-2) \cdot \cdots \cdot 1$과 같다.

**예제 6.5 재귀 함수를 이용하여 팩토리얼 구하기**

```
#include <stdio.h>
int fact(int n) ;                    // 함수 선언부
void main(void)
 {
      int n ;
      int result ;

      printf("정수값을 입력하시오 : ") ;
      scanf("%d", &n) ;
      result = fact(n) ;             // 함수 호출부
      printf("%d ! = %d\n", n, result) ;
 }
 int fact(int n)                     // 함수 정의부
 {
      int i, re = 1 ;

      for(i=n; i>=1; i--)
           re *= i ;
      return re ;
 }
```

실행 결과

```
정수값을 입력하시오 : 4
4 ! = 24
```

그리고 예제 6.6은 재귀 함수를 이용하여 예제 6.5를 수정한 것이다.

**예제 6.5 재귀 함수를 이용하여 팩토리얼 구하기**

```
#include <stdio.h>
int fact(int n) ;                    // 함수 선언부
void main(void)
 {
      int n ;
      int result ;

      printf("정수값을 입력하시오 : ") ;
      scanf("%d", &n) ;
      result = fact(n) ;             // 함수 호출부
      printf("%d ! = %d\n", n, result) ;
 }
 int fact(int n)                     // 함수 정의부
 {
      if(n==1)
           return 1 ;
      else
           n * fact(n-1) ;
 }
```

실행 결과

```
정수값을 입력하시오 : 4
4 ! = 24
```

# 연습문제

**01** 다음의 빈 칸을 채우시오.

(1) 함수는 특정 기능을 수행하는 독립된 프로그램으로 시스템에서 제공하는 ______ 함수와 사용자가 직접 만들어 사용하는 ______ 함수로 분류된다.

(2) 함수가 수행해야 할 동작은 ______ 내에 기술하며, 함수의 끝(})에 도달하거나 ______ 문을 만나면 실행이 종료된다.

(3) 함수의 반환 값은 ______ 문 뒤에 기술하며, 반환 값이 없는 경우는 ______ 문을 사용하지 않는다.

(4) return문에서 반환값의 데이터형은 ______의 데이터형과 반드시 일치해야 한다. 즉 정수형의 데이터를 반환한다면 반환 자료형은 ______, 실수형(float)의 데이터를 반환하고자 하면 ______으로 기술한다.

(5) 호출 함수의 전달 데이터와 호출된 함수의 입력 매개변수 리스트는 반드시 ______과 ______가 일치해야 한다.

(6) 사용자가 직접 만든 함수는 main() 함수보다 먼저 작성되어야 한다. 그러나 main() 함수보다 나중에 정의되면 ______을 main() 함수 앞에 명시해야 한다.

(7) 자기 자신을 호출하는 함수를 ______ 함수라 하며, 프로그램을 보다 간단하고 이해하기 쉽게 하지만, 과도한 함수 호출을 수행함으로써 수행 속도를 저하시키고, 스택을 많이 사용함으로써 메모리 부족 현상을 초래할 수 있다.

**02** 다음의 함수 정의에서 틀린 부분을 찾으시오.

```
int myFunc(v1, int v2)
{
        return 'C' ;
}
```

**03** 다음의 문제에서 각 함수의 호출문에 적합한 함수의 프로토타입을 찾아 연결하라.

| | |
|---|---|
| (1) func(100,200) ; | (ㄱ) int func(void) ; |
| (2) func('A', 3.14) ; | (ㄴ) int func(char, float) ; |
| (3) func() ; | (ㄷ) int func(int, long) ; |

**04** 다음 각 함수의 프로토타입에 맞는 return문을 연결하라.

| | |
|---|---|
| (1) float func() ; | (ㄱ) return 100 ; |
| (2) long func(char, char) ; | (ㄴ) return 100.2 ; |
| (3) char func(int, int) ; | (ㄷ) return 'A' ; |

**05** 다음은 가로, 세로, 높이를 입력받아 부피를 계산하는 함수에 전달하고 그 결과를 반환받아 출력하는 프로그램이다. 빈칸을 채우시오.

```
#include <stdio.h>
①
main()
{
    int x, y, z, b;
    printf("가로 세로 높이 입력 : ") ;
    scanf("%d %d %d", &x, &y, &z) ;
    b = func(②) ;
    printf("부피값은 ③\n", b);
}
( ④ ) func( ⑤ )
{
     ⑥ ; //부피를 계산하는 문장을 포함
}
```

**06** 양의 정수를 전달받아 소수 여부를 판별하는 프로그램을 작성하라. 소수(prime number)란 1과 자기 자신 외의 숫자로는 나누어 떨어지지 않는 수로써 2, 3, 5, 7, 11, 13, … 등이 있다.

07 입력받은 정수를 전달받아 약수를 모두 계산하여 출력하는 함수를 작성하라. 10을 입력받은 경우 1, 2, 5, 10을 출력해야 한다.

08 밑변과 높이를 입력 받아 직각 삼각형의 면적을 구하는 프로그램을 작성하라. 이때 밑변과 높이는 정의된 함수에서 키보드를 통해 입력받고 계산된 면적 또한 출력하도록 한다.

09 두 개의 정수를 전달받아 앞의 입력 정수를 뒤의 입력 정수로 나누어 그 결과값을 출력하는 프로그램을 작성하라.(단, 나눗셈에서 0으로 나눌 수 없는 조건도 반드시 프로그램으로 명시해야 한다.)

10 일수를 입력받아 주와 일수를 계산하는 함수에 전달하여 출력하는 프로그램을 작성하라. 예를 들어 16일은 2주 2일이다.

11 시, 분, 초를 입력받아 초로 환산하는 프로그램을 작성하라(단 시, 분, 초의 값을 함수에 전달하고, 계산된 초의 값을 반환하여 출력하는 것으로 한다).

12 반지름을 입력받아 원의 원주와 넓이를 계산하는 함수를 각각 정의하고 이 값들을 출력하는 프로그램을 작성하라. 원주와 원의 넓이를 구하는 수식은 다음과 같다.
(원주 : $2\pi r$, 원의 넓이 : $\pi r^2$)

13 2차 방정식의 계수 a, b, c를 입력받아 실근, 중근, 허근임을 판별하는 함수에 전달하고, 그 결과를 출력하는 프로그램을 작성하라.

14 main() 함수에서 *를 3번 전달하고, 전달받은 함수에서 다음과 같이 출력하는 프로그램을 작성하라.

```
*
**
***
```

15 재귀 함수를 이용하여 10진수를 2진수로 변환하는 프로그램을 작성하라.

CHAPTER 07

# 배열

### 학 · 습 · 목 · 표

- 배열과 변수의 차이점에 대해 이해한다.
- 배열 선언의 의미를 이해한다.
- 배열을 초기화하는 방법을 이해한다.
- 2차원 배열의 선언 및 초기화 방법을 이해한다.
- 배열을 이용하여 문자열을 다루는 방법을 이해한다.

## 7.1 배열의 의미와 선언

지금까지의 프로그램에서는 하나의 데이터를 저장하기 위해 변수를 사용하여 왔다. 그러나 저장해야 할 데이터가 많을 경우 각각의 변수를 선언하기 위해 수십 줄의 선언문이 필요할 수 있다. 즉 100개의 데이터를 저장할 필요가 있다면 100개의 변수를 일일이 선언해야만 하는 어려움이 있다. 이러한 경우 변수 대신 배열을 사용하면 매우 편리하다.

배열이란 같은 데이터형을 가지는 여러 개의 데이터들을 메모리에 연속적으로 저장함으로써 데이터를 보다 효율적으로 관리할 수 있도록 하는 자료 구조이다. 프로그램에서 변수를 사용하려면 반드시 선언이 필요하듯이 배열도 사용 전 반드시 선언을 해 주어야 한다. 배열의 선언 형식은 다음과 같다.

```
데이터형 배열명[크기] ;
```

그림 7.1 배열의 선언 형식

### 1 배열명

배열명은 변수명과 같이 데이터들이 연속 저장된 메모리 공간에 붙여진 이름을 의미한다. 따라서 배열명은 변수명을 짓는 규칙과 동일한 방법으로 의미 있는 이름을 부여한다.

### 2 크기

배열에 연속적으로 저장할 수 있는 최대 데이터의 개수를 의미한다. 배열의 크기를 너무 크게 정하면 메모리가 낭비될 수 있고, 너무 작게 지정하면 에러를 유발하게 된다. 따라서 배열에 저장될 최대 데이터의 수를 고려하여 적절하게 지정하는 것이 가장 좋다.

### 3 데이터형

배열에 저장되는 데이터들의 동일한 데이터형을 의미한다. 만일 배열에 저장할 데이터가 10개이고 모두 문자형이라면 char, 정수형이면 int, 실수형이면 float 또는 double로 지정하면 된다.

예를 들어 다음과 같이 배열을 선언했다고 가정하자.

```
int a[5] ;
```

이때 배열 선언의 의미를 살펴보면 배열명은 a이고 최대 5개의 데이터를 메모리에 연속 저장할 수 있으며 모두 int형의 정수임을 컴파일러에게 알려주는 역할을 한다. 따라서 컴파일러는 메모리의 적당한 공간에 20byte(=5개 × 4byte)의 공간을 할당하여 데이터를 연속 저장할 수 있게 해준다.

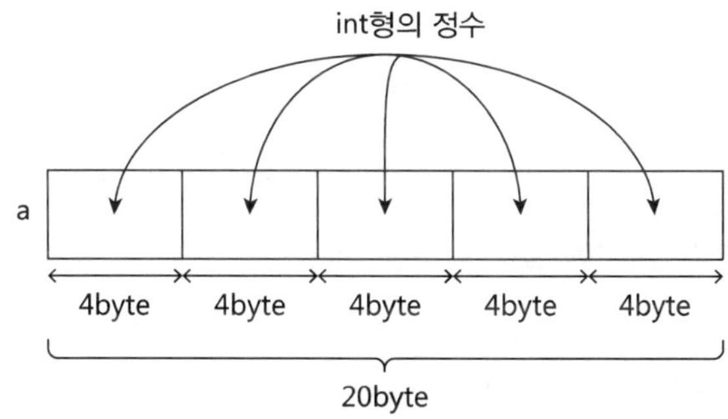


그림 7.2 배열 선언의 의미

## 7.2 배열 사용하기

배열을 선언하게 되면 배열에 저장되는 데이터를 주소로 접근하지 않고 배열명을 이용하여 접근할 수 있다. 그러나 배열에는 여러 개의 데이터가 저장되므로 각각의 데이터에 접근하기 위해서는 첨자를 사용한다.

배열에서 첨자는 항상 0부터 시작되며, 배열 크기가 n이면 0에서 n-1까지의 첨자를 사용할 수 있다. 즉 배열의 첫 번째 요소는 첨자가 0이며, 두 번째는 1, n번째 요소의 첨자는 n-1이 된다. 그림 7.3은 int a[5]; 라고 선언된 경우 부여되는 첨자를 나타낸 것이다.

| 첨자 | 0 | 1 | 2 | 3 | 4 |
|---|---|---|---|---|---|
| a | a[0] | a[1] | a[2] | a[3] | a[4] |

int a[5] ;

그림 7.3 배열 요소에 접근하기 위한 첨자(0부터 시작됨)

이때 배열에 저장되는 각 요소들은 배열명과 각각의 첨자를 사용한 이름을 가지게 된다. 즉 첫 번째 요소의 이름은 a[0], 두 번째 요소의 이름은 a[1], 마지막 5번째 요소의 이름은 a[4]가 되는 것이다.

## 7.3 배열의 초기화

변수를 선언하면 쓰레기값이 저장되어 있듯이 배열 또한 선언하게 되면 각 배열 요소에는 임의의 값인 쓰레기값이 저장된다. 따라서 배열을 사용하기 전 반드시 초기화 과정이 필요하다. 배열을 초기화하는 방법은 다음과 같이 두 가지가 있다.

### 1 배열을 선언함과 동시에 초기화하는 방법

이 방법은 배열을 선언한 후 대입 연산자를 이용하여 초기화하는 방법이다. 이때 초기값은 중괄호({ }) 내에 배열의 크기만큼 순서대로 지정하고 콤마로 구분해 준다.

```
데이터형 배열명[크기] = { 초기값 1, 초기값 2, …} ;
```

그림 7.4 배열을 선언함과 동시에 초기화하는 방법

예를 들어 아래와 같이 배열을 선언하고 초기화하면

```
int a[5] = {1, 2, 3, 4, 5} ;
```

그림과 같이 배열 a의 각 요소에 1부터 5까지 차례대로 저장된다.

| 첨자 | 0 | 1 | 2 | 3 | 4 |
|---|---|---|---|---|---|
| a | 1 | 2 | 3 | 4 | 5 |

참고로 배열을 선언함과 동시에 초기화하는 경우에는 다음과 같이 배열의 크기를 생략할 수 있다.

```
int a[ ] = {1, 2, 3, 4, 5} ;
```

이때는 초기화된 데이터의 개수에 따라 배열 크기가 자동으로 설정이 되어 메모리를 할당받게 된다.

## 2 배열을 선언한 후 첨자를 이용하여 초기화하는 방법

두 번째 방법은 배열을 선언한 후 각 요소의 첨자를 이용하여 초기화하는 방법으로써, 주로 프로그램 중간에 배열 원소의 값을 변경하고자 할 때 사용된다.

예를 들어 int a[5]; 가 선언되었을 때 첨자를 이용하여 각각의 요소에 초기값을 저장할 수 있다.

```
int  a[5] ;
a[0] = 1 ;
a[1] = 2 ;
a[2] = 3 ;
a[3] = 4 ;
a[4] = 5 ;
```

이때 그림과 같이 배열 a의 각 요소에 1부터 5까지 차례대로 저장된다.

| 첨자 | 0 | 1 | 2 | 3 | 4 |
|---|---|---|---|---|---|
| a | 1 | 2 | 3 | 4 | 5 |
| | a[0] | a[1] | a[2] | a[3] | a[4] |

그러나 각 첨자를 일일이 지정하여 배열을 초기화하는 것보다 반복문을 이용하면 효율적으로 배열 요소에 값을 지정할 수 있다. 예제 7.1은 반복문을 이용하여 배열의 요소를 초기화하는 프로그램을 나타낸 것이다.

**예제 7.1 반복문을 이용하여 배열을 초기화하는 프로그램**

```
#include <stdio.h>
void main(void)
```

```
{
    int a[5], i ;                    // 배열 선언

    for(i=0; i<5; i++)               // 반복문을 사용하여 배열의 첨자(0부터 4까지)에 접근
        a[i] = i * 2 ;               // 각 배열 요소에 2*i의 값으로 초기화

    for(i=0; i<5; i++)
        printf("a[%d] = %d\n", i, a[i]) ; // 배열 원소를 출력
}
```

실행 결과

```
a[0] = 0
a[1] = 2
a[2] = 4
a[3] = 6
a[4] = 8
```

## 3 배열의 초기화시 주의할 점

배열을 초기화할 때 선언된 배열의 크기와 초기화된 데이터의 수가 다를 경우가 있다. 예를 들어 다음과 같이 배열의 크기보다 초기화된 데이터의 수가 적은 경우, 초기값이 주어지지 않은 공간에는 자동으로 0으로 초기화된다.

```
int a[5] = {10, 20, 30} ;
```

즉 그림과 같이 a[3]과 a[4]는 0으로 초기화된다.

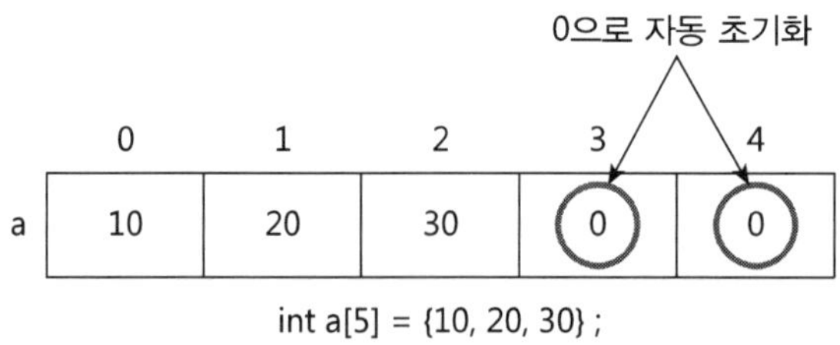


그림 7.5 배열의 크기보다 초기화 되는 데이터의 수가 적은 경우(0으로 자동 초기화)

이러한 성질은 배열의 모든 원소를 0으로 초기화할 때 매우 유용하다. 예를 들어 배열의 모든 값을 0으로 초기화하고자 할 때 일일이 0으로 초기화하지 않고 아래의 문장과 같이 중괄호 내에 0을 한 번만 써주면 된다.

```
int a[100] = {0} ; // 배열의 모든 원소를 0으로 초기화
```

반면 배열의 크기보다 초기화된 데이터의 수가 많다면 에러가 발생한다.

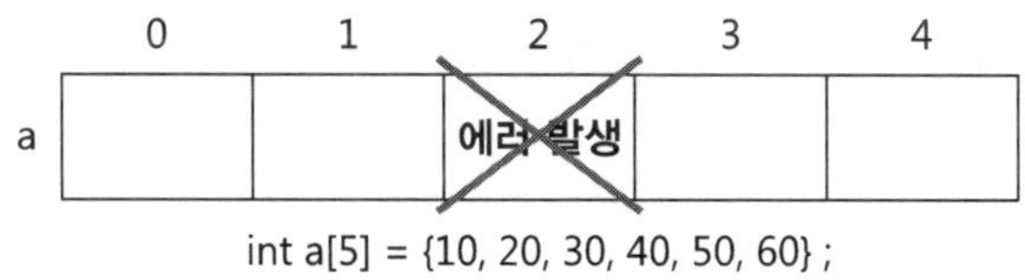


**그림 7.6 배열의 크기보다 초기화 되는 데이터의 수가 많은 경우(오류 발생)**

또한 선언된 배열의 데이터형과 초기화할 데이터의 형이 다른 경우에는 데이터 손실이 발생하거나 엉뚱한 데이터가 저장될 수 있다. 아래의 그림에서 배열의 두 번째 요소에 저장하기를 원하는 데이터는 실수 20.5이나 배열의 데이터형은 정수형이므로 실제로 저장되는 값은 20이다.

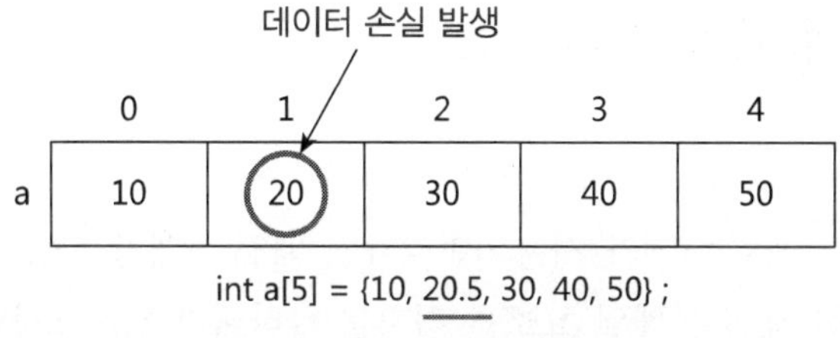


**그림 7.7 배열의 데이터형과 초기화 되는 데이터의 형이 다른 경우(데이터 손실 발생)**

따라서 배열을 사용할 때는 배열의 크기와 저장되는 데이터의 수가 일치하는지, 첨자는 제대로 사용하고 있는지 그리고 저장되는 데이터와 배열의 데이터형이 서로 일치하는지를 반드시 확인하면서 주의 깊게 사용해야 한다.

예제 7.2는 정수형 배열에 임의의 값을 초기화하고 합과 평균을 구하는 프로그램을 나타낸 것이다.

**예제 7.2 정수형 배열에 임의의 값을 초기화하고 합과 평균을 구하는 프로그램**

```
#include <stdio.h>
void main(void)
{
    int a[10] = {4, 9, 3, 1, 2, 10, 5, 7, 6, 8} ; // 배열 선언 및 초기화
    int sum=0, i ;
    float avg ;

    for(i=0; i<10; i++)            // 반복문을 사용하여 배열 첨자 0부터 9까지 접근
        sum+=a[i] ;                // 배열 요소들의 합을 구함

    avg = (float)sum/10 ;          // 평균은 실수가 될 수 있으므로 강제 형변환을 이용

    printf("합은 %d, 평균은 = %.2f\n", sum, avg) ; // 합과 평균을 출력
}
```

실행 결과

```
합은 55, 평균은 = 5.50
```

## 7.4 다차원 배열의 의미와 선언

다차원 배열이란 배열의 요소를 표현하는 첨자가 2개 이상인 배열을 말한다. 즉 첨자가 한 개 사용되면 1차원 배열, 2개가 사용되면 2차원 배열, 3개가 사용되면 3차원 배열이라 한다. 지금까지 설명한 배열은 배열 요소를 첨자를 나타내기 위해 1개의 첨자를 필요로 하였기 때문에 1차원 배열이 된다. 그리고 C언어에서는 문법적으로는 4차원 또는 그 이상의 배열을 지원하기는 하지만 논리적으로 이해하기가 힘들고 불필요하기 때문에 잘 사용되지 않는다.

다음은 1차원 배열과 2차원 배열 그리고 3차원 배열의 선언 형식을 나타낸 것이다.

```
데이터형 배열명[크기] ;                           // 1차원 배열
데이터형 배열명[크기 1] [크기 2] ;                 // 2차원 배열
데이터형 배열명[크기 1] [크기 2]  [크기 3] ;       // 3차원 배열
```

그림 7.8 다차원 배열의 선언

여기서 2차원 배열의 크기1은 행의 크기, 크기2는 열의 크기를 의미하며, 3차원 배열에서 크기1은 면의 크기, 크기2는 행의 크기, 크기3은 열의 크기를 나타낸다. 이 교재에서는 자주 사용되는 2차원 배열에 대해서만 다루기로 한다.

이제 아래와 같이 선언된 2차원 배열이 있다고 하자.

```
int a[3][4] ;
```

배열 a는 그림 7.9와 같이 행의 크기가 3, 열의 크기가 4인 2차원 배열을 의미한다. 따라서 배열 a는 최대 12개의 정수형 데이터를 메모리에 연속 저장할 수 있으며, 48byte(=4byte ×12개)의 메모리를 할당받을 수 있다. 이때 배열의 각 요소는 행 첨자와 열 첨자를 이용하여 접근할 수 있으며, 행 첨자는 0부터 행크기-1, 열첨자는 0에서 열크기-1까지 사용 가능하다. 즉 1행 1열의 요소는 a[0][0], 2행 3열의 요소는 a[1][2]의 이름으로 접근할 수 있다.

열첨자

| | a | 0 | 1 | 2 | 3 |
|---|---|---|---|---|---|
| | 0 | a[0][0] | a[0][1] | a[0][2] | a[0][3] |
| 행첨자 | 1 | a[1][0] | a[1][1] | a[1][2] | a[1][3] |
| | 2 | a[2][0] | a[2][1] | a[2][2] | a[2][3] |

int a[3][4] ;

**그림 7.9 2차원 배열의 구조**

그러나 실제 메모리는 1차원 구조이므로 2차원 배열이 메모리에 저장될 때는 1차원으로 매핑(mapping)되어 저장된다. 이때 C언어는 그림 7.9와 같이 배열의 첫 행 요소들을 모두 저장한 후 다음 행 요소들을 차례대로 저장하는 행우선 중심 방식으로 매핑한다.

| a | a[0][0] | a[0][1] | a[0][2] | a[0][3] | a[1][0] | a[1][1] | a[1][2] | a[1][3] | a[2][0] | a[2][1] | a[2][2] | a[2][3] |
|---|---|---|---|---|---|---|---|---|---|---|---|---|

**그림 7.10 1차원 메모리로 매핑된 2차원 배열**

# 7.5 2차원 배열의 초기화

## 1 2차원 배열의 초기화 방법

1차원 배열과 마찬가지로 2차원 배열은 선언시 임의의 값이 저장되어 있으므로 사용 전에 반드시 초기화를 해야 한다. 이때 2차원 배열은 행 및 열의 개수와 초기값의 개수가 일치하도록 특별히 주의해야 한다. 다음은 2차원 배열을 초기화한 예를 나타낸 것이다.

```
char a[2][3] = {{'A', 'B', 'C'}, {'D', 'E', 'F'}} ;
```

배열의 초기값은 1차원 배열과 마찬가지로 중괄호 내에 기술한다. 단 배열 a가 2행 3열로 선언되었기 때문에 행의 개수만큼 중괄호를 2개 넣어주고, 각 중괄호 안에는 열의 수만큼 3개의 초기값을 차례대로 적어준다. 그림 7.11은 위의 초기식을 도식화한 것이다.

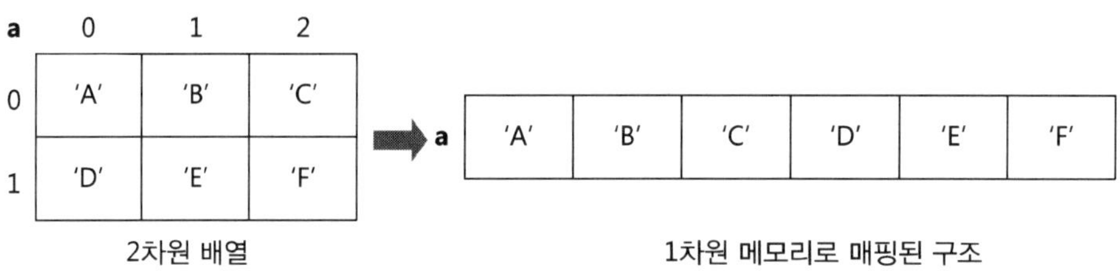


그림 7.11 2차원 배열의 초기화

## 2 2차원 배열을 초기화할 때 주의할 점

2차원 배열을 초기화할 때 초기값을 열의 수만큼 모두 지정하지 않으면 자동으로 0이 저장된다. 예를 들어 다음과 같이 각 행에 해당하는 중괄호 내에 열의 개수인 3보다 더 적은 개수의 초기값을 나열한 경우 나머지 열의 요소는 모두 0이 된다.

```
char a[2][3] = {{'A', 'B'}, {'D'}} ;
```

이를 그림으로 나타내면 다음과 같다.

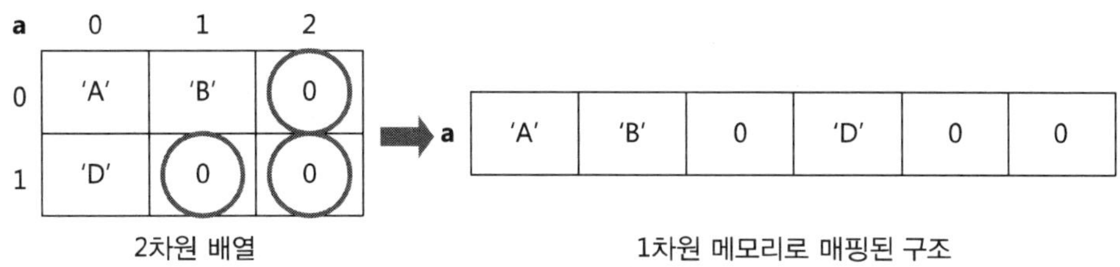


**그림 7.12 열의 개수보다 적은 개수의 데이터로 초기화한 경우(0으로 자동 초기화)**

또한 2차원 배열의 초기값은 1차원 메모리로 매핑될 때 행우선 중심으로 저장되므로 초기값을 모두 나열하지 않은 채 중괄호를 생략하면 의도하지 않은 값이 메모리에 저장될 수 있다. 예를 들어 아래와 같이 초기화 한 경우, 초기값은 차례대로 배열에 저장되고 나머지 두 개의 요소들은 자동으로 0으로 초기화된다.

```
char a[2][3] = {'A', 'B', 'D', 'E'} ;
```

이를 그림으로 나타내면 다음과 같다.

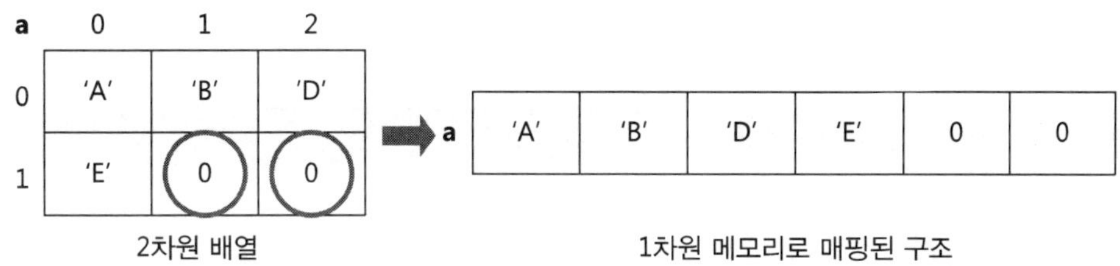


**그림 7.13 초기값을 모두 나열하지 않고 중괄호를 생략한 경우**

또한 선언된 배열의 데이터형과 초기화된 데이터의 형이 일치하지 않으면 데이터 손실이 발생할 수 있다. 아래의 배열에 저장되는 값은 문자형이어야 하나 각 행의 세 번째 열의 요소들이 실수값으로 초기화되어 있다.

```
char a[2][3] = {{'A', 'B', 66.7}, {'D', 'E', 97.5}} ;
```

따라서 각 실수값은 66, 97의 정수값으로 변환된 후 아스키코드에 대응되는 문자 상수 'B'와 'a'가 저장된다.

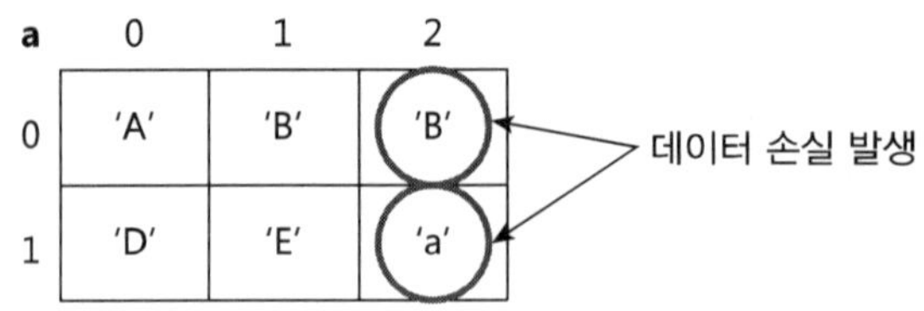


int a[2][3] = {{'A', 'B', 66.7}, {'D', 'E', 97.5}} ;

따라서 배열과 초기값의 데이터형이 일치하도록 주의해서 초기화해야 한다.

마지막으로 선언된 배열의 크기보다 더 많은 개수의 데이터로 초기화할 경우에는 에러가 발생한다.

```
char a[2][3] = {{'A', 'B', 'C', 'D'}, {'E', 'F', 'G', 'H'}} ;
```

**에러 발생**

이제 2차원 배열을 사용한 예로써 예제 7.3과 같이 2차원 행렬의 전치 행렬을 구하는 프로그램을 살펴보자. 전치 행렬이란 행렬의 행과 열을 바꾼 행렬을 말하며, 따라서 (1,2)의 원소를 전치하면 (2,1)의 원소가 되는 행렬이다.

**예제 7.3 2차원 행렬의 전치 행렬을 구하는 프로그램**

```
#include <stdio.h>
void main(void)
{
    int a[2][3]={{1,2,3}, {4,5,6}} ;       // 2차원 배열 선언 및 초기화
    int b[3][2] ;                          // 전치행렬을 저장할 배열 b의 선언
    int i, j ;                              // 행과 열 첨자를 위한 변수 선언

    for(i=0; i<2; i++)  // 행 첨자 i는 0부터 1까지
        for(j=0; j<3; j++)  // 열 첨자 j는 0부터 2까지
                b[j][i] = a[i][j] ;   // 전치를 위해 행 첨자와 열 첨자의 위치를 바꿈

     for(i=0; i<3; i++)  // 전치 행렬 b의 출력
     {
        for(j=0; j<2; j++)
                printf(%d ", b[i][j]) ;
```

```
        printf("\n") ;
    }
}
```

실행 결과

```
1 4
2 5
3 6
```

## 7.6 배열을 이용한 문자열 다루기

### 1 문자 배열의 선언

C언어는 문자열을 위한 데이터형을 따로 지원하지는 않는다. 따라서 문자열 상수를 저장하려면 문자 배열을 이용해야 한다. 문자 배열의 선언 형식은 다음과 같다.

```
char 배열명[크기] ;
```

그림 7.13 문자 배열의 선언 형식

여기서 배열의 크기는 문자열 상수를 구성하는 문자 상수의 개수를 의미하며, 문자열은 항상 끝을 의미하는 널문자가 자동으로 저장됨을 유념해서 선언해야 한다. 예를 들어 문자열 "RED"를 문자 배열에 저장하려면 문자 배열의 크기를 4로 선언해야 한다.

```
char color[4] = "RED" ;
```

### 2 문자 배열의 초기화

문자 배열을 선언한 후 초기화하는 가장 간단한 방법은 배열 요소를 각각 지정하는 것이다. 예를 들어 문자열 "RED"를 문자 배열에 초기화하려면 다음과 같은 방법을 사용할 수 있다.

```
char color[4] = {'R', 'E', 'D', '\0'};
```

그러나 이 방법은 문자열의 길이가 길어질수록 매우 번거롭고 비효율적이므로 문자열 상수를 그대로 문자 배열에 저장을 하는 것이 좋다. 단 널문자를 고려하여 배열의 크기를 반드시 문자열의 길이 + 1로 지정해야 한다.

```
char color[7] = "VIOLET";
```

위에서 설명한 초기화 방법들은 문자 배열을 선언함과 동시에 문자열 상수를 초기화하는 것이다. 만일 프로그램을 실행하는 도중에 문자 배열의 값을 초기화하려면 아래와 같이 두 가지 방법을 사용할 수 있다.

첫 번째 방법은 아래와 같이 배열의 첨자를 이용하여 각각 초기화하는 것이다.

```
char color[4] ;
...
color[0] = 'R' ;
color[1] = 'E' ;
color[2] = 'D' ;
color[3] = '\0' ;
```

그러나 이 방법은 문자열의 길이가 길어지면 매우 비효율적이므로 문자열 복사 함수인 strcpy() 함수를 이용하는 것이 간편하다. strcpy()는 문자열에 관련된 함수로 헤더 파일 string.h에 선언되고 정의되어 있다.

```
char color[4] ;
    ...
strcpy(color, "RED") ; // "RED"를 문자 배열 color에 복사
```

예제 7.4는 문자열을 입력받아 대소문자를 변환하는 프로그램이다. 문자열을 입력받아 문자 배열 a에 저장하며, 문자열 복사 함수인 strcpy 함수를 이용하여 각 배열 요소를 문자 배열 b에 복사한다. 그리고 문자열의 끝을 만나기 전까지 각 문자 상수가 대문자인지 소문

자인지를 판별하고 대소문자를 변환한다. 이때 소문자의 아스키코드 값이 대문자의 아스키코드 값보다 32 크다는 점을 알고 있으면 유용하다. 또한 각 문자 상수가 대문자인지를 판별하기 위해 아스키코드를 직접 사용하지 않고 아래와 같이 문자 상수를 그대로 이용하여 판별하는 것이 좋다.

```
if(b[i]>='A' && b[i]<='Z')
```

**예제 7.4 문자열을 입력받아 대소문자를 변환하는 프로그램**

```
#include <stdio.h>
void main(void)
{
    char a[10], b[10] ;            // 문자열을 저장하기 위한 문자 배열 선언
    int i ;

    printf("문자열(영문자)을 입력하시오 : ") ;
    scanf("%s", a) ;               // 공백이 없는 문자열 입력시 사용하는 표준입력함수

    strcpy(b, a) ;                 // 입력받은 문자열 a를 문자배열 b에 복사
    for(i=0; b[i] !='\0'; i++)     // 배열 b의 값이 널문자가 아닌 동안
    {
        if(b[i]>='A' && b[i]<='Z')      // 대문자이면
            b[i] = b[i]+32 ;            // 소문자로 변환
        else                            // 소문자이면
            b[i] = b[i]-32 ;            // 대문자로 변환
    }
    printf("%s를 대소문자 변환한 문자열은 %s이다.\n", a, b) ;
}
```

실행 결과

```
문자열(영문자)을 입력하시오 : Apple
Apple을 대소문자 변환한 문자열은 aPPLE이다.
```

# 연습문제

**01** 다음의 빈 칸을 채우시오.

(1) ______은 동일한 데이터형을 가지는 데이터들을 메모리에 연속 저장할 수 있는 구조이다.

(2) 배열의 요소들은 메모리에 연속 저장되며, 배열의 이름과 ______를 사용하여 접근할 수 있다.

(3) 배열의 크기가 10이면 사용할 수 있는 첨자는 ______에서 ______까지이다.

(4) 배열을 초기화하려면 ______ 안에 차례대로 나열한 후 콤마로 분리한다.

(5) 배열을 초기화할 때 배열의 크기가 초기화된 데이터의 개수보다 크면 초기화되지 않은 공간은 ______으로 채워진다.

(6) 문자열 상수는 마지막에 문자열의 끝을 알리는 ______문자가 자동 저장된다.

(7) 문자열은 ______ 배열에 저장하며, 라이브러리 함수 ______를 이용하여 초기화하는 것이 효율적이다.

(8) 키보드로부터 문자열을 입력받기 위한 대표적인 표준 입력 함수로는 ______, 문자열을 화면에 출력하기 위한 표준 출력 함수로는 ______가 있다.

(9) 문자열에 관련된 다양한 라이브러리 함수들은 헤더 파일 ______에 선언되고 저장되어 있다.

(10) 2차원 배열은 ______와 ______의 크기를 모두 지정함으로써 선언된다.

(11) 2차원 배열이 1차원 메모리에 물리적으로 매핑될 때 C언어에서는 ______ 중심 방식으로 저장된다.

**02** 다음의 배열 선언문을 보고 질문에 답하시오.

```
float a[10];
```

(1) 배열명은 ______, 저장할 수 있는 최대 데이터의 수는 ______개이다.
(2) 배열에 저장되는 데이터의 형은 ______형이다.
(3) 사용 가능한 첨자의 범위는 ______에서 ______이다.
(4) 7번째 배열 요소의 이름은 ______이다.
(5) 배열의 크기는 ______ 바이트이다.

**03** 다음의 초기값을 가지도록 배열을 선언하고 초기화하라.

(1) 5명의 char형 성적 리스트 : 'A', 'B', 'A', 'D', 'F'
(2) 10개의 int형 점수 리스트 : 모두 0
(3) 3개의 과일 리스트 : "apple", "banana", "orange"
(4) 4개의 double형 평균 리스트 : 89.3, 76.5, 58.8, 90.3

**04** 키보드로부터 문자열을 입력받고 입력받은 문자열 가운데 's'의 개수가 몇 개 있는지를 계산하는 프로그램을 작성하라.

**05** 1차원 배열에 키보드를 통해 입력받은 문자열 "I like apple"을 저장하고, 역으로 출력하는 프로그램을 작성하라. 문자열은 마지막에 널문자('\0')가 추가됨을 기억하라. 그리고 이 널문자를 이용하여 마지막 문자 'e'의 첨자를 계산한 후 역으로 출력하도록 하라.

**06** 4비트 이진수를 입력받아 십진수로 변환하고, 십진수를 입력받아 4비트 이진수로 출력하는 프로그램을 작성하라. (Hint : 이진수 저장을 위해 배열을 이용하라)

**07** 2차원 a[3][3] 배열의 주대각 요소를 1로 하는 단위 행렬을 구하는 프로그램을 작성하라.

**08** 피보나치 수열의 9번째 수를 구하는 프로그램을 작성하라. 피보나치 수열이란 초기값 두 개가 주어지고, 앞 항 두개를 더해서 다음 항이 결정되는 수열을 의미한다. 즉 1, 1, 2, 3, 5, 8, 13, …. 과 같다.

**09** 정수형 배열에 10개의 숫자를 저장하고 오름차순 정렬하는 프로그램을 작성하라.

**10** 0부터 9까지의 난수를 10번 생성하여 가장 많이 생성된 수를 출력하는 프로그램을 작성하라. 난수는 rand() 함수를 사용하여 생성한다.

CHAPTER 08

# 포인터

**학·습·목·표**

- 포인터와 변수의 차이점에 대해 이해한다.
- 포인터 선언의 의미를 이해한다.
- 포인터를 이용하여 배열을 다루는 방법을 이해한다.
- 포인터를 이용하여 문자열을 다루는 방법을 이해한다.
- 포인터를 이용하여 함수를 다루는 방법을 이해한다.

# 8.1 포인터의 의미와 선언

지금까지 우리는 데이터를 저장하기 위해 변수를 사용하여 왔다. 변수는 컴파일러로부터 메모리 상의 임의의 공간을 할당 받아 사용되며, 지금까지는 변수가 저장된 메모리의 주소를 알 필요가 없었다. 그러나 실제로 컴퓨터는 변수를 참조할 때 그 변수가 저장되어 있는 주소를 먼저 찾아내고 그 주소가 가리키는 내용을 참조하게 된다. 그렇다면 변수의 주소는 어떻게 알 수 있을까? 이 장에서는 포인터의 개념을 이용하여 변수와 배열이 저장된 메모리 상의 주소를 찾고, 그 값에 접근하는 방법에 대해 알아보고자 한다.

포인터[17]란 메모리 상의 주소값을 저장하는 변수를 말한다. 포인터도 변수이기 때문에 이를 강조하기 위해 포인터 변수라고도 부른다. 포인터는 주소를 이용하여 메모리에 저장된 데이터를 직접 다루기 때문에 실제 데이터 값을 사용하는 것이 어렵거나 메모리를 동적으로 관리하고자 할 때 주로 사용하게 된다.

일반 변수와 마찬가지로 포인터를 사용하려면 반드시 선언이 필요하며, 선언 형식은 다음과 같다.

```
데이터형 * 포인터명 ;
```

**그림 8.1 포인터의 선언 형식**

## 1 *포인터명

포인터명은 변수명과 같은 규칙을 적용하여 의미있는 이름을 짓는다. 보통 일반 변수와 구분하고 포인터 변수임을 강조하기 위해 pi, pj와 같이 이름 앞에 p를 붙여 준다. 그리고 포인터명 앞에 * 기호를 붙여 컴파일러에게 포인터 변수임을 알려준다. 이때 포인터 변수가 할당받게 되는 메모리의 크기는 시스템에 따라 달라지며, 보통 32비트 시스템에서는 4바이트, 64비트 시스템에서는 8바이트이다.

## 2 데이터형

데이터형은 포인터를 사용하여 그 주소로 메모리를 찾아갔을 때 저장된 데이터의 형을

17) 포인터 : **주소**를 저장하는 변수를 의미한다. 반면 일반 변수는 **데이터**를 저장하는 변수이다.

의미한다. 예를 들어 다음과 같이 포인터가 선언되었다고 가정하자.

```
int *p ;
```

이때 포인터명은 p이고, p에 저장된 주소값으로 메모리에 접근했을 때 저장된 데이터의 형이 정수형임을 의미한다. 이를 그림으로 나타내면 다음과 같다.

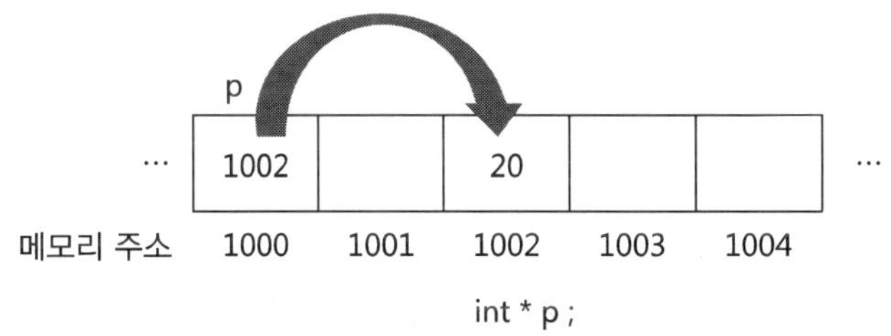


**그림 8.2 배열 선언의 의미**

그림에서 포인터 p는 1000번지에 메모리 공간을 할당받고 있으며, 포인터 p에는 주소값, 즉 1002가 저장되어 있다. 이때 1002번지의 메모리 공간에 접근했을 때 저장된 데이터는 20이라는 정수형의 데이터임을 알 수 있다.

## 8.2 포인터 사용하기

이제 데이터가 저장되어 있는 변수의 주소값을 구하여 포인터에 저장하고, 포인터에 사용되는 **내용 연산자**를 이용하여 변수의 값에 접근하는 방법에 대해 알아보도록 하자.

### 1 주소 연산자(&)

특정 변수의 주소를 알기 위해서는 주소 연산자 &를 사용할 수 있다. 주소 연산자는 다음과 같이 주소값을 알고자 하는 변수명 앞에 &를 붙이면 된다. 이때 변수에 할당된 메모리의 첫 시작 주소를 알 수 있다.

```
&변수명 ;
```

몇 가지 변수의 주소를 구하기 위해 예제 8.1을 살펴보자. 포인터는 항상 0보다 크거나 같은 정수이므로 무부호 정수(unsinged int) 형태인 %u를 사용하여 출력하였다.

**예제 8.1 주소 연산자 &를 이용하여 변수의 주소를 출력하기**

```
#include <stdio.h>
void main(void)
{
    char a ;
    int b ;
    float c ;

    printf("a의 주소는 : %u \n", &a) ; // 변수 a의 주소 출력
    printf("b의 주소는 : %u \n", &b) ; // 변수 b의 주소 출력
    printf("c의 주소는 : %u \n", &c) ; // 변수 c의 주소 출력
}
```

실행 결과

```
a의 주소는 : 1008
b의 주소는 : 1004
c의 주소는 : 1000
```

출력 결과에서 변수 a는 메모리의 1008번지, 변수 b는 1004번지 그리고 변수 c는 1000번지를 할당 받고 있다. 이때 int형의 변수 b가 할당받는 4바이트 공간 중 첫 번째 바이트의 주소가 1004임을 의미한다. 따라서 b는 1004번지에서 1007번지까지 4바이트의 메모리를 차지하게 된다. 마찬가지로 float형의 변수 c는 4바이트이므로 1000~1003번지를 할당받는다. 이를 그림으로 나타내면 다음과 같다.

| 변수명 | c | | | | b | | | | a | | |
|---|---|---|---|---|---|---|---|---|---|---|---|
| … | | | | | | | | | | | … |
| 주소 | 1000 | 1001 | 1002 | 1003 | 1004 | 1005 | 1006 | 1007 | 1008 | 1009 | |

이와 같이 변수의 데이터형과 포인터 값을 알면 변수들이 메모리의 어디에 어떻게 할당되는지를 쉽게 예측할 수 있다.

이렇게 구한 변수의 주소값은 포인터에 대입하여 그 값을 저장할 수 있다.

```
포인터명 = &변수명 ; // 변수의 주소값을 포인터에 저장
```

이때 포인터는 저장된 변수의 주소값을 이용하여 변수의 값에 접근하게 되므로 포인터와 변수의 데이터형은 반드시 일치해야 한다.

## 2 내용 연산자(*)

앞에서 설명한 바와 같이 포인터는 주소를 저장하므로 포인터를 사용하여 데이터가 저장된 변수의 값을 읽어오거나 수정할 수 있어야 한다. 이때 포인터가 가리키는 위치에 저장된 내용을 읽어 오려면 포인터명 앞에 내용 연산자인 *[18]를 붙여 준다.

```
* 포인터명 ;
```

예제 8.2는 내용 연산자를 이용하여 포인터가 가리키는 여러 형태의 변수에 값을 저장하고 출력하는 프로그램을 나타낸 것이다.

**예제 8.2 내용 연산자를 이용하여 변수에 값을 저장하고 출력해 보기**

```
#include <stdio.h>
void main(void)
{
    char a, *pa ;              // 문자형 변수 a 및 포인터 변수 pa를 선언
    int b, *pb ;               // 정수형 변수 b 및 포인터 변수 pb 선언
    float c, *pc ;             // 실수형 변수 c 및 포인터 변수 pc 선언

    pa = &a ;                  // 포인터 pa에 변수 a의 주소를 저장
    pb = &b ;                  // 포인터 pb에 변수 b의 주소를 저장
    pc = &c ;                  // 포인터 pc에 변수 c의 주소를 저장

    *pa = 'A' ;                // pa가 가리키는 메모리 공간에 문자 상수 'A'를 저장
    *pb = 100 ;                // pb가 가리키는 메모리 공간에 정수 100을 저장
```

18) 주소 연산자 &는 **변수명 앞**에, 내용 연산자 *는 **포인터 앞**에 붙여야 한다.

```
        *pc = 3.14f ;  // pc가 가리키는 메모리 공간에 실수 3.14를 저장

        printf("*pa = %c, a = %c \n", *pa, a) ;
        printf("*pb = %d, b = %d \n", *pb, b) ;
        printf("*pc = %.2f, c = %.2f \n", *pc, c) ;
}
```

실행 결과

```
*pa = A, a = A
*pb = 100, b = 100
*pc = 3.14, c = 3.14
```

먼저 데이터형이 서로 다른 변수의 주소값을 저장하기 위해 각 변수의 데이터형과 일치하는 포인터를 선언하고, 각 포인터에는 주소 연산자 &를 이용하여 변수의 주소값을 저장한다. 이때 포인터의 데이터형과 변수의 데이터형은 서로 일치하도록 선언해야 한다. 즉 다음과 같은 문장에서 pa와 a, pb와 b 그리고 pc와 c의 데이터형이 반드시 같아야 한다.

```
pa = &a ;  pb = &b ;  pc = &c ;
```

이제 포인터가 가리키는 메모리 공간, 즉 변수에 값을 저장하기 위해 내용 연산자를 사용하여 지정된 값을 저장한다. 아래의 그림은 이러한 전체 과정을 그림으로 나타낸 것이다.

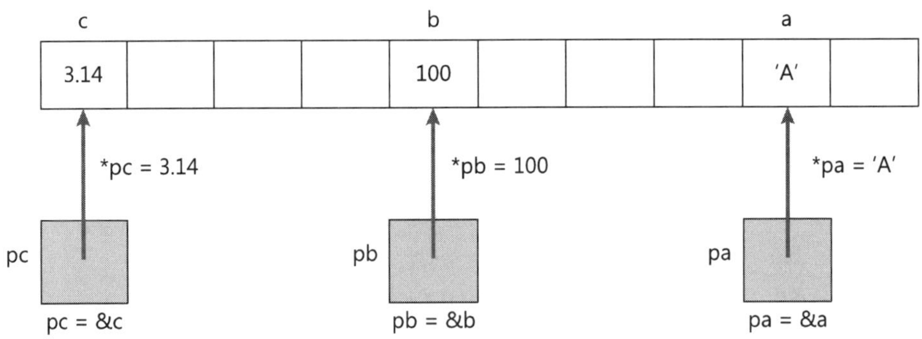


여기서 pa = &a ; 의 문장은 pa에 변수 a의 주소를 대입하라는 뜻, 즉 pa가 변수 a를 가리킨다는 의미이므로 이해를 돕기 위해 화살표로 나타내었다. 그리고 *pa = 'A'; 의 문장은 포인터 pa가 가리키는 화살표를 따라가서 그 메모리의 공간에 문자 상수 'A'를 대입한다는

의미이다. 따라서 변수 a에는 그림과 같이 문자 상수 'A'가 저장된다.

## 8.3 1차원 배열과 포인터

앞 절에서는 포인터를 사용하여 변수에 접근하는 방법에 대해 살펴보았다. 이 절에서는 1차원 배열의 각 요소에 접근하기 위해 포인터를 이용하는 방법에 대해 알아보도록 한다.

다음과 같이 5개의 정수값을 연속적으로 저장하는 배열 a가 있다고 하자.

```
int a[5] = {12, 34, 75, 56, 82} ;
```

이때 배열명 a은 단순히 배열의 이름이라기보다 더 중요한 의미를 가진다. 즉 배열명은 배열에 저장되는 첫 원소의 주소[19]를 의미한다.

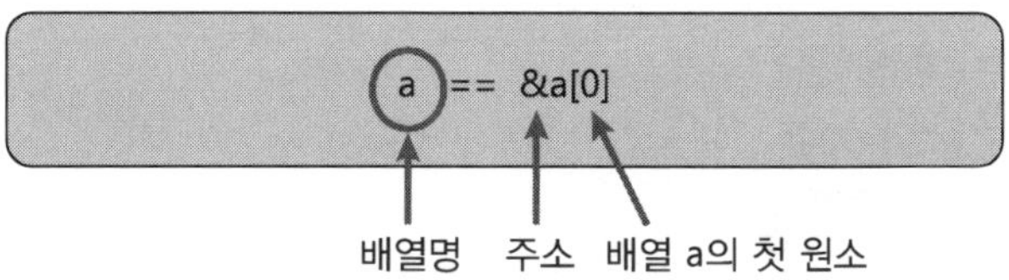


**그림 8.3 배열명은 배열의 첫 원소의 주소**

따라서 포인터를 이용하여 배열을 다루려면 먼저 아래와 같이 배열과 동일한 데이터형의 포인터를 선언한 후 포인터에 배열명을 저장한다.

```
int a[5] = {12, 34, 75, 56, 82} ;
int *pa = a ;
```

이를 그림으로 나타내면 다음과 같다.

---

19) **배열명**은 배열의 **첫 번째 원소의 주소값**을 의미한다.

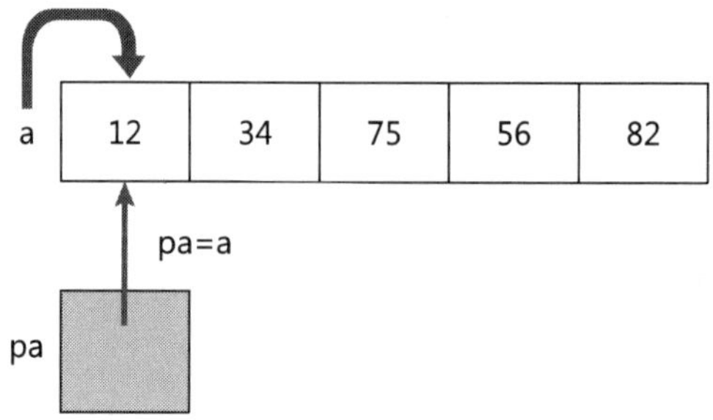


그림 8.4 포인터에 배열의 첫 원소 주소를 저장

이때 포인터명 앞에 내용 연산자를 붙이면 배열의 첫 번째 원소인 12에 접근할 수 있다.

```
*pa == a[0]
```

그렇다면 배열의 두 번째, 세 번째 등의 원소들에 접근하려면 포인터에 어떤 연산을 해주면 될까? 그림 8.5와 같이 현재 포인터에 1씩 더해 나가면 다음 원소들이 저장된 메모리 공간에 접근[20]할 수 있게 된다.

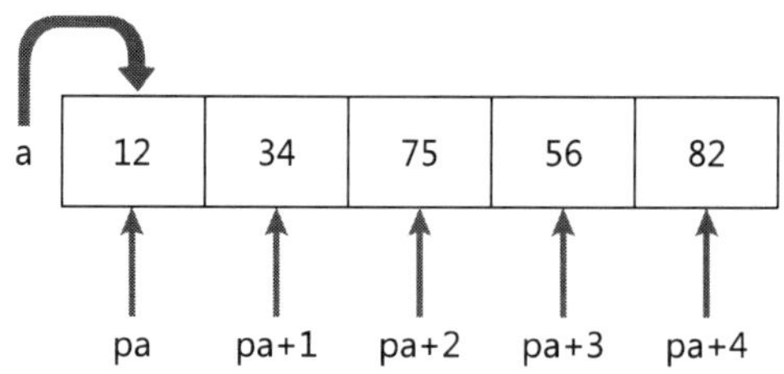


그림 8.5 현재 포인터 pa에 1씩 더하여 다음 원소들에 접근

따라서 포인터에 1을 더한다는 것은 단순히 주소값에 1을 더한다는 뜻이 아니라는 의미이다. 즉 현재 포인터 p의 값이 1000번지라 가정하면, p+1은 1001번지가 아니라는 뜻이다.

그림 8.6과 같이 서로 다른 데이터형의 배열에서 포인터가 가지는 주소값의 변화를 살펴보자.

20) 포인터에 1을 더한다는 것은 현재 포인터가 가리키는 다음 원소를 가리키게 함을 의미한다.

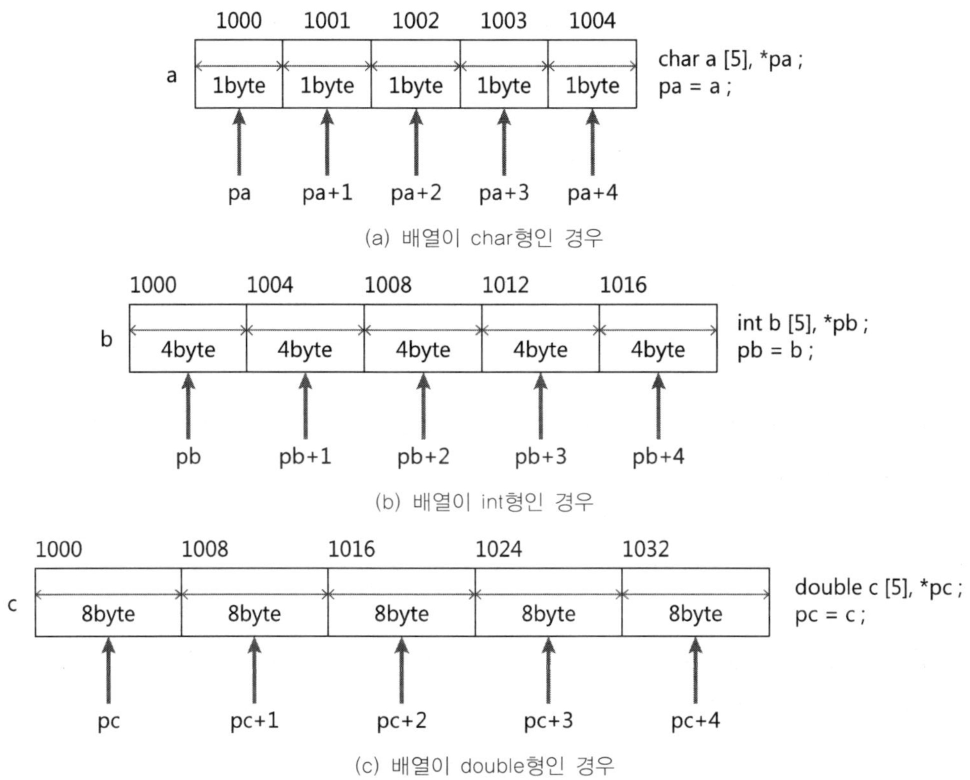


**그림 8.6 배열의 데이터형에 따른 포인터 값의 차이**

(a)의 경우 배열 a는 char형이므로 각 원소의 크기는 1바이트이다. 따라서 현재 포인터가 1000이라면 다음 원소의 주소, 즉 p+1은 1001이 되고, 다음 두 번째 원소의 주소는 1002가 된다. 반면 (b)의 경우 배열 b는 int형이므로 각 원소의 크기는 4바이트가 되고, p가 1000이면 p+1은 1004, p+2는 1008, p-1은 996이 된다. 마찬가지로 (c)와 같은 double형의 배열 c는 각 원소의 크기가 8바이트이므로 p-1은 992, p+1은 1008, p+2는 1016이 된다.

이때 배열의 각 원소의 값에 접근하려면 내용 연산자 *를 사용하면 된다. 즉 첫 번째 배열 원소의 내용에 접근하려면 *p, 두 번째 원소의 내용에 접근하려면 *(p+1)을 사용하면 되는 것이다. 아래의 식은 현재 포인터 p의 i번째 다음 원소의 내용을 읽어오기 위한 문장이다.

```
* (p + i)
```

그러나 주의할 점은 **배열명**[21]은 **상수**, **포인터**는 **변수**라는 점이다. 즉 배열명은 배열의 첫 번째 원소의 주소값(상수)을 의미하므로 증감 연산자를 사용할 수 없으며, 대입 연산자의 왼쪽에 사용할 수 없다. 다음의 예를 살펴보자.

```
int a[5] = {12, 34, 75, 56, 82} ;
int b[5] ;

a++;        (X)
b = a ;  (O)
```

먼저 a++ ; 은 a = a+1 ; 과 같은 의미이다. 즉 배열명에 1을 더하여 배열명 a에 대입하라는 뜻이다. 이때 대입 연산자의 왼쪽은 반드시 1개의 변수가 와야 하나 배열명 a는 상수이므로 오류가 발생한다. 따라서 포인터에 배열명을 저장한 후 포인터를 증감시켜 배열 원소에 접근해야만 한다.

또한 배열 a의 원소들을 배열 b에 그대로 복사하기 위해 b = a ;를 사용할 수 없다. 이는 b 또한 배열명, 즉 상수이므로 대입 연산자의 왼쪽에 올 수 없기 때문이다. 따라서 배열의 모든 원소를 다른 배열에 복사하려면 문자열 관련 함수인 strcpy()를 사용하는 것이 좋다.

```
int a[5] = {12, 34, 75, 56, 82} ;
int b[5] ;

strcpy(b, a) ;  // 배열 a의 원소를 배열 b에 그대로 복사
```

예제 8.3은 포인터를 이용하여 1차원 배열의 각 원소의 주소와 값을 출력하는 프로그램이다.

**예제 8.3 포인터를 이용하여 배열 원소의 주소와 값을 출력하기**

```
#include <stdio.h>
void main(void)
{
    int a[5] = {10, 20, 30, 40, 50} ;
```

21) 배열명은 **상수**, 포인터는 **변수**임을 주의해야 한다.

```
    int i, *pa ;

    pa = a ;  // 포인터가 1차원 배열 a의 첫 번째 원소를 가리키도록 함
    for(i=0; i<5; i++)
        printf("%u번지의 값은 %d\n", pa+i, *(pa+i)) ;
}
```

실행 결과

```
123456번지의 값은 10
123460번지의 값은 20
123464번지의 값은 30
123468번지의 값은 40
123472번지의 값은 50
```

배열 a의 첫 번째 원소가 메모리의 몇 번지에 저장되는지를 사용자는 알 수 없으나 출력 결과를 통해 123456번지를 할당받고 있음을 알 수 있다. 따라서 배열의 두 번째 원소 이후의 주소는 쉽게 예측할 수 있다. 즉 배열의 원소가 각각 int형이므로 두 번째 원소는 123460번지, 세 번째 원소는 123464번지에 저장되는 것이다.

예제 8.4는 예제 8.3을 응용하여 1차원 배열의 합과 평균을 구한 것이다.

**예제 8.4 포인터를 이용하여 배열 원소의 합과 평균을 구하는 프로그램**

```
#include <stdio.h>
void main(void)
{
    int a[] = {10, 20, 30, 40, 50} ;
    int i, *pa, sum = 0 ;
    float avg ;

    pa = a ;                      // 포인터 pa가 배열의 첫 번째 원소를 가리키게 함
    for(i=0; i<5; i++)
        sum += *(pa+i) ;          // 배열 원소에 차례로 접근하여 한을 구한

    avg = (float)sum/5 ;          // 배열 원소들의 평균을 구함
```

```
    printf("합은 %d, 평균은 %.2f \n", sum, avg) ;
}
```

실행 결과

```
합은 150, 평균은 30.00
```

## 8.4 2차원 배열과 배열 포인터

배열 포인터[22]란 배열을 가리키는 포인터를 의미하며, 선언 형식은 다음과 같다.

```
데이터형 (*포인터명) [크기] ;
```

따라서 1차원 배열 포인터와 2차원, 3차원 배열 포인터는 각각 아래와 같이 선언할 수 있다.

```
int *pa ;                // 1차원 배열 포인터
int (*pb)[3] ;           // 2차원 배열 포인터
int (*pc)[2][3];         // 3차원 배열 포인터
```

1차원 배열 포인터 pa는 지금까지 변수 및 1차원 배열을 다루기 위해 사용해 왔던 포인터와 같은 형식으로 선언되어 있다. 따라서 앞 절에서 설명한 포인터 연산을 이용하여 배열의 원소에 접근할 수 있다.

반면 2차원 배열 포인터 pb의 선언시, 대괄호 내의 크기 3은 2차원 배열의 열 크기를 의미한다. 마찬가지로 3차원 배열 포인터 pc의 경우 2와 3은 각각 행 크기와 열 크기를 나타낸다.

이 절에서는 1차원 배열 포인터와 2차원 배열 포인터를 사용하여 2차원 배열을 다루는 방법에 대해서만 설명하기로 한다.

22) 배열 포인터 : 배열을 가리키는 포인터를 의미한다.

## 1 1차원 배열 포인터를 이용하여 2차원 배열 다루기

2차원 배열은 1차원 메모리에 저장될 때 행우선 중심 순서로 매핑된다는 것을 배웠다. 따라서 배열과 동일한 데이터형의 1차원 배열 포인터를 선언한 후 배열명을 대입[23]하면 2차원 배열을 1차원 배열처럼 간단하게 다룰 수 있다.

```
int a[3][2]={{1,2},{3,4},{5,6}} ;        // 2차원 배열 선언 및 초기화
int *pa ;                                // 1차원 배열 포인터 선언
pa = a ;                                 // 포인터에 배열명을 대입
```

이제 그림 8.7과 같이 포인터를 1씩 증가시키게 되면 메모리에 저장된 다음 원소에 접근할 수 있으며, 내용 연산자 *를 사용하면 원소의 값을 읽어 오거나 수정할 수 있다.

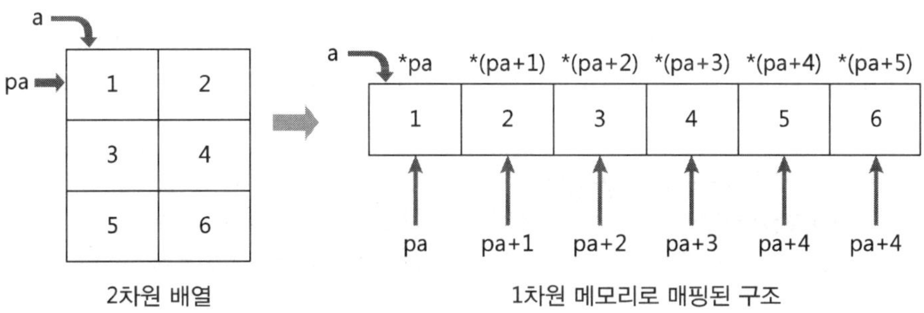


**그림 8.7 1차원 배열 포인터를 사용하여 2차원 배열 다루기**

예제 8.5는 1차원 배열 포인터를 이용하여 2차원 배열의 합과 평균을 구하는 프로그램을 나타낸 것이다.

**예제 8.5 1차원 배열 포인터를 이용하여 2차원 배열의 합과 평균 구하기**

```
 #include <stdio.h>
void main(void)
{
    int a[3][2] = {{1, 2}, {3, 4}, {5, 6}} ;
    int i, *pa, sum = 0 ;
    float avg ;
```

23) 포인터로 배열을 다루려면 **배열과 동일한 데이터형의 포인터를 선언**하고, **포인터**에 **배열명을 대입**한다.

```
    pa = a ;                    // 1차원 배열 포인터는 배열의 첫 원소를 가리킴
    for(i=0; i<6; i++)
        sum += *(pa+i) ;        // pa를 1씩 증가시켜가며 6개의 배열 값을 모두 더함

    avg = (float)sum/6 ;

    printf("합은 %d, 평균은 %.2f \n", sum, avg) ;
}
```

실행 결과

```
합은 21, 평균은 3.50
```

## 2 2차원 배열 포인터를 이용하여 2차원 배열 다루기

2차원 배열을 다루는 또 다른 방법으로써 다음과 같이 배열과 동일한 데이터형의 2차원 배열 포인터를 선언한 후 배열명을 대입하는 방법이 있다.

```
int a[2][3]={{0,1,2}, {4,5,6}} ;      // 2차원 배열 선언 및 초기화
int (*pa)[3] ;                        // 2차원 배열 포인터 선언
pa = a ;                              // 포인터에 배열명을 대입
```

2차원 배열 포인터의 선언시 대괄호 안에 표기된 크기 3은 배열의 열 크기[24]를 의미한다. 이는 곧 2차원 배열 포인터가 1차원 메모리에 매핑될 때 원소의 위치가 열 크기에 좌우된다는 것을 뜻한다.

예를 들어 그림 8.8과 같이 2차원 배열에서 첨자 (0, 2)에 해당하는 원소는 행우선 순서에 의해 첨자 2에 해당하는 1차원 메모리에 저장된다. 또한 (1, 1)에 해당하는 원소는 첨자 4의 메모리에 저장된다.



24) 2차원 배열 포인터 선언시, 반드시 **배열의 열 크기**를 지정해야 한다.

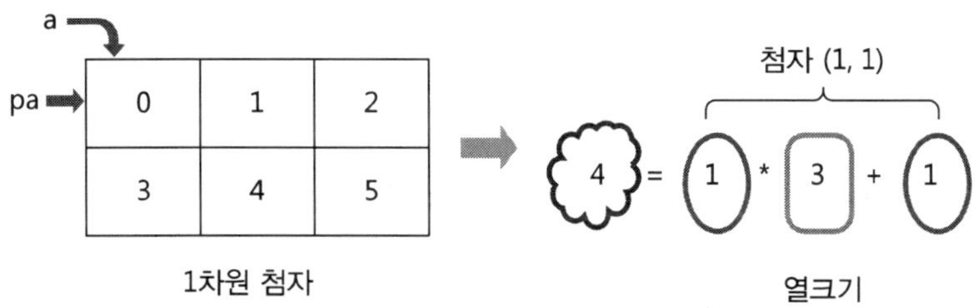


**그림 8.8 2차원 배열의 첨자와 1차원 메모리의 첨자와의 관계**

따라서 2차원 배열의 첨자 (i, j)와 1차원 메모리의 첨자 m의 관계식은 다음과 같이 열크기에 의존함을 알 수 있다.

```
m = i * 열크기 + j
```

또한 1차원 배열 포인터는 1차원 배열에 접근하기 위해 첨자가 1개 필요했지만, 2차원 배열 포인터는 첨자가 2개 요구된다. 즉 2차원 배열 포인터를 사용하여 2차원 배열을 다루려면 아래와 같이 배열의 행 첨자와 열 첨자를 사용하여 각 원소에 접근할 수 있다.

```
a [ i ] [ j ]  == *(*(p + i) + j)
```

예를 들어 다음과 같이 크기 3×2의 2차원 배열이 선언되었을 때, 크기가 2인 2차원 배열 포인터를 선언하고 배열의 첫 번째 원소를 가리키게 한 후

```
int a[3][2]={{1,2},{3,4},{5,6}} ;
int (*pa)[2] = a ;
```

그림과 같이 포인터에 행 첨자와 열 첨자를 사용함으로써 배열의 원소에 접근할 수 있다.

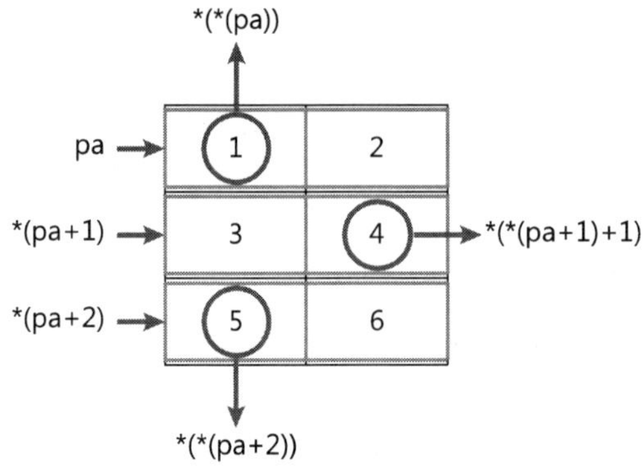


그림 8.9 2차원 배열 포인터를 사용하여 2차원 배열 다루기

예제 8.6은 2차원 배열 포인터를 사용하여 2차원 배열의 합과 평균을 구하는 프로그램을 작성한 것이다.

**예제 8.6 2차원 배열 포인터를 이용하여 2차원 배열의 합과 평균을 구하기**

```
#include <stdio.h>
void main(void)
{
    int a[3][2] = {{1, 2}, {3, 4}, {5, 6}} ;
    int i,j, (*pa)[2] ;                    // 크기 2는 배열 a의 열 크기를 의미
    int sum = 0;
    float avg ;

    pa = a ;                               // 포인터 pa는 배열 a의 첫 원소를 가리킴
    for(i=0; i<3; i++)
        for(j=0; j<2; j++)
            sum += *(*(pa+i)+j) ;          // 행 첨자와 열 첨자를 이용하여 배열에 접근

    avg = (float)sum/6 ;

    printf("%d, %.2f\n", sum, avg) ;
}
```

실행 결과

```
합은 21, 평균은 3.50
```

## 8.5 포인터 배열

배열이 동일한 데이터형의 변수들의 모임이라 본다면, 포인터 배열은 동일한 데이터형의 포인터들의 모임이라 볼 수 있다. 즉 포인터 배열은 배열의 각 요소가 포인터인 배열을 말한다. 포인터 배열을 선언하는 방법은 일반 배열의 선언과 유사하며, 선언 형식은 다음과 같다.

```
데이터형 * 포인터명 [크기] ;
```

**그림 8.10 포인터 배열의 선언 형식**

예를 들어 크기가 3인 포인터 배열이 선언되고 문자열 상수로 초기화 되었다고 가정하자.

```
char *pa[3] = {"apple", "banana", "eggplant"} ;
```

이때 문자열 상수가 메모리에 저장되면 그림 8.11과 같이 문자열 상수의 시작 주소값이 배열의 각 원소에 초기화된다.

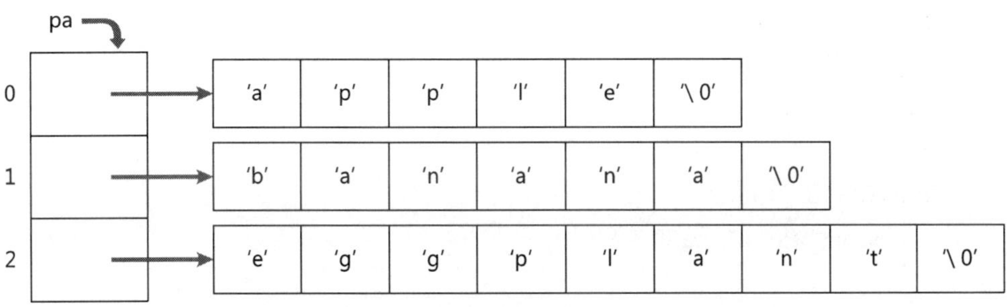


**그림 8.11 포인터 배열에 문자열 상수를 초기한 경우**

그러나 만일 이 문자열 상수를 2차원 배열에 저장한다고 가정하면 배열 선언시 문자열의 최대 길이에 따라 크기를 선언해야 하므로 그림 8.12와 같이 메모리가 낭비되는 현상이 발생하게 된다.

| a | 'a' | 'p' | 'p' | 'l' | 'e' | '\0' | | | |
|---|---|---|---|---|---|---|---|---|---|
| | 'b' | 'a' | 'n' | 'a' | 'n' | 'a' | '\0' | | |
| | 'e' | 'g' | 'g' | 'p' | 'l' | 'a' | 'n' | 't' | '\0' |

메모리가 낭비됨

char a [3][9] = { … }; char a [3] = { "apple", "banana", "eggplant"} ;

**그림 8.12 2차원 배열에 문자열 상수를 초기화한 경우**

따라서 포인터 배열은 길이가 일정하지 않은 문자 배열을 다룰 때 매우 유용하게 사용된다.

예제 8.7은 포인터 배열을 이용하여 길이가 서로 다른 문자열을 출력하는 프로그램이다.

**예제 8.7 포인터 배열을 이용하여 길이가 다른 문자열 출력하기**

```
#include <stdio.h>
void main(void)
{
    char *pa[3] ;
    int i ;

    pa[0] = "apple" ;
    pa[1] = "banana" ;
    pa[2] = "eggplant" ;

    for(i=0; i<3; i++)
        printf("%s\n", pa[i]) ;
}
```

실행 결과

```
apple
banana
eggplant
```

## 8.6 다중 포인터

포인터의 주소를 가리키는 포인터를 이중 포인터라 하며, 그 이상의 포인터가 포인터의 주소를 연속해서 가리키는 것을 다중 포인터라 한다.

그림 8.13은 이중 포인터의 개념을 나타낸 것으로써 1000번지에 저장된 주소 1002로 메모리에 접근한 경우 1006의 값 또한 주소를 의미하고, 이 주소로 메모리에 접근했을 때의 값이 데이터임을 의미한다.

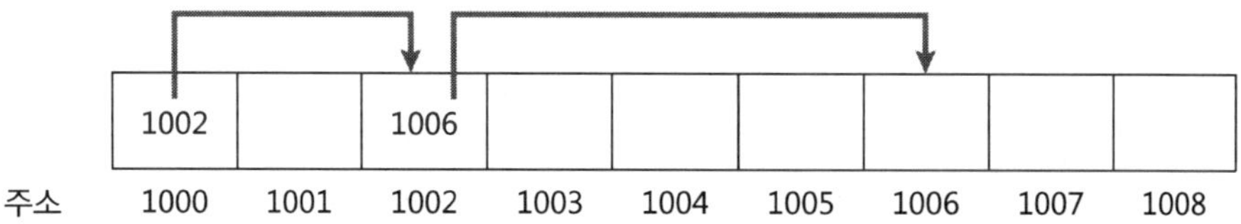


**그림 8.13 이중 포인터의 개념**

이중 포인터의 선언 형식은 다음과 같다.

```
데이터형 ** 포인터명 ;
```

**그림 8.14 이중 포인터의 선언 형식**

다중 포인터는 *의 숫자에 따라 경유하는 포인터의 개수가 결정되며, *를 두 개 사용하면 일반 포인터의 주소를 저장하고, 3개는 이중 포인터의 주소를 저장할 수 있다.

예를 들어 아래의 문장에서는 포인터 pa와 이중 포인터 ppa를 선언하고, 포인터 pa에는 변수 a의 주소, 이중 포인터 ppa에는 포인터 pa의 주소를 저장한다. 즉 포인터는 변수의 주소를, 이중 포인터는 포인터의 주소를 저장하게 된다.

```
int a = 10 ;
int *pa, **ppa ;
pa = &a ;
ppa = &pa ;
```

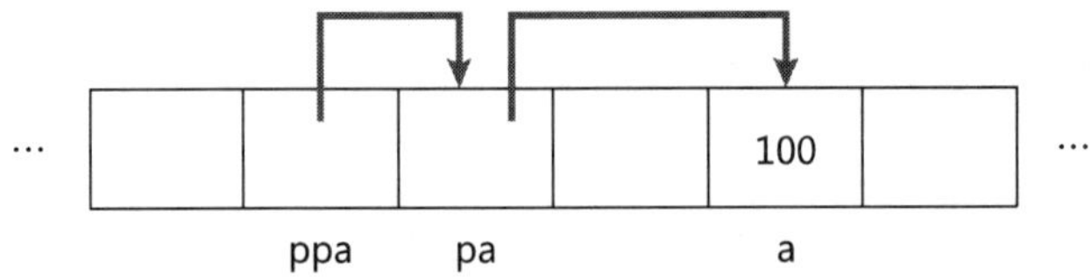


예제 8.8은 포인터 및 이중 포인터를 이용하여 변수의 값을 출력하는 프로그램이다.

**예제 8.8 포인터와 이중 포인터를 이용하여 변수의 값 출력하기**

```
#include <stdio.h>
void main(void)
{
    int a = 100 ;
    int *pa, **ppa ;

    pa = &a ;
    ppa = &pa ;

    printf("%d %d %d\n", a, *pa, **ppa) ;
}
```

실행 결과

```
100
100
100
```

## 8.7 함수 포인터

앞 절에서 배열명은 배열에 저장되는 첫 번째 원소의 주소라는 것을 배웠다. 이는 함수명 또한 메모리 상에 존재하는 함수의 주소가 될 수 있음을 의미한다. 따라서 배열과 마찬가지로 함수와 동일한 데이터형의 포인터 변수를 선언해서 그 값을 저장할 수 있다.

함수 포인터의 사용은 다음과 같이 함수의 매개 변수 및 반환 값의 데이터형에 의해 결정된다.

```
데이터형 (* 포인터명)(매개변수의 데이터형 리스트) ;
```

**그림 8.15 함수 포인터의 사용 형식**

예를 들어 두 개의 정수값을 전달받아 합의 결과를 반환하는 함수를 정의하면 다음과 같다.

```
int sum(int x, int y)
{
        return x+y ;
}
```

이 함수의 매개 변수는 두 개의 int형 데이터이고, int형의 합의 결과를 반환한다. 따라서 함수 정의의 헤더부에 맞춰서 함수 포인터를 선언하면 다음과 같다.

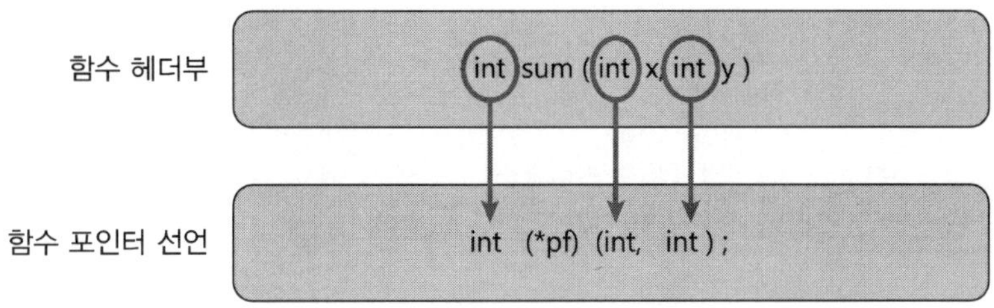


이제 선언된 함수 포인터에 함수명을 대입하면 포인터는 함수의 주소 값을 가지게 된다.

```
int (*pf)(int, int) = sum ;
```

pf가 변수이고, 함수명 sum은 상수라는 점을 제외하면 이 둘은 완전히 같기 때문에 호출 또한 가능하다. 예제 8.9는 함수 포인터를 사용하여 두 변수의 합을 구하는 프로그램을 작성한 것이다.

**예제 8.9 함수 포인터를 사용하여 두 변수의 합 구하기**

```
#include <stdio.h>
void sum(int x, int y)
{
	printf("%d + %d = %d\n", x, y, x+y) ;
}
void main(void)
{
	int a=10, b=35 ;
	void (*pf)(int, int) = sum ;

	pf(a, b) ;
}
```

실행 결과

```
10 + 35 = 45
```

## 8.8 사용자 정의 함수를 이용한 포인터

이 절에서는 변수와 배열의 주소를 사용자 정의 함수에 전달하고, 전달받은 데이터를 포인터로 어떻게 다루는지에 관하여 살펴보도록 한다.

### 1 변수의 주소를 사용자 정의 함수에 전달하기

예제 8.10은 두 변수의 주소를 사용자 정의 함수에 전달하고 사용자 정의 함수를 통해 두 변수의 값을 교환하는 프로그램이다.

**예제 8.10 변수의 주소를 전달하여 두 변수의 값을 교환하기**

```
#include <stdio.h>
void trans(int *pa, int *pb) ;
void main(void)
{
```

```
    int a =10, b =20 ;

    trans(&a, &b) ;
    printf("a = %d, b = %d\n", a, b) ;
}
void trans(int *pa, int *pb)
{
    int temp ;
    temp = *pa ;
    *pa = *pb ;
    *pb = temp ;
}
```

실행 결과

```
a = 20, b = 10
```

우선 main() 함수에서 변수 a와 b의 주소를 전달하며 함수 trans()를 호출하고 있다. 이때 호출된 함수 trans()의 매개 변수 pa와 pb는 전달받은 정수형 변수의 주소를 각각 저장하기 위해 정수형 포인터로 선언하였다.

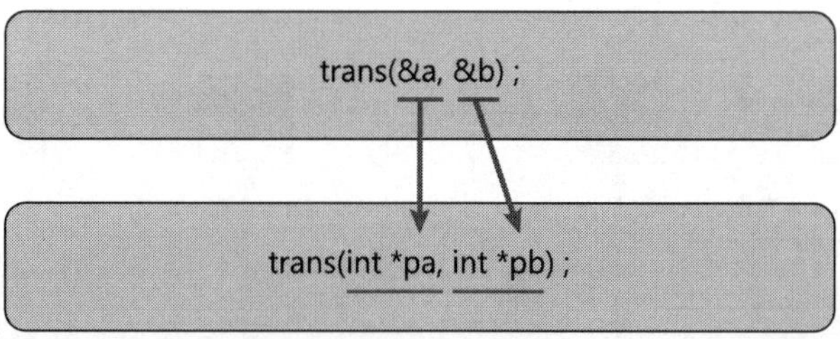


따라서 포인터 pa와 pb는 그림 8.16(a)와 같이 변수 a와 b를 가리키게 된다. 이제 프로그램의 제어권은 trans() 함수로 넘어와서 차례대로 문장을 실행하게 된다. 먼저 임시 변수인 정수형 변수 temp를 선언하고, 그림 8.16(b)와 같이 temp에 pa가 가리키는 변수의 값 10을 저장한다.

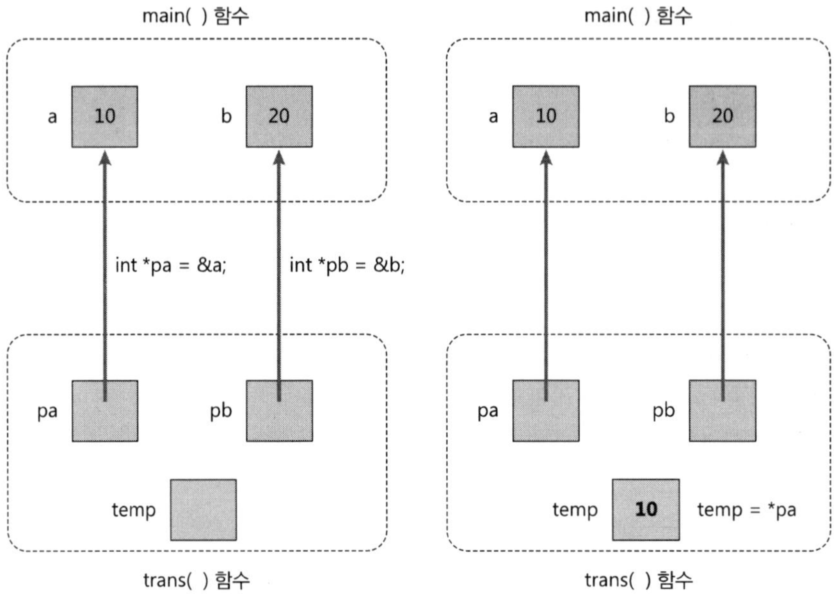


(a) 변수의 주소를 전달받은 포인터 변수　　(b) temp = *pa ;

이제 그림 8.16(c) 및 (d)와 같이 pa가 가리키는 변수 a에는 pb가 가리키는 변수 b의 값 20을 저장하고, pb가 가리키는 변수 b에는 temp에 저장해 둔 변수 a의 처음값 10을 대입한다.

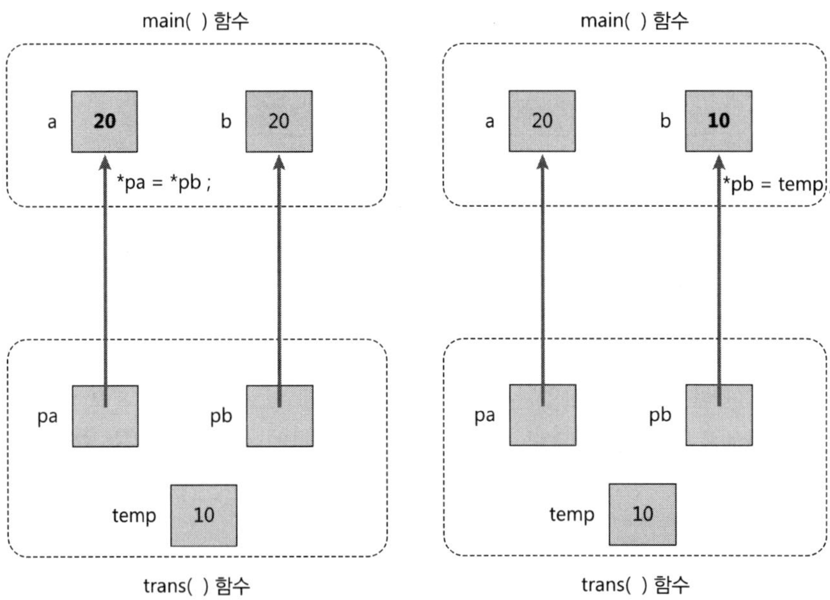


(c) *pa = *pb ;　　(d) *pb = temp ;

**그림 8.16　예제 8.10의 과정**

이와 같이 함수를 호출할 때 변수의 주소값을 전달하는 방식을 call by refrence, 즉 참조에 의한 호출 방식이라 한다.

## 2 1차원 배열을 함수에 전달하기

이제 1차원 배열을 함수에 전달하는 방법에 대해 알아보자. 이때 함수에 배열의 모든 원소들을 일일이 전달하는 것은 매우 번거로우며 비효율적이다. 그러나 배열의 첫 번째 원소의 주소값인 배열명과 배열 원소의 크기 정보만 전달[25]한다면 포인터를 이용하여 효율적으로 배열 원소에 접근할 수 있을 것이다.

예제 8.11은 1차원 배열 원소들의 합과 평균을 구하기 위해 예제 8.4를 변형한 것이다.

**예제 8.11 1차원 배열을 함수에 전달하여 합과 평균 구하기**

```
#include <stdio.h>
void sum(int *pa, int N)          // 포인터 pa는 전달받은 배열명 a, N은 배열크기 5를 저장
{
   int i, s = 0 ;
   float avg ;

   for(i=0 ; i<N ; i++)
      s += *(pa+i) ;              // 포인터를 1씩 증가시켜 가며 배열 원소들의 합을 구함

   avg = (float)s / N ;  // 평균을 구함
   printf("합은 %d, 평균은 %.2f\n", s, avg) ;        // 합과 평균 출력
}
void main(void)
{
   int a[5] = {10, 20, 30, 40, 50} ;

   sum(a, 5) ; // 배열명과 배열 크기를 전달
}
```

실행 결과

```
합은 150, 평균은 30.00
```

25) 1) 1차원 배열을 함수에 전달하려면 배열명을 전달하고, 이를 포인터에 저장한다.

두 번째 예제로 문자열을 전달받아 거꾸로 출력하는 프로그램을 작성해 보자. 1차원 배열과 마찬가지로 문자열을 함수에 전달하려면 문자 배열명과 크기를 전달해야 하는데 문자열의 크기는 입력되는 문자열의 길이에 따라 달라지므로 알기 힘들다. 그러나 문자열은 항상 널문자로 끝나므로 이를 이용하여 문자열의 끝을 판별할 수 있다.

**예제 8.12 문자열을 함수에 전달하여 거꾸로 출력하기**

```
#include <stdio.h>
void inverse(char *pc)          // 전달받은 배열명 c를 문자형 포인터 pc에 저장
{                               // 포인터 pc는 배열의 첫 번째 원소를 가리키게 됨

    while( *pc != '\0')         // pc가 가리키는 내용이 널문자가 아닌 동안
    {
        printf("%c", *pc) ;     // pc가 가리키는 내용을 출력
        pc++ ;                  // pc를 1 증가시켜 다음 원소를 가리키게 함
    }
}
void main(void)
{
    char c[10] ;

    printf("문자열을 입력하세요 : ") ;
    gets(c) ;
    inverse(c) ; // 문자 배열명을 전달
}
```

실행 결과

```
문자열을 입력하세요 : apple
apple
```

## 3 2차원 배열을 함수에 전달하기

2차원 배열을 함수에 전달하려면 1차원 배열과 마찬가지로 배열명과 배열 원소의 크기 정보만 전달하고, 2차원 배열 포인터를 이용하여 배열 원소에 접근할 수 있다.

예제 8.13은 2차원 배열 원소들의 합과 평균을 구하기 위해 예제 8.6을 변형한 것이다.

**예제 8.13 2차원 배열을 함수에 전달하여 합과 평균 구하기**

```
#include <stdio.h>
void sum(int (*pa)[2], int col, int row)    // 전달받은 2차원 배열명을
                                            // 2차원 배열 포인터에 저장
{
    int i, j, s = 0 ;
    float avg ;

    for(i=0; i<col; i++)
        for(j=0; j<row; j++)
            s += *(*(pa+i)+j) ;             // 행 첨자 및 열 첨자를 이용하여 배열에 접근

    avg = (float)s/(col*row) ;
    printf("합은 %d, 평균은 %.2f \n", s, avg) ;
}
void main(void)
{
    int a[3][2] = {{1, 2}, {3, 4}, {5, 6}} ;
    sum(a, 3, 2) ;                          // 배열명과 행 크기 및 열 크기 전달
}
```

실행 결과

```
합은 21, 평균은 3.50
```

# 연습문제

**01** 다음의 빈 칸을 채우시오.

(1) 일반 변수는 ______을 저장하나 포인터는 ______를 저장한다.

(2) 변수의 메모리 주소를 알기 위해서는 변수명 앞에 기호 ______를 붙인다.

(3) 포인터가 가리키는 메모리의 내용에 접근하려면 포인터 앞에 기호 ______를 붙인다.

(4) 배열명은 배열에 저장되는 첫 번째 원소의 ______이다.

(5) 포인터로 배열을 다루려면 먼저 배열과 같은 ______의 포인터를 선언하고, 포인터에 ______를 대입한다.

(6) 포인터로 배열의 다음 원소에 접근하려면 포인터의 값에 ______씩 더한다.

(7) 2차원 배열 포인터의 선언 시 배열의 ______ 크기를 반드시 명시해야 한다.

(8) 포인터 배열은 동일한 데이터형의 ______의 모임이며, 효율적인 메모리의 사용을 위해 주로 ______를 다룰 때 유용하다.

(9) 이중 포인터는 포인터의 ______를 가지는 변수이다.

(10) 함수명은 배열명과 마찬가지로 함수 프로그램이 저장된 메모리 상의 ______이다.

(11) 함수 포인터는 함수의 ______ 및 ______의 데이터형에 의해 결정된다.

**02** 다음의 문장에서 오류를 찾아 수정하라.

(1) int *p1, p2, p3 ;

(2) double d = 1.23 ;
int *pd = &d ;

(3) double d[] = {1.1, 2.2, 3.3} ;
*d++ = 3.1 ;

**03** 다음과 같은 프로그램에서 출력 결과를 예측하라.

(1)

```
int a = 150, *p ;
p = &a ;
printf("%d", *p) ;
```

(2)

```
int m[4] = {10, 20, 30, 40};
int *p = m ;
printf("%d", *p++) ;
```

(3)

```
int data[5]={10, 20, 30, 40, 50};
printf("%d", *(data +4) ;
```

**04** 다음 프로그램의 각 문장을 그림으로 설명하고 실행 결과를 구하라.

```
#include <stdio.h>
main()
{
    char *p1, *p2 ;
    p1 = p2 = "School" ;
    while(*p2 != NULL)
          p2++ ;
    while(p2>q1)
    {
          p2-- ;
          putchar(*p2);
    }
}
```

**05** 다음과 같이 배열이 선언되고 초기화되었다고 가정할 때 물음에 답하라.

```
int a[7]={10, 20, 30, 40, 50, 60, 70};
```

(1) a가 의미하는 것은?

(2) *(a+4)가 의미하는 것은?

(3) a[5]가 의미하는 것은?

(4) (*a + 3)가 의미하는 것은?

**06** 다음의 배열에서 모든 원소의 값을 5씩 증가시키는 함수를 작성하라.

```
int b[5]={5, 15, 25, 35, 45};
```

**07** 피보나치 수열을 구하는 프로그램을 포인터 변수를 이용하여 작성하라. 단 외부로부터 몇 번째 피보나치 수열을 계산할 것인지 입력을 받고 사용자 정의 함수를 이용하여 그 순열에 해당되는 피보나치 값을 반환하여 출력하도록 한다.

**08** 포인터를 이용하여 하나의 문자열과 하나의 문자를 전달받아 문자열 안에 이 문자가 처음 나타나는 위치를 출력하라. 만약 이 문자가 문자열에 포함되지 않았을 때는 "없는 문자열"이라는 문장을 출력하도록 한다.

**09** 입력받은 한 문장을 함수에 전달하고 포인터를 이용하여 거꾸로 출력하는 프로그램을 작성하라.

**10** 입력받은 문자열을 알파벳순으로 정렬하는 프로그램을 작성하라. 알파벳 순서의 비교는 아스키코드를 이용하도록 한다.

**11** "KOREA"라는 문자열을 다음과 같이 출력하는 프로그램을 작성하라. 단 main 함수에서 이 문자열의 각 인자를 넘겨주면 print라는 함수에서 출력하도록 한다(반복문을 사용하라).

```
A
EA
REA
OREA
KOREA
```

CHAPTER 09

# 구조체

학 · 습 · 목 · 표

- 구조체와 배열 그리고 변수의 차이점에 대해 이해한다.
- 구조체 선언의 의미를 이해한다.
- 구조체의 초기화에 대해 이해한다.
- 구조체 배열을 다루는 방법에 대해 이해한다.
- 포인터를 이용하여 구조체를 다루는 방법을 이해한다.
- 구조체 함수에 대해 이해한다.
- 공용체에 대해 이해한다.

## 9.1 구조체의 의미와 선언

지금까지 한 개의 데이터를 저장하는 변수와 동일한 형태의 데이터들을 연속적으로 저장하는 배열에 대해 공부하였다. 이 절에서는 또 따른 자료 구조의 형태로써 구조체에 대해 알아본다.

구조체(structure)란 서로 다른 데이터형의 여러 데이터들을 한 개의 그룹으로 묶어 변수처럼 다룰 수 있도록 한 것[26]이다. 따라서 성적 처리 프로그램과 같이 한 학생에 관련된 데이터들(예를 들어 학번, 이름, 주소, 전화 번호, 평점, 학점 등)이 서로 다른 데이터형을 가질 때 사용될 수 있다.

구조체는 공통된 이름과 연속된 메모리로 연관된 데이터들을 조직화할 수 있으므로 함수로의 전달 및 반환이 용이하고 파일 입출력을 단순화하며 프로그램의 해독을 용이하게 한다. 구조체는 사용하기 전 반드시 선언해야 하며, 선언 형식은 다음과 같이 두 단계를 거친다.

### 1 구조체 선언의 1단계 : 구조체 템플릿 정의부

구조체 템플릿 정의부는 어떤 형태의 데이터들이 메모리에 연속적으로 저장되는가를 선언하는 부분으로서, 반드시 **main() 함수 위에서 정의**되어야 하며 다음과 같은 형식을 가진다.

```
struct 태그명
{
    데이터형 멤버명 1;  ┐
    데이터형 멤버명 2;  ├ 멤버 선언부
         ⋮             ┘
} ;
```

그림 9.1 구조체 템플릿의 선언 형식

struct는 구조체 키워드를 말하며 태그명은 구조체 템플릿의 이름을 의미한다. 태그명은 변수명을 짓는 규칙을 사용하여 의미있는 이름을 부여한다. 그리고 중괄호 내에는 메모리에

26) **구조체** : 다른 데이터형의 자료들을 연속 저장하는 자료 구조이다. 반면 **변수**는 한 개의 데이터를, **배열**은 동일한 형태의 데이터들을 연속 저장한다.

연속 저장할 변수나 배열을 선언한다. 이때 중괄호 내의 변수나 배열을 구조체 멤버라고도 부른다. 멤버 선언이 끝난 마지막 **중괄호(}) 뒤에는 반드시 세미콜론(;)**을 붙여준다.

아래의 템플릿 정의의 예를 살펴보자.

```
struct complex
{
    long real ;
    float imag ;
} ;
```

선언된 탬플릿의 태그명은 complex이고, 아래의 그림과 같이 두 개의 멤버, 즉 4바이트의 정수형(long) 변수 real과 실수형(float) 변수 imag를 연속 저장하는 구조를 가진다.

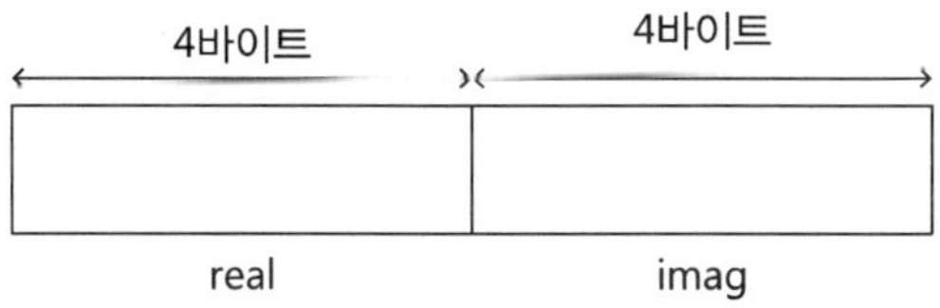


**그림 9.2 템플릿 complex의 구조**

구조체 템플릿은 단지 컴파일러에게 구조체의 구조를 알려주는 기능만 할 뿐이지 선언만으로 멤버들을 저장할 메모리를 할당 받는 것은 아니다. 따라서 메모리를 할당받기 위해서는 구조체 변수의 선언이 필요하다.

## 2 구조체 선언의 2단계 : 구조체 변수 선언

1단계에서 선언한 구조체 템플릿은 사용자 정의의 데이터형으로 정의[27]할 수 있다. 즉 char, int 등의 기본 데이터형들이 C 컴파일러가 미리 만들어 둔 데이터형이라면 구조체 템플릿은 사용자가 직접 만든 데이터형인 것이다. 따라서 여러 개 멤버들을 연속적으로 저장하려면 구조체 템플릿을 데이터형으로 하는 변수를 선언하면 된다.

구조체 변수를 선언하는 방법은 그림 9.3과 같이 탬플릿을 정의함과 동시에 선언하는 방법과 그림 9.4와 같이 탬플릿을 정의한 후 선언하는 방법이 있다.

27) 정의된 구조체 템플릿은 사용자 정의 데이터형으로 사용된다.

```
struct 태그명
{
    데이터형 멤버명 1 ;
    데이터형 멤버명 2 ;
        ⋮
} 구조체 변수명 ;
```

**그림 9.3 템플릿을 정의함과 동시에 구조체 변수를 선언**

```
struct 태그명 구조체 변수명 ;
```

**그림 9.4 템플릿을 정의한 후 구조체 변수를 선언**

구조체 변수를 선언함으로써 멤버들은 컴파일러로부터 메모리를 할당받게 된다. 아래의 예를 살펴보자.

```
struct complex
{
    long real ;
    float imag ;
} c1 ;
```

```
struct complex c1 ;
```

이때 구조체 변수 c1은 struct complex라는 사용자 정의 데이터형을 가지게 되며, 이는 곧 변수 c1에 두 멤버 real과 imag를 연속 저장한다는 의미이다.

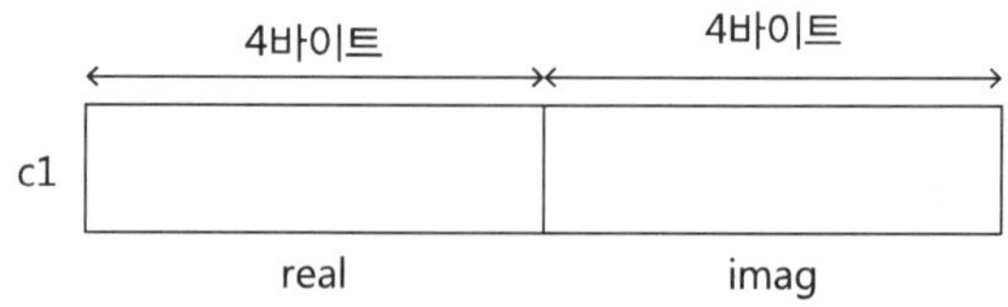


따라서 컴파일러는 8바이트의 메모리 공간을 할당해 준다.

# 9.2 구조체의 초기화

구조체 변수를 선언하면 각 멤버의 값에는 쓰레기값들이 저장된다. 따라서 구조체 변수를 선언한 후에는 반드시 초기화하는 과정이 필요하다. 구조체 변수를 초기화하는 과정은 아래와 같이 두 가지 방법이 있다.

## 1 구조체 변수를 선언함과 동시에 초기화하는 방법

첫 번째 초기화 방법은 배열의 초기화 방법과 마찬가지로 구조체 변수를 선언함과 동시에 중괄호 안에 각 멤버의 초기값을 나열하는 것이다.

```
struct 태그명
{
    데이터형 멤버명 1 ;
    데이터형 멤버명 2 ;
        ⋮
} 구조체 변수명 = {초기값 1, 초기값 2, …} ;
```

```
struct 태그명  구조체 변수명 = {초기값 1, 초기값 2, …} ;
```

그림 9.5 **구조체 변수를 선언함과 동시에 초기화하는 방법**

이때 초기값들은 구조체 변수가 가지는 각 멤버에 차례대로 초기화 되므로 구조체 변수가 가지는 멤버의 수만큼 초기값을 지정해야 한다. 예를 들어 위에서 정의한 구조체 탬플릿 complex에 대해 두 개의 멤버의 값을 초기화하면 다음과 같다.

```
struct complex
{
    long real ;
    float imag ;
} c1 = {2, 1.0} ;
```

```
struct complex c1 = {2, 1.0} ;
```

이때 할당받은 메모리에 저장되는 값은 그림과 같다.

| | real | imag |
|---|---|---|
| c1 | **2** | **1.0** |

그러나 흔히 발생하는 실수로 초기값을 템플릿 내의 멤버에 직접 지정하는 경우가 있는데 유의해야 한다. 즉 다음과 같은 방법으로 초기화하지 않아야 한다.

```
struct complex
{
    long real = 2 ;
    float imag = 1.0 ;
} c1 ;
```

**그림 9.6 템플릿 내의 멤버에 직접 초기화할 수 없음**

또한 초기화시 멤버의 데이터형이 다르면 형변환이 발생한다. 따라서 선언된 멤버의 데이터형과 초기값의 데이터형이 일치하도록 주의해야 한다. 아래와 같이 초기화한 경우 long형의 멤버 real에는 자동 형 변환에 의해 2.1이 아닌 2가 저장된다.

```
struct complex
{
    long real ;
    float imag ;
} c1 = {2.1, 3.0} ;
```

**그림 9.7 멤버의 데이터형과 초기값의 데이터형이 일치하지 않을 때(형변환 발생)**

그리고 멤버의 수만큼 초기화되지 않은 경우에는 배열과 마찬가지로 나머지 멤버의 값은 자동적으로 0이 초기화된다. 반면 멤버의 수보다 더 많은 값으로 초기화하게 되면 오류가 발생하게 된다.

```
struct complex
{
    long real ;
    float imag ;
} c1 = {2.1} ; // 멤버 imag는 0으로 초기화됨
```

```
struct complex
{
    long real ;
    float imag ;
} c1 = {2.1, 1.0, 3.0} ; // 오류 발생
```

그림 9.8 멤버의 수와 초기값의 수가 다른 경우(0으로 초기화되거나 오류 발생)

## 2 구조체 변수의 각 멤버에 직접 초기화하는 방법

두 번째 초기화 방법은 구조체 변수명 뒤에 점 연산자(.)를 쓴 후 멤버명을 지정하고 대입 연산자를 사용하여 초기값을 설정하는 것이다.

```
구조체 변수명 . 멤버명 = 초기값 ;
```

그림 9.9 점 연산자를 사용하여 각 멤버의 값을 초기화하는 방법

이 방법은 프로그램 실행 도중 변수의 값을 변경시키고자 할 때 주로 사용된다.

```
c1.real = 2 ;
c1.imag = 1.0 ;
```

예제 9.1은 학생 이름과 나이를 입력받아 구조체 변수에 저장하고 출력하는 프로그램을 나타낸 것이다.

**예제 9.1 구조체 변수를 이용하여 이름과 나이를 입력받고 출력하기**

```
#include <stdio.h>
struct student                      // 구조체 템플릿 student를 정의
{
     char name[10] ;                // 10바이트의 문자 배열 name 및
     int age ;                      // 4바이트의 정수형 변수 age를 멤버로 가짐
} ;
void main(void)
{
     struct student s ;             // struct student형의 구조체 변수 s 선언

     printf("이름을 입력하세요 : ") ;
     gets(s.name) ;                 // 입력받은 이름을 구조체 변수 s의 멤버 name에 저장

     printf("나이를 입력하세요 : ") ;
     scanf("%d", &s.age) ;          // 나이를 구조체 변수 s의 멤버 age에 저장

     printf("%s는 %d살입니다 \n", s.name, s.age) ;
}
```

실행 결과

```
이름을 입력하세요 : Taehee
나이를 입력하세요 : 20
Taehee는 20살입니다
```

구조체를 사용할 때 유의할 점을 다시 한 번 정리하면 구조체 템플릿은 반드시 main() 함수 위에서 정의되어야 하며, 중괄호 뒤에는 세미콜론을 붙여야 한다. 또한 구조체 변수가 가지게 되는 각 멤버에 접근하려면 구조체 변수명.멤버명의 형식을 사용하여 멤버의 값을 저장하거나 읽어 와야 한다는 것이다.

## 9.3 구조체 배열

실수부와 허수부로 구성된 한 개의 복소수를 저장하려면 앞 절에서 예를 든 것과 구조체

변수를 이용할 수 있다. 만일 복소수의 덧셈과 뺄셈, 곱셈과 나눗셈과 같이 여러 개의 복소수에 대해 연산이 필요하다면 이 복소수들을 어디에 저장하는 것이 좋을까? 정답은 바로 배열이다.

각 복소수들 또한 실수부와 허수부를 가지므로 모든 복소수들은 동일한 데이터형을 가지게 되는 셈이다. 따라서 같은 형태의 데이터들을 메모리에 연속적으로 저장하는 배열을 사용함으로써 복소수들을 효율적으로 관리할 수 있다.

## 1 구조체 배열의 선언

구조체 배열의 선언 형태는 다음과 같다.

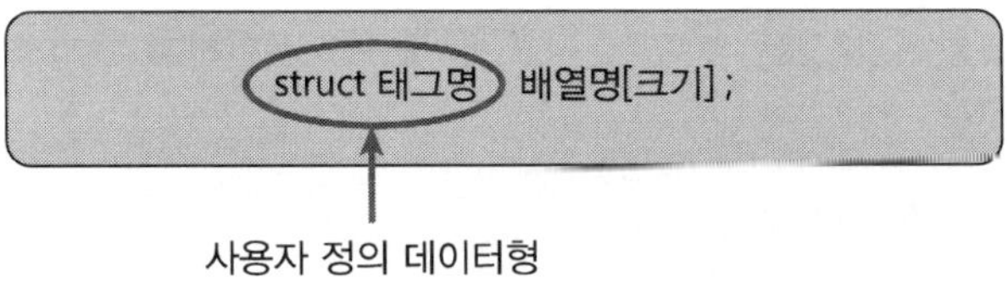


**그림 9.10 구조체 배열의 선언 형태**

일반 배열의 선언과 다른 점은 배열에 저장되는 데이터들이 기본 데이터형이 아니라 구조체라는 점이다. 예를 들어 두 개의 복소수를 저장할 수 있는 구조체 배열을 선언하면 다음과 같다.

```
struct complex c[2] ;
```

이때 배열 c의 구조를 그림으로 나타내면 아래와 같다.

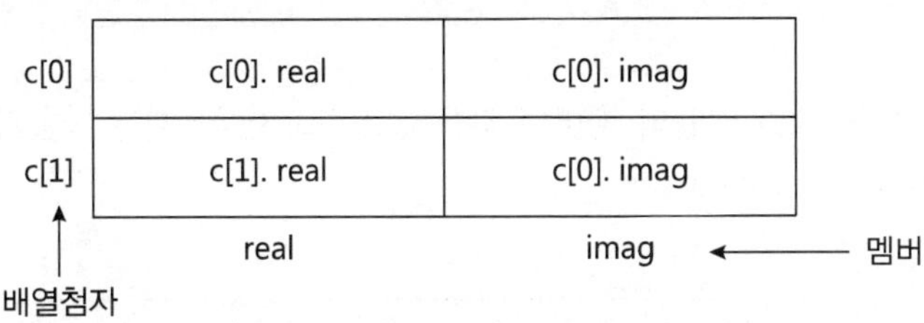


**그림 9.11 구조체 배열의 구조**

## 2 구조체 배열의 초기화

구조체 배열은 일반 배열을 초기화하는 방법과 마찬가지로 중괄호 내에 배열 원소들의 값을 초기화한다. 이때 배열의 각 원소는 여러 개의 멤버를 가지므로 중괄호를 쓰고 각 멤버의 값을 나열한다.

```
struct 태그명 배열명[크기] = {{멤버1, 멤버2, …}, {멤버1, 멤버2, …}, … {멤버1, 멤버2, …}} ;
```

배열의 첫 번째 원소 배열의 두 번째 원소 배열의 마지막 원소

**그림 9.12 구조체 배열의 초기화**

두 개의 복소수를 연속 저장할 수 있는 구조체 배열을 선언하고 초기화 하면 아래와 같다.

```
struct complex
{
        long real ;
        float imag ;
} c[2] = {{2, 1.0}, {3, 4.0}} ;
```

```
struct complex
{
        long real ;
        float imag ;
} ;
struct complex c[2] = {{2, 1.0}, {3, 4.0}} ;
```

만일 프로그램 실행 도중 배열의 멤버의 값을 변경하고자 할 때는 다음과 같이 점 연산자를 사용하여 접근[28]할 수 있다.

```
배열명[첨자]. 멤버명 ;
```

28) 구조체 변수로 각 멤버에 접근하려면 **점 연산자**(.)를 사용한다.

즉 아래와 같이 배열명과 배열의 첨자, 그리고 점 연산자를 사용하여 각 멤버의 값을 읽어오거나 수정할 수 있다.

```
c[0].real      // 배열 c의 첫 번째 원소의 멤버 real
c[0].imag      // 배열 c의 첫 번째 원소의 멤버 imag
c[1].real      // 배열 c의 두 번째 원소의 멤버 real
c[1].imag      // 배열 c의 두 번째 원소의 멤버 imag
```

예제 9.2는 구조체 배열을 이용하여 두 개의 복소수를 더하는 프로그램을 나타낸 것이다.

**예제 9.2 구조체 배열을 이용하여 복소수의 덧셈 구하기**

```
#include <stdio.h>
struct complex
{
    long real ;
    float imag ;
} ;
void main(void)
{
    struct complex c[2]={{2, 1.0}, {3, 4.0}} ;   // 구조체 배열 선언 및 초기화
    long add_real ;
    float add_imag ;

    add_real = c[0].real + c[1].real ;           // 실수부끼리 더함
    add_imag = c[0].imag + c[1].imag ;           // 허수부끼리 더함

    printf("두 복소수의 덧셈은 %d + i(%.2f)\n", add_real, add_imag) ;
}
```

실행 결과

```
두 복소수의 덧셈은 5 + i(5.00)
```

## 9.4 구조체 포인터

### 1 구조체 포인터의 의미와 선언

포인터가 변수의 주소를 저장하는 변수라면, 구조체 포인터란 구조체의 주소를 저장하는 변수를 말한다. 따라서 구조체 포인터의 선언 형태는 다음과 같다.

```
struct 태그명 *포인터명 ;
```

그림 9.13 구조체 포인터의 선언

만일 포인터 ptr_comp가 struct complex 형의 구조체의 주소를 가지게 하려면 아래와 같이 선언할 수 있다.

```
struct complex
{
    long real ;
    float imag ;
} *prt_comp ;
```

```
struct complex *prt_comp ;
```

구조체 포인터는 트리와 그래프 등 특수한 형태의 자료 구조를 표현할 때 유용하다.

### 2 구조체 포인터의 초기화

구조체 포인터가 선언되면 포인터에는 쓰레기값이 저장되어 있으므로 초기화 과정이 필요하다. 포인터는 변수의 주소값을 저장하므로 구조체 포인터의 초기값은 구조체 변수의 주소값으로 초기화해야 한다. 다음의 예는 구조체 변수 c를 선언하고 이와 동일한 struct comp형의 포인터를 c의 주소로 초기화 한 것이다.

```
struct complex
{
    long real ;
    float imag ;
} c, *prt_comp = &c ;
```

```
struct complex c, *prt_comp = &c ;
```

이를 그림으로 도시하면 다음과 같이 포인터 ptr_c가 c를 가리키게 된다.

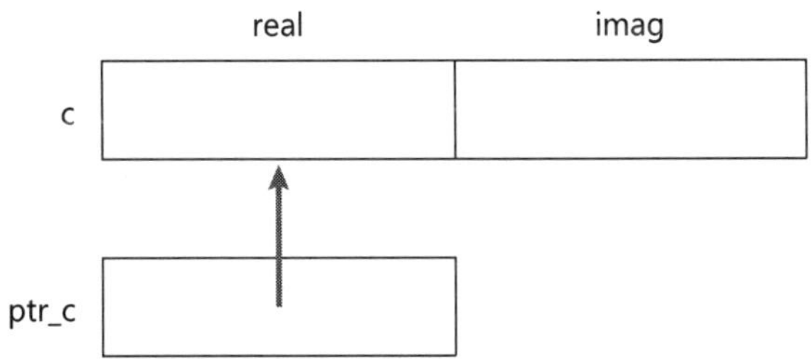


그림 9.14 구조체 포인터의 선언 예

## 3 구조체 포인터를 이용한 구조체 변수의 멤버 접근 방법

이제 구조체 포인터를 사용하여 구조체 변수의 멤버에 접근하는 방법에 대해 알아보자. 구조체 변수를 이용하여 멤버에 접근하는 방법은 점 연산자(.)를 사용하는 것이었다. 그러나 구조체 포인터를 이용하여 멤버에 접근하려면 화살표 연산자(->)를 사용[29]한다.

```
구조체포인터명 -> 멤버명 ;
```

그림 9.15 구조체 포인터와 화살표 연산자를 이용한 멤버 접근

예제 9.3은 구조체 포인터를 이용하여 구조체 변수의 멤버 값을 출력하는 프로그램이다.

29) 구조체 포인터로 구조체 변수의 각 멤버에 접근하려면 **화살표 연산자(->)**를 사용한다.

**예제 9.3 구조체 포인터를 이용하여 구조체 변수의 멤버를 출력하기**

```
#include <stdio.h>
struct complex
{
    long real ;
    float imag ;
} ;
void main(void)
{
    struct complex c ={2, 1.0} ;           // 구조체 변수 선언 및 초기화
    struct complex *ptr_c = &c ;          // 구조체 포인터 선언 및 초기화

    printf("%d + i(%.1f)\n", ptr_c -> real, ptr-c -> imag) ;
}
```

실행 결과

```
2 + i(1.0)
```

또한 예제 9.4는 구조체 포인터를 이용하여 구조체 배열의 멤버를 출력하는 프로그램이다. 포인터를 이용하여 배열의 다음 원소에 접근하는 방법은 포인터 값을 1씩 증가시키는 것이었다. 마찬가지로 구조체 포인터를 이용하여 구조체 배열의 각 원소에 접근하려면 포인터에 배열명을 대입하여 배열의 첫 원소를 가리키게 한 후 포인터의 값을 1씩 증가시켜 나간다.

**예제 9.4 구조체 포인터를 이용하여 구조체 변수의 멤버를 출력하기**

```
#include <stdio.h>
struct complex
{
    long real ;
    float imag ;
} ;
void main(void)
{
    struct complex c[2] ={{2, 1.0}, {3, 4.0}} ;      // 구조체 배열 선언 및 초기화
```

```
        struct complex *ptr_c = c ;                    // 구조체 포인터 선언 및 초기화

        for(i=0; i<2; i++)
        {
            printf("%d + i(%.1f)\n", ptr_c -> real, ptr-c -> imag) ;
            ptr_c++ ;                                  // 구조체 배열의 다음 원소로 이동
        }
    }
```

실행 결과

```
2 + i(1.0)
3 + i(4.0)
```

## 9.5 구조체 함수

구조체 함수란 함수의 인자로 구조체가 사용되는 것을 말한다. 구조체 변수나 구조체 배열은 여러 개의 멤버를 가지고 있으므로 함수에 전달하려면 멤버를 각각 전달하기 보다는 첫 주소를 넘겨주는 것이 효율적이다. 따라서 그림 9.16과 같이 함수를 호출할 때는 구조체 변수의 주소나 배열명을 넘겨주고, 함수 정의시에는 구조체 포인터로 전달받도록 한다. 따라서 함수 내에서는 화살표 연산자를 이용하여 각 멤버에 접근할 수 있다.

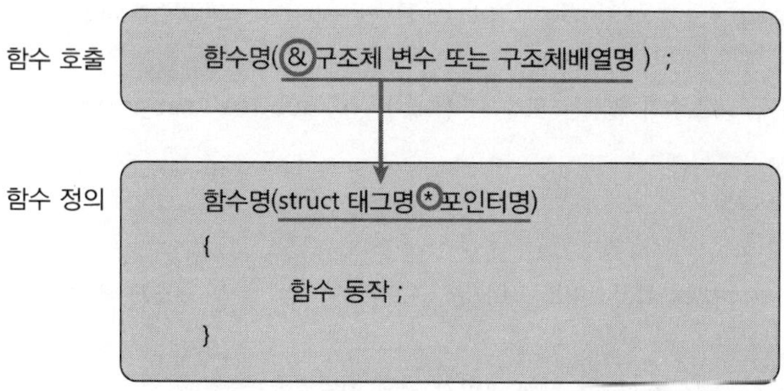


**그림 9.16 함수의 인자로 사용된 구조체**

예제 9.5는 함수를 사용하여 두 복소수의 합과 차를 구하는 프로그램이다.

**예제 9.5 함수를 사용하여 두 복소수의 합과 차를 구하는 프로그램**

```
#include <stdio.h>
struct complex
{
    long real ;
    float imag ;
} ;
void add(struct complex *ptr_c)
{
    long add_real ;
    float add_imag ;

    add_real = ptr_c->real + (ptr_c+1)->real ;        // 실수부끼리 더함
    add_imag = ptr_c->imag + (ptr_c+1)->imag ;        // 허수부끼리 더함

    printf("두 복소수의 덧셈은 %d + i(%.2f)\n", add_real, add_imag) ;
}
void sub(struct complex *ptr_c)
{
    long sub_real ;
    float sub_imag ;

    sub_real = ptr_c->real - (ptr_c+1)->real ;        // 실수부끼리 더함
    sub_imag = ptr_c->imag - (ptr_c+1)->imag ;        // 허수부끼리 더함

    printf("두 복소수의 뺄셈은 %d + i(%.2f)\n", sub_real, sub_imag) ;
}
void main(void)
{
    struct complex c[2] ={{2, 1.0}, {3, 4.0}} ;        // 구조체 배열 선언 및 초기화

    add(c) ;    // 복소수의 합을 구하기 위해 배열명을 전달
    sub(c) ;    // 복소수의 차를 구하기 위해 배열명을 전달
}
```

실행 결과

```
두 복소수의 덧셈은 5 + i(5.00f)
두 복소수의 뺄셈은 -1 + i(-3.00)
```

## 9.6 공용체 사용하기

### 1 공용체의 의미와 템플릿 정의

선언된 변수들이 각각 별도의 데이터 공간을 차지하는 구조체와는 달리 공용체는 동일한 메모리 공간을 서로 다른 데이터형의 변수들이 공유하는 구조[30]를 가진다.

공용체는 가장 큰 데이터형의 크기에 따라 메모리가 할당되며, 모든 멤버들은 가장 큰 하나의 메모리 영역을 공유하게 됨으로써 메모리를 절약할 수 있다. 다음은 공용체의 정의 형식을 나타낸 것이다.

```
union 태그명
{
    데이터형 멤버명 1 ;
    데이터형 멤버명 2 ;
          ⋮
} ;
```

그림 9.17 공용체 템플릿의 정의

선언 형태는 구조체와 매우 유사하나 키워드 struct 대신 uion을 사용한다는 차이점을 가진다. 다음의 선언 예를 살펴보자.

```
union fruit
{
    char name[10] ;
```

30) 공용체 : 서로 다른 데이터형의 여러 데이터들이 같은 메모리 공간을 공유하는 자료 구조이다. 따라서 메모리를 절약하고자 할 때 사용된다.

```
        int value;
    } ;
```

fruit형의 공용체는 char형의 배열과 int형 변수를 멤버로 가진다. 이때 컴파일러는 두 개의 멤버 중에서 가장 큰 메모리를 차지하는 char형의 배열 크기, 즉 10바이트 만큼 메모리를 할당받게 된다.

그리고 int형 변수 value는 char형 배열 name의 상위 4바이트를 차지하게 된다. 이것을 그림으로 나타내면 다음과 같다.

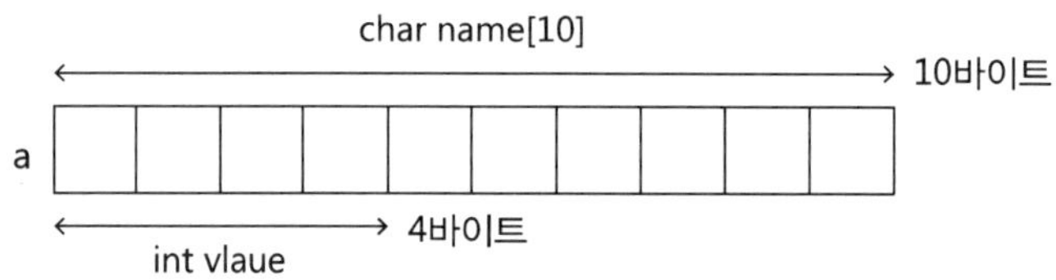


그림 9.18 공용체의 메모리 구조

이와 같이 배열 name과 변수 value는 동일한 메모리를 사용하므로 name에 값을 넣게 되면 value도 값이 변하게 된다. 따라서 공용체의 멤버 변수들은 한 번에 하나만이 사용될 수 있으므로 공용체의 사용시 주의가 필요하다.

## 2 공용체 변수의 선언 및 초기화

공용체 템플릿이 정의되고 나면 공용체 변수를 선언해야 하며 구조체 변수의 선언과 마찬가지로 두 가지 방법을 사용할 수 있다.

```
union 태그명
{
    데이터형 멤버명 1 ;
    데이터형 멤버명 2 ;
        :
} 공용체 변수명 ;
```

그림 9.19 공용체 템플릿을 선언함과 동시에 변수 선언

```
union 태그명 공용체 변수명 ;
```

그림 9.20 공용체 템플릿을 선언한 후 변수 선언

또한 공용체의 멤버에 접근하는 방법은 구조체의 멤버에 접근하는 방법과 동일하며, 초기화하는 방법 역시 구조체와 마찬가지로 중괄호를 사용한다.

그러나 구조체 변수를 선언함과 동시에 초기화할 때는 첫 번째 멤버만 초기화가 가능하다. 위에서 정의한 공용체 템플릿에 대해 구조체 변수 f를 선언하고 멤버의 값을 초기화하면 다음과 같다.

```
union fruit f = {"banana"};
```

이때 공용체 fruit의 첫 번째 멤버가 과일 이름이므로 이름만 초기화된다. 만일 각각의 멤버를 초기화하려면 점 연산자(.)를 사용하여야 한다.

```
union fruit f ;
f.name = "banana" ;
f.value = 1000 ;
```

예제 9.6은 공용체 변수를 선언하고 첫 번째 멤버의 값을 초기화한 후 출력하는 프로그램이다.

**예제 9.6 공용체 멤버의 값 출력하기**

```
#include <stdio.h>
union fruit
{
    char name[10] ;
    char color[5];
} ;
void main(void)
{
```

```
    union fruit f = {"banana"} ;

    printf("%s %s\n", f.name, f.color) ;
}
```

실행 결과

```
banana
banana
```

프로그램 실행 결과 첫 멤버의 값만 초기화하였으나 두 멤버 모두 메모리를 공유함으로써 같은 값을 출력함을 알 수 있다.

따라서 공용체는 데이터를 일정 크기로 나누어서 분석하거나 일정 크기의 메모리에 데이터를 나누어 저장할 때 용이하다. 이때 공용체의 멤버들은 서로 무관한 값이 아니라 논리적으로 유사해야 한다. 예를 들어 똑같은 값을 다르게 표현한다거나 값 자체가 표현하는 목적이 동일할 때 공용체를 사용하는 것이 좋다.

아래와 같이 길이를 저장하기 위해 정의된 공용체 length의 경우 밀리미터 단위의 길이를 저장하기 위해 float형 멤버 milli, 인치 단위의 길이를 저장하기 위해 멤버 meter를 선언하였다.

```
union length
{
    float milli ;
    float meter ;
} l1 ;
```

이때 밀리미터 값을 저장하고 싶다면 l1.milli를 사용하고, 미터 값으로 저장하고자 한다면 l1.meter 멤버를 사용한다. 길이를 둘 중 하나의 단위로 표현할 수 있기 때문에 두 단위 모두를 저장할 필요가 없으며 따라서 각 멤버가 따로 값을 저장하는 구조체가 아닌 공용체로 선언한 것이다.

그러나 l1에 10.2라는 값이 저장되어 있을 때 이 값이 10.2 밀리미터인지 또는 10.2미터인지는 알 수 없다. 왜냐하면 공용체는 두 개 이상의 멤버가 메모리를 공유만 할 뿐이지 어떤 멤버에 값을 대입되었는지에 관한 정보는 전혀 없다. 따라서 필요하다면 공용체가 어떤 멤버에 값을 저장하였는가를 기억하는 별도의 변수를 둘 수도 있다.

또한 공용체는 첫 번째 멤버에만 초기값을 줄 수 있으므로 멤버의 순서를 바꾸거나 저장하고자 하는 미터값을 밀리미터 단위로 바꾸어서 초기값을 주는 방법 밖에 없다.

예제 9.7은 템플릿 멤버의 순서를 바꾸어 값을 초기화한 후 멤버의 값을 각각 출력한 것이다.

**예제 9.7 공용체를 이용하여 길이를 초기화하고 출력하기**

```
#include <stdio.h>
union length_1
{
    float meter ;
    float milli ;
} ;
union length_2                          // 공용체 length_1과 멤버의 순서를 바꿈
{
    float milli ;
    float meter ;
} ;
void main(void)
{
    union length_1 l1 = {12.3} ;        // meter 멤버의 값을 초기화
    union length_2 l2 = {0.123} ;       // milli 멤버의 값을 초기화

    printf("미터 = %.3f, 밀리미터 = %.3f\n", l1.meter, l1.milli) ;
    printf("미터 = %.3f, 밀리미터 = %.3f\n", l2.meter, l2.milli) ;
}
```

실행 결과

```
미터 = 12.300, 밀리미터 = 12.300
미터 = 0.123, 밀리미터 = 0.123
```

# 연습문제

**01** 다음의 빈 칸을 채우시오.

(1) 서로 다른 자료형의 변수들을 묶어서 만든 하나의 새로운 자료형을 ______라 한다.

(2) 구조체 템플릿 정의에서는 키워드 ______를 사용하며, 반드시 마지막 중괄호 뒤에는 ______을 붙여준다.

(3) 정의된 구조체 템플릿은 ______ 데이터형으로 사용되며, 구조체 변수 선언에 필요하다.

(4) 구조체 멤버에 접근하고자 할 때 구조체 변수를 사용하는 경우에는 연산자 ______로, 구조체 포인터를 이용할 때는 ______로 접근한다.

(5) 구조체 변수의 각 멤버를 초기화 할 때는 ______ 안에 차례대로 나열한다.

(6) 동일한 메모리 공간을 서로 다른 데이터형의 변수들이 공유하는 구조를 ______라 한다.

**02** 다음 문장에서 잘못된 점은 무엇인가 ?

```
struct rectangle {
      int width = 10;
      int height = 20;
} r ;
```

**03** 다음 문장은 무엇을 의미하는가?

```
struct book *clong[3];
```

**04** 다음 함수는 무슨 기능을 수행하는 함수인지 예측해 보시오.

```
void move(complex *com, double x, double y)
{
      com -> real += x ;
      com -> imag += y ;
}
```

**05** 다음과 같이 학생증을 의미하는 구조체 studentcard를 정의하여 포인터 변수 p와 구조체 변수 one을 정의한다. 변수 one에 적절한 멤버 값을 저장한 후 포인터 변수 p를 이용하여 멤버 값을 출력하는 프로그램을 작성하라.

```
struct studentcard {
    long number ;
    char name[10] ;
    char depart[20] ;
} *ptr, one ;
```

**06** 구조체 및 포인터를 이용하여 학생의 성과 국어, 영어, 수학 성적이 입력되면 총점과 평균을 구하여 입력과 함께 총점과 평균을 출력하라. 단 구조체 정의시 성, 국어, 영어, 수학 성적, 총점 및 평균을 저장할 수 있는 멤버를 정의하라. 그리고 입력은 5명으로 한다.

**07** 시간과 분으로 구성된 구조체를 이용하여 들어온 시간과 나간 시간을 입력받은 후 머문 시간을 계산하여 이를 변환하는 프로그램을 작성하라.

**08** 구조체를 이용하여 2개의 복소수를 입력받아 더하기, 빼기, 곱하기, 나누기 및 절대값을 구하는 함수를 만들어 각각의 값을 출력하는 프로그램을 작성하라.

$z_1 = a_1 + ib_1,\ z_2 = a_2 + ib_2$ 에서

- $z_1 + z_2 = (a_1 + a_2) + i(b_1 + b_2)$
- $z_1 - z_2 = (a_1 - a_2) + i(b_1 - b_2)$
- $z_1 * z_2 = (a_1 a_2 - b_1 b_2) + i(a_1 b_2 + a_2 b_1)$
- $\dfrac{z_1}{z_2} = \dfrac{a_1 + ib_1}{a_2 + ib_2} = \dfrac{(a_1 + ib_1)(a_2 - ib_2)}{(a_2 + ib_2)(a_2 - ib_2)} = \dfrac{(a_1 a_2 + b_1 b_2) + i(a_2 b_1 - a_1 b_2)}{(a_2^2 + b_2^2)}$
- $|z_1| = |a_1 + ib_1| = \sqrt{a_1^2 + b_1^2}$

CHAPTER 10

# 변수의 범위

학 · 습 · 목 · 표

- 변수의 저장 계층에 대해 이해한다.
- 자동 변수의 특성에 대해 이해한다.
- 전역 변수의 특성과 지역 변수와의 차이점을 이해한다.
- 정적 변수의 특성과 전역 변수와의 차이점을 이해한다.
- 레지스터 변수의 특성에 대해 이해한다.
- 프로그램의 목적에 맞는 저장 계층 선택 방법에 대해 이해한다.

## 10.1 변수의 저장 계층

변수의 저장 계층이란 변수가 어디에 저장될 것인가를 결정하고 선언된 변수의 생성 및 소멸 시기와 사용 범위를 결정하는 것을 말한다. 저장 계층은 변수 선언시 데이터형 앞에 저장 계층에 관련된 키워드를 붙여 줌으로써 지정할 수 있다.

```
저장 계층 데이터형 변수명 ;
```

그림 10.1 변수의 저장 계층 선언 형식

이때 저장 계층을 나타내는 키워드로는 auto, static, extern, register가 있다.

## 10.2 자동 변수(auto)

자동 변수는 데이터형 앞에 키워드 auto를 붙인 변수를 말한다. 키워드 auto는 생략 가능하며, 변수 선언시 아무런 저장 계층도 표기되지 않은 변수는 모두 자동 변수이다.

```
[auto] 데이터형 변수명 ;
```

그림 10.2 자동 변수의 선언 방법

자동 변수는 함수나 블록(중괄호 내에 기술된 문장) 내에서 선언되며, 선언된 함수나 블록 내에서만 변수의 값이 유효하다. 따라서 자동 변수는 프로그램이 실행될 때 메모리를 할당받는 것이 아니라 선언된 함수나 블록이 실행될 때만 메모리를 할당받는다. 그러나 함수나 블록의 실행이 종료되면 변수는 메모리에서 소멸된다. 즉 자동 변수는 함수 또는 블록 내에서만 사용되고 존재하므로 지역 변수(local variable)라고도 부르며, 메모리를 효율적으로 사용할 수 있다는 장점을 가진다. 또한 자동 변수는 초기화하지 않으면 임의의 값이 저장되므로 반드시 사용 전 초기화해야 한다.

예제 10.1은 main() 함수와 사용자 정의 함수 print_auto() 내에 선언된 자동 변수와 블록 내에 선언된 자동 변수를 출력함으로써 자동 변수의 유효 범위를 확인하는 프로그램이다.

**예제 10.1 두 함수에서 선언된 자동 변수 출력하기**

```
#include <stdio.h>
void print_auto(void)
{
    int a = 5, b = 10;          // auto가 생략된 자동 변수 a, b 선언
    {
        int c = 2 ;             // 블럭 내에서 선언된 자동 변수 c
        printf("함수와 블록 내의 자동 변수 a=%d, b=%d, c=%d\n", a, b, c) ;
    }
    printf("print_auto 함수에서 자동 변수 a=%d, b=%d, c=%d\n", a, b) ;
}
void main(void)
{
    auto int a = 3, b = 4;      // auto가 지정된 자동 변수 a, b 선언 및 초기화

    printf("main 함수에서 자동 변수 a=%d, b=%d\n", a, b) ;
    print_auto() ;
}
```

실행 결과

```
main 함수에서 자동 변수 a=3, b=4
함수와 블록 내의 자동 변수 a=5, b=10, c=2
print_auto 함수에서 자동 변수 a=5, b=10
```

main() 함수 내에는 auto가 지정된 자동 변수 a와 b가 선언되어 있으므로 a의 값 3과 b의 값 4는 main() 함수 안에서만 유효하다. 반면 print_auto() 함수에서는 auto가 생략된 자동 변수 a와 b가 선언되어 있으므로 a의 값 5와 b의 값 10은 print_auto 함수 내에서만 사용 가능하다. 즉 main() 함수의 자동 변수 a, b와 print() 함수의 자동 변수 a, b는 서로 독립적이다. 또한 print_auto() 함수 내에서 블록 내에 선언된 자동 변수 c는 블록 내에서만 유효하고 블록의 실행이 끝나면 메모리에서 소멸된다. 따라서 블록 내에서 c는 2이지만 블록 밖, 즉 중괄호가 끝난 후에는 소멸된다. 표 10.1은 자동 변수의 특징을 정리한 것이다.

**표 10.1 자동 변수의 특징**

| 선언 장소 | 사용 범위 | 저장 장소 | 변수의 생성 시기 | 변수의 소멸 시기 | 초기값 |
|---|---|---|---|---|---|
| 함수나 블록 내부 | 선언된 함수나 블록 내부 | 메모리 | 선언된 함수나 블록이 생성될 때 | 선언된 함수나 블록이 종료될 때 | 임의의 값 |

## 10.3 전역 변수

전역 변수는 함수 밖에서 선언되어 프로그램 어디에서나 접근이 가능한 변수를 말한다. 전역 변수의 선언은 자동 변수의 선언 형태와 같으나 함수 외부에 선언된다는 점이 다르다.

```
데이터형 변수명 ;
```

**그림 10.3 전역 변수의 선언 방법**

전역 변수는 자동 변수와는 달리 프로그램이 실행될 때 메모리를 할당받고 프로그램 실행이 끝나면 메모리에서 소멸되는 특징을 가진다. 또한 전역 변수는 초기화하지 않으면 0으로 자동 설정된다. 전역 변수는 자동 변수보다 우선 순위가 낮기 때문에 만일 같은 이름의 자동 변수가 사용된다면 자동 변수가 프로그램에 먼저 적용된다.

예제 10.3은 전역 변수와 지역 변수의 값을 출력해 봄으로써 전역 변수의 특징을 이해하기 위한 프로그램이다.

**예제 10.2 전역 변수 및 자동 변수 출력하기**

```
#include <stdio.h>
int n ;                          // 전역 변수 n 선언, 초기화하지 않았으므로 자동으로 0

void ex(void)
{
   int n =1 ;                    // 자동 변수 n의 선언 및 초기화
   printf("n = %d\n", n) ;       // 자동 변수의 우선 순위가 높으므로 1이 출력됨
}
void main(void)
```

```
{
    printf("n = %d\n", n) ; // 전역 변수의 값 0이 출력됨
    ex() ;                  // 함수 호출
}
```

실행 결과

```
n = 0
n = 1
```

예제 프로그램에서 변수 n이 함수가 정의되기 전 선언 되었으므로 전역 변수가 되며, 초기화하지 않았으므로 자동으로 0으로 초기화된다. 이 전역 변수는 프로그램 전체에 적용되므로 비록 main() 함수 안에 변수 n이 선언되지 않았더라도 전역 변수의 값인 0이 출력된다. 함수 ex() 내에는 자동 변수 n이 선언되고 1로 초기화 되었다. 이때 자동 변수는 전역 변수보다 우선 순위가 높으므로 자동 변수인 n의 값 1이 출력된다.

이제 예제 10.3을 통해 프로그램의 실행이 종료될 때까지 전역 변수가 유지되는가를 확인해 보자.

**예제 10.3 전역 변수의 생성 및 소멸 시기를 확인하는 프로그램**

```
#include <stdio.h>
int n ;

void sum(int a)
{
    n += a ;
}
void main(void)
{
    printf("n = %d\n", n) ;

    sum(2) ;
    printf("n = %d\n", n) ;

    sum(2) ;
    printf("n = %d\n", n) ;
}
```

실행 결과

```
n = 0
n = 2
n = 4
```

먼저 전역 변수 n은 초기화되지 않았으므로 자동 초기값인 0이 출력된다. 그리고 함수 sum을 호출하면서 2를 전달하면 현재 n의 값 0에 전달받은 a의 값 2를 더하므로 전역 변수 n의 값은 2로 갱신된다. 함수 호출을 한 번 더 반복하게 되면 n의 값 2에 전달받은 a의 값 2가 다시 더해지므로 n의 값은 4가 된다. 즉 전역 변수는 함수 실행이 끝나더라도 프로그램이 종료될 때까지는 계속해서 유지되는 것이다. 이러한 과정을 그림으로 표현하면 다음과 같다.

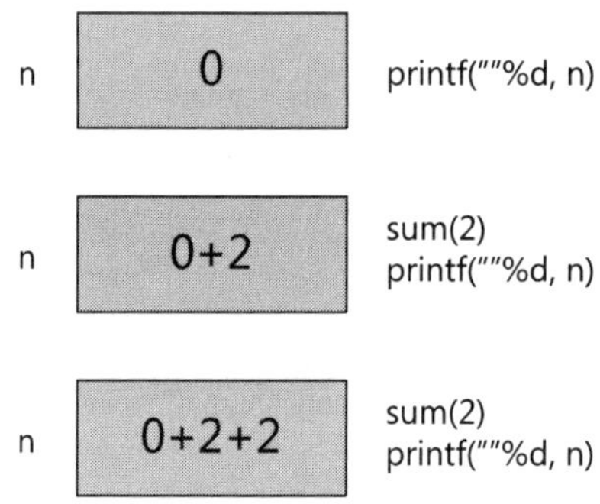


전역 변수는 어디서든 접근이 가능해서 좋은 변수인 듯인 하나 전역 변수의 수가 많아지면 프로그램의 구조가 복잡해지고 에러가 발생했을 때 쉽게 찾기 힘들다. 따라서 프로그램 전체에 걸쳐 값을 유지해야 하는 경우에만 제한적으로 사용하고 최대한 사용하지 않는 것이 바람직하다. 표 10.2는 전역 변수의 특징을 정리한 것이다.

표 10.2 전역 변수의 특징

| 선언 장소 | 사용 범위 | 저장 장소 | 변수의 생성 시기 | 변수의 소멸 시기 | 초기값 |
|---|---|---|---|---|---|
| 함수 밖 | 한 파일 내 | 메모리 | 프로그램이 실행될 때 | 프로그램이 종료될 때 | 0 |

> 키워드 extern
> 한 프로그램에서 전역 변수로 선언된 변수를 다른 파일에서 참조하여 사용하고자 하는 경우, 외부에서 선언된 전역 변수임을 알리는 키워드로 extern을 사용한다.

```
extern 데이터형 변수명 ;
```

그림 10.4 전역 변수의 참조 선언시 extern 사용

전역 변수의 참조 선언은 함수 밖이든 함수 내부이든 위치에 제한은 없다. 예제 10.4는 파일 source1.c에서 선언된 외부 변수 n을 source2.c에서 참조하기 위한 프로그램이다.

**예제 10.4 다른 파일에서 선언된 전역 변수 참조하기**

```
/* source1.c /*
#include <stdio.h>
int n = 1 ;

void sum(int a)
{
    n += a ;
}
void main(void)
{
    sum(2) ;
    printf("n = %d\n", n) ;
    n += 1;
    ex() ;
}
```

```
/* source2.c /*
extern int n ;
        // source1.c의 외부 변수 참조
void ex(void)
{
    printf("n = %d\n", n) ;
}
```

실행 결과

```
n = 3
n = 4
```

표 10.3은 extern 전역 변수의 특징을 정리한 것이다.

**표 10.3** extern 전역 변수의 특징

| 선언 장소 | 사용 범위 | 저장 장소 | 변수의 생성 시기 | 변수의 소멸 시기 | 초기값 |
|---|---|---|---|---|---|
| 함수 밖 또는 안 | 파일 간 | 메모리 | 프로그램이 실행될 때 | 프로그램이 종료될 때 | 0 |

## 10.4 정적 변수(static)

정적 변수는 전역 변수의 단점을 보완한 지역 변수로서 지역 변수와 전역 변수의 특징을 모두 가진다. 선언 방법은 변수의 선언 앞에 키워드 static을 붙여 주면 된다.

```
static 데이터형 변수명 ;
```

그림 10.5 정적 변수의 선언

정적 변수는 함수나 블록 내에서 선언한 정적 지역 변수와 함수 밖에서 선언한 정적 전역 변수로 나눌 수 있다.

### 1 정적 지역 변수

정적 지역 변수는 지역 변수처럼 선언된 함수 내에서만 사용 가능하나 전역 변수와 같이 프로그램이 시작될 때 생성되어 프로그램이 끝날 때까지 메모리에 저장된다. 초기화는 전역 변수와 같이 처음 한번만 이루어지며 초기화하지 않으면 자동으로 0이 저장된다.

예제 10.5는 반복문을 이용하여 정적 지역 변수의 값의 변화를 관찰하는 프로그램이다.

**예제 10.5 정적 지역 변수의 값 출력하기**

```
#include <stdio.h>
void static_ex(int a)    // 지역 변수 a의 선언
{
    static int n = 1 ;  // 정적 지역 변수 n의 선언 및 초기화

    n += a ;            // n에 a의 값을 더해서 n의 값을 갱신
    printf("지역 변수는 %d, 정적 지역 변수는 %d \n", a, n) ;
}
void main(void)
{
    int i, a = 10 ;

    for(i=1; i<=3; i++)
```

```
        static_ex(a) ;
}
```

실행 결과

```
지역 변수는 10, 정적 지역 변수는 11
지역 변수는 10, 정적 지역 변수는 21
지역 변수는 10, 정적 지역 변수는 31
```

main() 함수에서는 반복문을 통해 함수 static_ex()를 호출하면서 a의 값 10을 전달하고 있다. 함수 static_ex()는 호출될 때마다 정적 지역 변수 n에 전달받은 지역 변수 a의 값을 더한다. 이때 정적 지역 변수 n의 값은 함수 static_ex()의 실행이 끝나더라도 메모리에 계속 남아 있어 함수 static_ex()가 호출될 때마다 그 값이 10씩 증가된다. 따라서 변수 n에는 함수 static_ex()가 호출된 횟수가 저장된다.

그러나 지역 변수인 a는 함수 static_ex()가 호출될 때마다 새롭게 메모리에 할당되고 함수의 실행이 종료되면 메모리에서 제거되는 과정을 반복하여, 함수 내부에서는 항상 10이 출력된다.

표 10.4는 정적 지역 변수의 특징을 요약한 것이다.

**표 10.4 정적 지역 변수의 특징**

| 선언 장소 | 사용 범위 | 저장 장소 | 변수의 생성 시기 | 변수의 소멸 시기 | 초기값 |
|---|---|---|---|---|---|
| 함수나 블록 내부 | 함수나 블록 내부 | 메모리 | 프로그램 실행시 | 프로그램 종료시 | 0 |

## 2 정적 전역 변수

정적 전역 변수는 함수 밖에서 선언된 정적 변수이다. 전역 변수는 파일이 다르더라도 키워드 extern을 이용하여 참조가 가능하나, 정적 전역 변수는 동일한 파일에서만 이용이 가능하다. 즉 extern에 의해 다른 파일에서 참조가 불가능하다. 따라서 변수가 선언된 파일 내부에서만 이용 가능한 전역 변수가 정적 전역 변수이다.

예제 10.6은 변수 n을 정적 전역 변수로 선언하여 함수 sum()을 호출할 때마다 1씩 증가시켜 함수 sum()이 호출된 횟수를 저장하는 프로그램이다.

**예제 10.6 정적 전역 변수의 값 출력하기**

```
#include <stdio.h>
static int n ;                    // 정적 전역 변수 n의 선언(초기화되지 않으면 0)
void static_ex(void)
{
    n++ ;                         // n의 값을 1 증가시킴
    printf("정적 전역 변수는 %d \n", n) ;
}
void main(void)
{
    int i ;

    for(i=1; i<=3; i++)
        static_ex( ) ;
}
```

실행 결과

```
정적 전역 변수는 1
정적 전역 변수는 2
정적 전역 변수는 3
```

표 10.5는 정적 전역 변수의 특징을 요약한 것이다.

**표 10.5 정적 전역 변수의 특징**

| 선언 장소 | 사용 범위 | 저장 장소 | 변수의 생성 시기 | 변수의 소멸 시기 | 초기값 |
|---|---|---|---|---|---|
| 함수 밖 | 한 파일 내 | 메모리 | 프로그램이 실행될 때 생성 | 프로그램이 종료될 때 소멸 | 0 |

## 10.5 레지스터 변수(register)

레지스터 변수는 메모리가 아닌 CPU 내부에 존재하는 레지스터에 저장함으로써 입출력 속도를 개선하고자 할 때 사용된다. 따라서 주로 반복문의 첨자 등 반복적인 계산 시 속도

를 증가시키고자 하는 변수에 이용한다. 레지스터 변수는 그림 10.6과 같이 키워드 register를 이용하여 선언한다.

```
register 데이터형 변수명 ;
```

**그림 10.6 레지스터 변수의 선언**

레지스터 변수는 함수나 블록 내에서만 선언이 가능하며, 함수나 블록이 실행될 때 레지스터에 값이 저장되고 함수나 블록의 실행이 끝나면 소멸된다.

보통 레지스터의 수는 한정되어 있기 때문에 모든 변수를 레지스터 변수로 선언하더라도 가능한 개수만큼만 할당되고 나머지는 자동으로 지역 변수로 지정된다. 대개 한 프로그램에서는 두 개의 레지스터 변수만 선언할 수 있으며 32비트 CPU의 경우 4바이트의 변수를 선언할 수 있다. 이는 double형 변수는 선언할 수 없다는 의미이다.

또한 레지스터는 메모리와 달리 주소 값이 없기 때문에 & 연산자를 이용하여 주소 값을 구하는 것은 불가능하다. 따라서 레지스터 변수에 주소 연산자를 사용하면 컴파일 오류가 발생하므로 주의해야 한다.

예제 10.7은 1부터 100까지의 합을 구하는 프로그램에서 반복문 첨자를 레지스터 변수로 선언한 프로그램이다.

**예제 10.7 레지스터 변수를 이용하여 1부터 100까지의 합 구하기**

```
#include <stdio.h>

void main(void)
{
    register int i ;            // 레지스터 변수 i의 선언
    register int sum=0 ;        // 레지스터 변수 sum의 선언 및 초기화

    for(i=1; i<=100; i++)
        sum+=i ;

    printf("1에서 100까지의 합은 %d이다. \n", sum) ;
}
```

실행 결과

```
1에서 100까지의 합은 5050이다.
```

레지스터 변수는 CPU 내부의 임시 기억 장소인 레지스터에 할당되어 변수의 값을 저장하므로 입출력 속도가 빠르다는 장점이 있다. 그러나 CPU 뿐만 아니라 메모리의 읽기/쓰기 속도가 향상됨에 따라 레지스터 변수를 사용하는 의미는 많이 퇴색되었다고 볼 수 있다.

표 10.6은 레지스터 변수의 특징을 요약한 것이다.

**표 10.6 레지스터 변수의 특징**

| 선언 장소 | 사용 범위 | 저장 장소 | 변수의 생성 시기 | 변수의 소멸 시기 | 초기값 |
|---|---|---|---|---|---|
| 함수나 블록 내부 | 선언된 함수나 블록 내부 | 레지스터 | 선언된 함수나 블록이 생성될 때 | 선언된 함수나 블록이 종료될 때 | 임의의 값 |

## 10.6 저장 계층 선택 방법

프로그램의 복잡도를 줄이고 오류 수정 및 유지 보수를 편리하게 하기 위해서는 가능한 전역 변수의 사용은 줄이고 자동 변수를 이용하는 것이 좋다. 그러나 목적에 따라 그 특성에 맞는 변수를 이용하도록 한다.

먼저 실행 속도를 높이고자 하는 입출력 속도가 빠른 레지스터 변수를 이용하는 것이 좋다. 또한 함수나 블록 내부에서 변수의 값을 계속해서 유지할 필요가 있을 때는 정적 지역 변수를 이용한다. 파일 내부에서 함수들 간에 변수를 공유하고자 하는 경우에는 정적 외부 변수를 이용하되, 파일 간 모든 영역에서 값을 공유하고자 하는 경우에는 전역 변수를 이용한다.

# 연습문제

**01** 다음의 빈 칸을 채우시오.

(1) 자동 변수를 의미하는 키워드는 ______이며, ______에서 선언되어 사용되는 변수이다.

(2) 프로그램의 모든 영역에서 접근 가능한 변수는 ______이다.

(3) 다른 파일에서 선언된 전역 변수를 참조하려면 키워드 ______를 사용한다.

(4) ______ 변수는 함수나 블록 내에서 선언되나 프로그램이 종료될 때까지 그 값이 소멸되지 않고 유지된다.

(5) 함수 밖에서 선언되어 프로그램의 모든 영역에서 접근이 가능하나 다른 파일에서는 접근할 수 없는 변수는 ______이다.

(6) 자주 반복 호출되어 사용되는 변수는 실행 속도를 개선하기 위해 ______ 변수로 선언하여 사용한다.

**02** 다음 프로그램의 실행 결과를 예측하시오.

```
#include <stdio.h>
int i = 1;
void call_func(void)
{
    static int a = 5 ;

    a++ ;
    printf("%d, %d\n", i++, a) ;
}
void main(void)
{
    int j, a = 2 ;
    printf("%d, %d\n", i++, a) ;
```

```
    {
        int a = 3 ;
        printf("%d, %d\n", i++, a) ;
    }
    printf("%d, %d\n", i++, a) ;
    for(j=0 ; j<2 ; j++)
        call_func() ;
}
```

03 1부터 10 사이의 난수를 발생시키고 사용자가 이 숫자를 맞출 때까지 계속해서 입력을 받도록 하는 프로그램을 작성하라. 사용자가 입력한 정수와 발생한 난수가 일치하지 않으면 힌트를 주어 사용자가 맞출 때까지 계속 답을 요구하도록 한다. 예를 들어 발생된 난수가 6일 때, 사용자가 2을 입력하였다면 "2보다 크고 10보다 작은 수를 입력하라"를 힌트로 준다. 이어서 7을 입력했다면 "7보다 작고 2보다 큰 수를 입력하세요"를 출력하도록 한다. 이러한 과정을 반복하면서 발생된 난수를 맞출 수 있도록 한다.

04 3번 문제를 응용하여 가위, 바위, 보 게임을 할 수 있는 프로그램을 작성하라. 프로그램과 사용자가 같은 주먹을 낼 때 게임은 종료되는 것으로 한다.

CHAPTER 11

# 메모리 동적 할당

학 · 습 · 목 · 표

- 메모리 동적 할당의 개념과 필요성에 대해 이해한다.
- 메모리를 동적으로 할당받는 방법을 이해한다.
- 동적으로 할당받은 메모리를 반환하는 방법에 대해 이해한다.
- 동적 할당된 공간을 이용하여 배열과 문자열, 구조체를 다루는 방법을 이해한다.

## 11.1 메모리 동적 할당의 필요성

메모리의 동적 할당이란 프로그램 실행 도중 필요한 메모리 공간을 할당받아 사용하는 것을 말한다. 지금까지는 프로그램을 작성하는 과정에서 필요한 메모리 크기를 미리 계산하고 메모리를 할당받기 위해 변수나 배열을 선언하였다. 예를 들어 최대 5명의 성적을 저장해야 하는 경우 배열 요소가 5개인 int형 배열을 선언함으로써 컴파일러로부터 20바이트를 할당 받아 사용하였다. 이와 같이 프로그램 작성 단계에서 필요한 메모리 공간을 미리 할당받는 것을 메모리의 정적 할당이라 한다. 그러나 정적 할당의 문제점은 메모리를 비효율적으로 사용한다는 것이다. 예를 들어 크기가 5인 배열에 2명의 성적만을 저장한다면 12바이트 만큼의 메모리 낭비가 발생하고, 프로그램이 실행되는 도중에 1명의 성적을 더 저장해야 하는 경우에는 공간 부족으로 오류가 발생한다.

```
int jumsu[5] = {61, 38} ;  // 메모리 낭비 발생
```

```
int jumsu[5] = {61, 38, 58, 87, 93, 98} ; // 메모리 부족
```

특히 2차원 문자 배열에 여러 개의 문자열을 저장할 경우 가장 긴 문자열의 길이만큼 충분한 크기의 배열이 선언되어야 하므로 메모리 낭비가 발생한다.

```
char fruit[3][10] = {"apple", "banana", "lemon"} ;
```

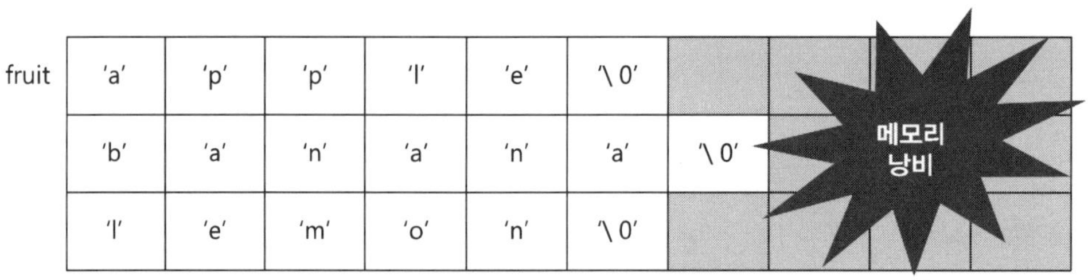


**그림 11.1 메모리 정적 할당의 문제점**

따라서 메모리의 낭비를 최소화하기 위해서는 프로그램 실행 중에 입력되는 데이터의 크

기에 맞게 메모리를 할당할 필요가 있으며, 이와 같이 메모리를 할당하는 것을 메모리의 동적 할당이라고 한다.

## 11.2 메모리 동적 할당과 반환

### 1 메모리 동적 할당

C언어에서는 메모리를 동적으로 할당할 수 있도록 다양한 함수를 지원한다. 그 중 가장 기본적인 함수는 malloc() 함수이며, **stdlib.h** 헤더 파일에 정의되어 있다. malloc() 함수의 원형은 다음과 같다.

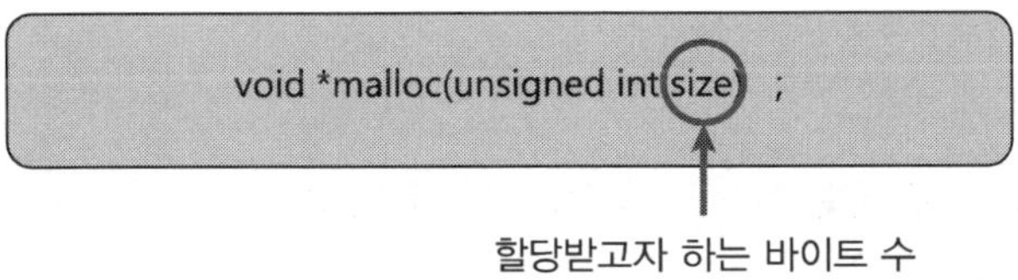


**그림 11.2 메모리 동적 할당 함수 malloc()의 형식**

여기서 size는 할당받고자 하는 크기의 바이트 수이며, 항상 양수이므로 unsigned int형이다. malloc() 함수는 지정된 바이트 크기만큼 연속된 메모리 공간을 할당한 후 그 시작 주소 값을 반환한다. 이때 malloc() 함수는 할당된 메모리가 어떤 형태의 데이터를 저장할 지 알 수 없기 때문에 형태가 없는 (void *)형으로 반환한다. 따라서 사용자는 이 포인터를 원하는 형태로 형변환 함으로써 용도에 맞게 사용해야 한다. 반환받은 주소 값은 적절한 데이터형의 포인터 변수에 저장해서 사용한다.

예를 들어 프로그램 실행 도중 실수형(double) 데이터를 저장할 메모리 공간이 필요하다고 가정하자. 이때 malloc() 함수에 double형의 바이트 크기인 8 또는 sizeof(double)을 전달한다.

```
 double ip ;
 ip = (double *)malloc(8) ;
*ip = 3.14 ;
```

이때 할당받은 8바이트의 시작 주소는 double형으로 형변환하고, double형의 포인터 변수 ip에 저장한다. 그리고 할당받은 8바이트의 메모리 공간에는 3.14를 저장한다. 이러한 과정을 그림으로 나타내면 다음과 같다.

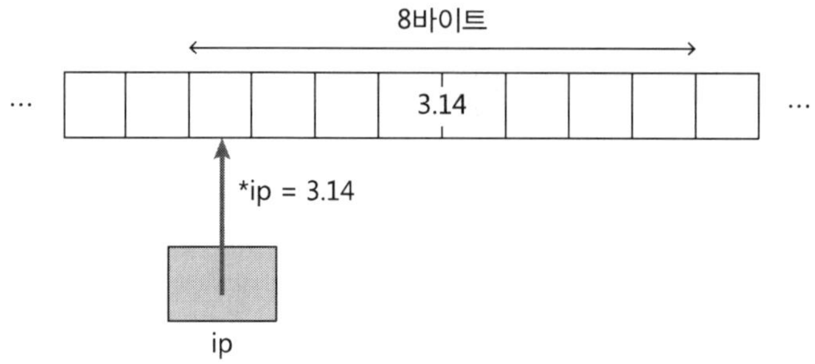


예제 11.1은 정수 값과 실수 값을 저장할 두 개의 메모리 공간을 동적으로 할당받아 값을 저장하고 출력하는 프로그램이다.

**예제 11.1 정수값과 실수값을 저장하기 위한 메모리 동적 할당**

```
#include <stdio.h>
#include <stdlib.h>

void main(void)
{
    int *pa  ;
    float *pb ;

    pa = (int *)malloc(sizeof(int)) ;
    pb = (float *)malloc(sizeof(float)) ;

    *pa = 10 ;
    *pb = 2.5 ;

    printf("정수값 %d, 실수값 %.1f",*pa, *pb) ;
}
```

실행 결과

```
정수값 10, 실수값 2.5
```

int형과 float형 데이터를 저장하려면 각각 4바이트를 할당 받아야 한다. 여기서 직접 바이트 수를 지정하기 보다는 sizeof 연산자를 이용하여 각 데이터형에 대한 크기를 지정하면 호환성 있는 프로그램이 될 수 있다. 특히 int형의 크기는 시스템에 따라 달라질 수 있는데 8바이트가 될지라도 프로그램을 수정할 필요가 없기 때문이다.

지금까지는 메모리를 동적으로 할당받아 사용하는 방법에 대해 살펴보았다. 그러나 만일 원하는 크기의 메모리가 존재하지 않으면 어떻게 될까?

malloc() 함수는 적절한 메모리를 할당받지 못하면 0번지의 포인터를 리턴하게 되는데 이 포인터를 널 포인터라 한다. 따라서 malloc() 함수가 반환한 널 포인터를 그대로 사용하게 되면 프로그램은 실행 중에 오류를 발생시켜 중단된다. 따라서 malloc() 함수를 사용할 경우에는 반환 값을 검사하여 널 포인터인지의 유무를 확인한 후 사용해야 한다.

예제 11.2는 malloc() 함수가 반환하는 포인터가 널 포인터인지 아닌지를 검사하는 문장을 추가한 후 할당받은 메모리 공간에 정수값을 저장하고 출력하는 프로그램이다.

**예제 11.2 malloc() 함수에 의해 반환받은 포인터가 널 포인터인지를 검사**

```
#include <stdio.h>
#include <stdlib.h>

void main(void)
{
	int *pa  ;

	pa = (int *)malloc(sizeof(int)) ;

	if(pa==0)                    // 널 포인터를 반환 받았다면
	   printf("메모리를 할당받지 못함") ;
	else                         // 메모리를 정상적으로 할당 받았다면
	{
	   *pa = 10;
	   printf("*pa = %d",*pa) ;
	}
}
```

**실행 결과**

```
*pa = 10
```

## 2 메모리 반환

10장에서 우리는 변수의 선언 위치나 저장 계층에 따라 변수의 사용 범위와 생성 및 소멸 시기가 다르다는 것을 배웠다. 특히 함수 내에서 선언된 자동 변수는 선언된 함수가 실행될 때마다 메모리 공간을 할당받아 사용하며, 실행이 종료되면 메모리 공간에서 자동 소멸된다.

그러나 동적으로 할당된 메모리 공간은 사용이 끝나더라도 자동 소멸되지 않기 때문에 반드시 사용자가 직접 반환해 주어야 한다. 동적 할당된 메모리를 반환해 주는 함수는 free()이며, 함수의 원형은 다음과 같다.

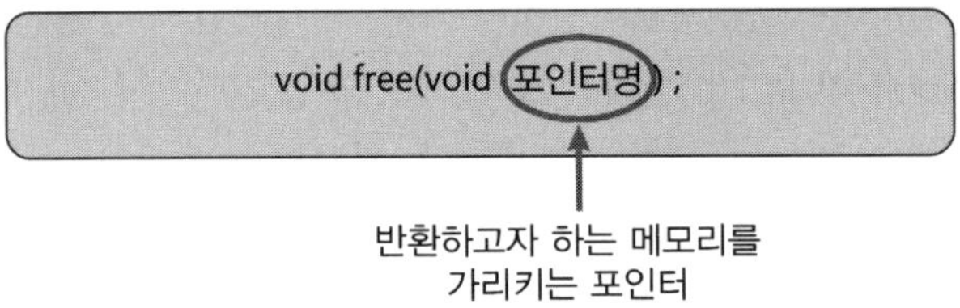


**그림 11.3 메모리 반환 함수 free()의 형식**

free() 함수는 반환할 메모리 공간의 포인터만을 전달인자로 받는다.

예제 11.3은 main() 함수에서 사용자 정의 함수 sum()을 세 번 반복 호출하여 전달된 두 정수의 합을 구하는 프로그램이다.

**예제 11.3 동적으로 할당받은 메모리를 반환하는 프로그램**

```
#include <stdio.h>
#include <stdlib.h>

void sum(int a, int b)
{
        int *pc  ;

        pc = (int *)malloc(sizeof(int)) ;
        if(pc==0)
            printf("메모리를 할당받지 못함");
        else
        {
```

```
            *pc = a + b ;
            printf("%d + %d = %d\n", a, b, *pc) ;
            free(pc) ;  // 메모리 반환 함수
        }
}
void main(void)
{
        sum(3, 5) ;
        sum(2, 10) ;
        sum(1, -1) ;
}
```

실행 결과

```
3 + 5 = 8
2 + 10 = 18
1 + -1 = 0
```

함수 sum()은 호출될 때마다 메모리를 동적으로 할당받아 합의 결과를 저장한다. 이때 함수의 실행이 종료되면 자동 변수 a와 b는 자동 소멸되나 동적으로 할당받은 공간은 메모리에 그대로 남아있게 된다. 따라서 sum()의 호출 횟수가 증가한다면 그때마다 메모리 공간을 계속해서 할당 받게 되므로 메모리 낭비가 발생하게 된다. 따라서 사용자 정의 함수에서 메모리를 동적으로 할당받은 경우에는 반드시 사용자가 직접 반환해 주어야 한다. 단 main() 함수는 종료에 따라 프로그램이 종료되고, 이때는 운영체제에 의해 자동으로 회수되기 때문에 동적으로 할당받은 공간이 있다 할지라도 특별히 반환할 필요는 없다.

## 11.3 동적 할당 공간의 활용

### 1 배열 처리

여러 개의 변수를 동적으로 할당받아 사용할 경우, 각각의 포인터로 할당받은 메모리 공간을 저장해야 한다. 그러나 포인터 변수도 4바이트씩 메모리를 할당받게 되므로 메모리 낭비가 발생한다. 이러한 경우 한꺼번에 연속된 공간을 할당 받은 후 배열로 사용하는 것이

효율적이다. 즉 할당받은 기억 공간의 시작 위치만 한 개의 포인터로 가리키게 하고, 포인터 연산을 통해 메모리에 접근하면 되는 것이다.

예를 들어 정수형(int) 변수 5개를 동적으로 할당 받는다고 가정하면 그림 11.4와 같이 20바이트(5개×4바이트)를 한꺼번에 동적으로 할당받은 후 반환받은 포인터로 배열 연산을 하면 되는 것이다.

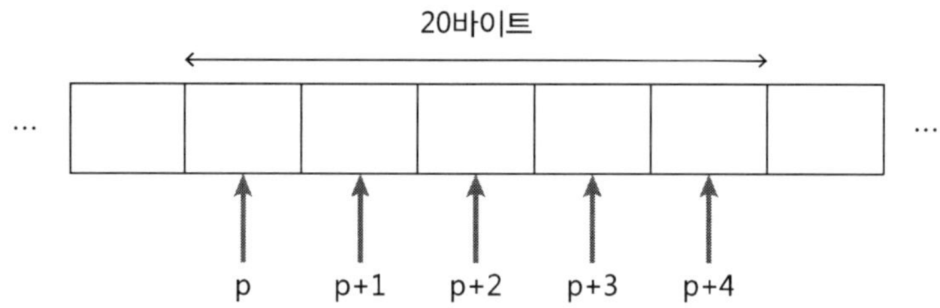


그림 11.4 배열 처리

예제 11.4는 5명의 성적을 입력받아 평균을 계산하는 프로그램을 동적 할당을 사용하여 작성한 것이다.

**예제 11.4 동적으로 할당받은 메모리로 배열 처리**

```
#include <stdio.h>
#include <stdlib.h>
#define N 5                                   // 학생 수 정의

void main(void)
{
      int *p, i, sum=0   ;
      float avg ;

      p = (int *)malloc(sizeof(int)*N) ;      // 20바이트를 동적 할당 받음

      if(p==0)
           printf("메모리를 할당받지 못함");
      else
      {
           for(i=0; i<N; i++)
```

```
        {
            scanf("%d", &(*(p+i)));         // 키보드로부터 성적을 입력 받음
            sum += *(p+i);                  // 총점 계산
        }
        avg = (float)sum/N;                 // 평균 계산
        printf("총점 = %d, 평균 = %.2f\n", sum, avg) ;
        free(p);
    }
}
```

실행 결과

```
1 2 3 4 5
총점 = 15, 평균 = 3.00
```

#define문을 사용하여 학생 수 5명을 N으로 정의하였다. 또한 int형 변수 5개를 저장할 메모리 공간을 한 번에 할당받기 위해 sizeof(int)*5를 사용하였다. 반환받은 포인터가 널 포인터인지를 먼저 검사하여 널 포인터이면 오류 메시지를 출력하고 프로그램을 종료한다.

널 포인터가 아니면 scanf() 함수를 통해 5명의 성적을 입력받아 총점과 평균을 계산한다. 이때 입력받은 5명의 성적은 포인터 연산, 즉 &*(p+i)을 통해 연속된 공간에 저장한다. 입력받은 성적은 정수형 변수 sum에 누적해서 더하고 평균을 계산하여 출력한다.

## 2 문자열 처리

이제 입력되는 문자열의 길이에 맞게 기억 공간을 할당하는 문제를 생각해 보자. 문자열을 입력받기 전에는 그 길이를 알 수 없기 때문에 우선 충분한 크기의 문자 배열에 문자열을 입력받는다. 그리고 그 길이에 맞게 다시 동적으로 메모리를 할당 받아 입력받은 문자열을 복사한다. 이러한 작업을 반복하면 여러 개 문자열을 그 길이에 맞게 저장할 수 있다.

예제 11.5는 입력받은 문자열의 길이에 따라 동적으로 메모리를 할당받아 복사하는 프로그램을 나타낸 것이다.

**예제 11.5 동적으로 할당받은 메모리로 문자열 처리**

```
#include <stdio.h>
#include <stdlib.h>
#include <string.h>     // 문자열 관련 함수들이 정의된 헤더 함수
```

```
void main(void)
{
    char fruit[15] ;                        // 문자 배열 선언(충분한 크기로 선언한다)
    char *p[2] ;                            // 동적 할당받은 메모리를 가리키는 포인터
    int i ;

    for(i=0; i<2; i++)
    {
        printf("%d\n", i+1번째 과일명을 입력하세요.) ;
        scanf("%s", fruit) ;                // 과일명을 입력받아 문자배열 fruit에 저장
        p[i] = (char *)malloc(strlen(fruit)+1) ; // 문자열 길이에 따라 동적 할당
        if(p[i]==0)
            printf("메모리 할당 실패") ;
        else
            strcpy(p[i], fruit) ;           // 입력받은 문자열을 동적 메모리 공간에 복사
    }
    printf("과일은  \n");
    for(i=0; i<2; i++)
    {
        printf("%s\n", p[i]);               // 문자열 출력
    }
    for(i=0; i<2; i++)
        free(p[i]);                         // 메모리 반환
    }
}
```

실행 결과

```
1번째 과일명을 입력하세요.
apple
2번째 과일명을 입력하세요.
strawberry
과일은
apple
strawberry
```

예제의 실행 과정을 그림으로 나타내면 아래와 같다.

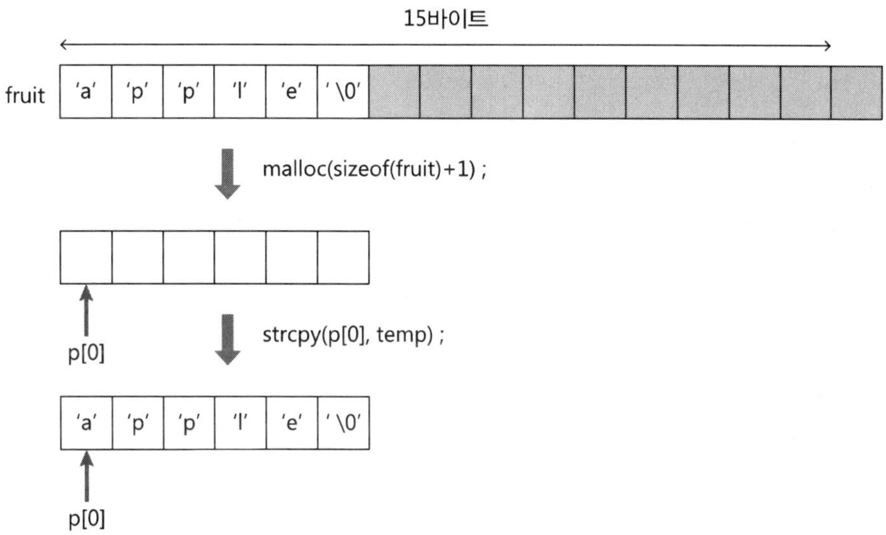


(a) i=0일 때

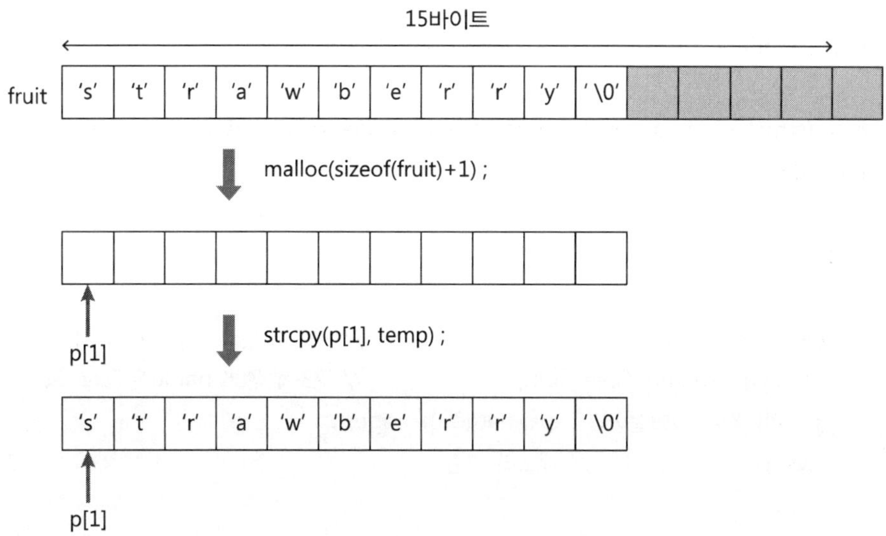


(b) i=1일 때

**그림 11.5 문자열의 길이에 따른 메모리 동적 할당 과정**

## 3 구조체 처리

구조체 또한 동적으로 할당받은 메모리 공간에 저장할 수 있다. 단 동적으로 생성된 구조체는 포인터를 통해서만 접근이 가능하다. 다음은 동적으로 할당받은 공간에 구조체를 저장하고 멤버의 값을 저장한 후 출력하는 프로그램이다.

**예제 11.6 동적으로 할당받은 메모리로 구조체 처리**

```
#include <stdio.h>
#include <stdlib.h>
#include <string.h>              // 문자열 관련 함수들이 정의된 헤더 함수

struct student                   // 구조체 템플릿 정의
{
     char name[10] ;
     int age ;
} ;

void main(void)
{
    struct student *p ;          // 구조체 포인터 선언

    p = (struct student *)malloc(sizeof(struct student)) ; // 동적 메모리 할당
    if(p==NULL)
        printf("메모리 할당 실패") ;
    else
    {
        p-> age = 20 ;                              // 구조체 멤버 age에 20 저장
        strcpy(p->name, "Lee Suk") ;                // 구조체 멤버 name에 "Lee Suk" 저장
        printf("%s는 %d살이다.", p->name, p->age) ;
        free(p);               // 메모리 반환
    }
}
```

실행 결과

```
Lee Suk는 20살이다.
```

만일 구조체 배열이 필요하다면 malloc()에서 구조체의 크기에 필요한 개수를 곱해 주면 된다.

# 연습문제

**01** 다음의 빈 칸을 채우시오.

(1) 프로그램 실행 도중 메모리를 할당받는 것을 ______이라 한다.
(2) 메모리를 동적으로 할당받기 위한 함수는 ______이다.
(3) 할당받은 메모리를 반환하는 함수는 ______이다.
(4) 동적 메모리 함수들은 헤더 파일 ______에 정의되어 있다.
(5) malloc() 함수는 메모리를 할당받지 못할 경우 ______를 반환한다.

**02** 다음은 정수값 10을 저장하기 위해 메모리를 동적으로 할당받는 예문이다. 오류를 찾아 수정하라.

```
int i ;
p = (int *)malloc(sizeof(int)) ;
p = 10;
printf("%d", p) ;
free(p);
```

**03** 다음의 설명에 적합한 문장을 작성하라. 단 메모리를 최대한 낭비하지 않도록 한다.

(1) 메모리를 동적으로 할당받아 문자 'A'와 실수 3.14를 저장하는 문장
(2) 문자열을 입력받아 길이에 따라 동적으로 할당받은 메모리 공간에 복사하는 문장
(3) 100개의 float형 데이터를 저장하기 위해 메모리를 동적으로 할당받아 키보드로부터 입력받은 실수를 저장하는 문장

**04** 5명의 성적을 입력받아 동적으로 할당받은 메모리 공간에 연속 저장한 후 내림차순으로 정렬하는 프로그램을 작성하라.

**05** 문자열을 입력받아 동적 메모리 공간에 저장한 후 대소문자를 변환하는 프로그램을 작성하라.

**06** 구조체 배열에 다음과 같이 세 명의 학생 이름과 나이, 주소를 저장하고 출력하는 프로그램을 작성하라.

| | | |
|---|---|---|
| 구현진 | 20세 | 울산 |
| 이숙영 | 23세 | 부산 |
| 박은희 | 22세 | 서울 |

CHAPTER 12

# 파일 처리

**학 · 습 · 목 · 표**

- 파일의 형태 및 파일 입출력의 개념에 대해 이해한다.
- 파일 입출력 과정에 대해 이해한다.
- 파일에 문자, 문자열, 정수 및 실수를 입출력하는 방법에 대해 이해한다.
- 순차 접근 방식과 임의 접근 방식에 대해 이해한다.

## 12.1 파일 입출력의 개요

지금까지 우리는 컴퓨터에/로부터 데이터를 입출력하기 위해 scanf() 또는 printf() 함수와 같은 표준 입출력 방법을 사용하여 왔다. 표준 입출력 방법은 적은 양의 데이터를 입출력하기에는 유용하나 일시적이고 많은 양의 데이터를 입출력하기에는 비효율적이다. 따라서 많은 양의 데이터를 입출력하거나 보관이 가능한 형태로 저장하려면 그림 12.1과 같이 파일로부터 데이터를 입력받고 컴퓨터가 처리한 결과를 파일에 저장하는 것이 좋다.

그림 12.1 파일 입출력

파일이란 컴퓨터의 하드디스크나 플로피디스크와 같은 보조 기억 장치에 일정한 형식으로 저장된 정보를 말하며, C언어에서는 아스키 문자들로 구성된 텍스트 파일과 원시 프로그램을 컴파일하여 만들어진 이진 파일을 지원한다.

### 1 텍스트 파일

텍스트 파일(text file)은 사람이 읽을 수 있고, 모니터, 키보드, 프린터 등에 인쇄가 가능한 텍스트로 구성된 파일을 말한다. 텍스트 파일은 아스키 문자열로만 구성되며, 한 행의 끝은 CR(Carriage Return)과 LF(Line Feed) 문자로 종료된다. 그림 12.2와 같이 프로그램 소스 파일이나 문서 파일이 대표적인 텍스트 파일의 예이다.

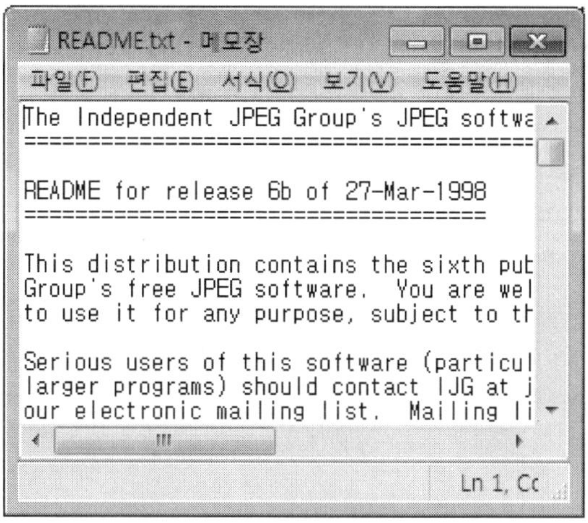


그림 12.2 텍스트 파일의 예

## 2 이진 파일

이진 파일(binary file)은 사람이 읽을 수 없고 인쇄가 불가능한 데이터들로 구성된 파일을 말한다. 따라서 이진 파일을 메모장에서 열면 일부 글자가 깨져 보인다.

이진 파일은 문자 데이터가 아닌 이진 데이터가 저장되어 컴퓨터가 직접 읽고 처리할 수 있다. 또한 텍스트 파일과는 달리 파일의 처음부터 끝까지 데이터가 연결되어 있어 NULL 문자나 문장의 마지막을 표시하는 CR, LF와 같은 문자는 특별한 의미를 가지지 않고 모두 데이터로 인식된다. 그림 12.3과 같이 프로그램 실행 파일이나 이미지 파일 등이 이진 파일의 예이다.

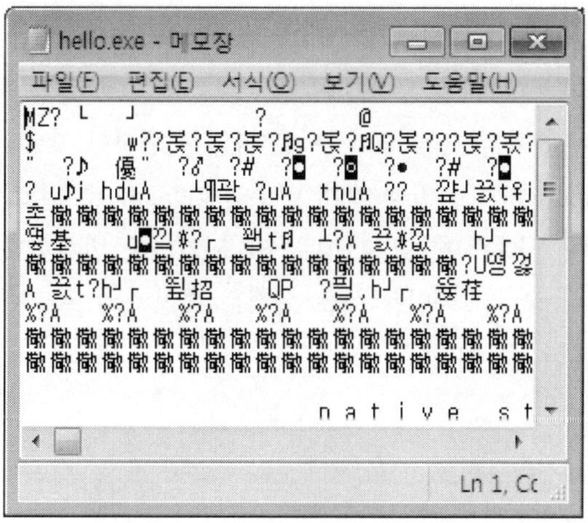


그림 12.3 이진 파일의 예(실행 파일)

## 12.2 파일 처리의 단계

C언어에서 파일 처리는 다음과 같이 파일 열기, 파일로부터 데이터를 읽고 쓰기 그리고 파일 닫기의 세 단계로 이루어진다.

그림 12.4 파일 처리 단계

### 1 1단계 : 파일 열기

파일에 데이터를 쓰거나 읽기 위해서는 먼저 파일 포인터를 선언한 후 해당 파일을 열어 주어야 한다. 파일 열기는 파일에 접근하기 위한 준비 과정이라 볼 수 있으며, 함수 fopen()을 사용한다. 이러한 파일 처리에 관련된 기본적인 라이브러리 함수들은 stdio.h에 정의되어 있으므로 사용 전 반드시 #include문을 사용하여 프로그램에 포함시켜야 한다. fopen() 함수의 형식은 다음과 같다.

```
FILE *파일포인터명 ;
파일포인터명 = *fopen(char *filename, char * mode) ;
```

그림 12.5 파일 포인터 선언 및 파일 열기

**파일 포인터**는 파일에 관한 정보가 저장된 메모리를 가리키는 포인터이며, **FILE**은 stdio.h에 선언된 구조체로써 파일 열기, 읽기, 쓰기, 닫기에 관한 상태 정보를 포함한다.

함수 **fopen()**은 주어진 파일명(filename)으로 파일을 생성한 후 이 파일을 가리키는 FILE 포인터를 반환한다. fopen()의 첫 번째 매개 변수인 filename은 열고자 하는 파일명을 의미하며, 만일 파일 열기에 실패하면 NULL(정수 0) 포인터를 반환한다.

두 번째 매개 변수인 mode는 파일을 여는 목적을 결정하는 문자열로써 표 12.1에 열거된 모드들 중 하나를 선택할 수 있다.

표 12.1 파일 모드

| mode | 설명 | 유의 사항 |
|---|---|---|
| "r" | 읽기 | 파일을 읽기 전용으로 연다. 파일이 존재하지 않으면 NULL을 반환한다. |
| "w" | 쓰기 | 파일이 존재하지 않으면 파일이 생성되고, 이미 존재하면 기존의 내용은 지워진다. |
| "a" | 추가 | 기존 파일이 있으면 데이터가 파일의 끝에 추가되나, 파일이 없으면 새로운 파일을 생성한다. |
| "r+" | 읽기와 쓰기 | 파일이 반드시 존재해야 한다. 존재하지 않으면 NULL을 반환한다. |
| "w+" | 읽기와 쓰기 | 파일이 존재하지 않으면 파일이 생성되고, 파일이 존재하면 새 데이터가 기존 파일의 데이터를 덮어 쓴다. |
| "a+" | 읽기와 추가 | 만약 같은 이름의 기존의 파일이 있으면 데이터가 파일의 끝에 추가된다. 파일이 없으면 새로운 파일을 생성한다. |
| "b" | 이진 파일 열기 | 파일이 반드시 존재해야 한다. |

모드는 열린 파일에 데이터를 쓸 것인지 또는 읽을 것인지와 파일의 유형이 텍스트 파일인지 이진 파일인지를 나타내 준다. 즉 모드가 " r "이면 읽기(read)를 위해 파일을 여는 것이고, " w "는 쓰기(write), " a "는 추가(add)를 위해 여는 것이다. 특히 모드 " r "은 기존에 파일이 반드시 존재해야 하며, 만일 파일이 존재하지 않는다면 NULL을 반환한다. 다음은 텍스트 파일 "1.txt"로부터 데이터를 읽어오기 위한 예제 문장이다.

```
FILE *fp ;
fp = fopen("1.txt", "r") ; // 읽기 위해 텍스트 파일 1.txt를 개방한다.
if(fp == NULL)
    printf("파일 열기 실패\n") ;
```

위의 예제 문장은 파일 열기가 실패하여 NULL이 반환되면 안내 메시지를 출력하도록 하였다.

열기 파일의 기본 유형은 텍스트 파일이며, 이진 파일을 열고자 한다면 " b "를 모드 뒤에 추가해 준다. 즉 읽기 모드로 이진 파일을 열기 위해서는 " rb "로 지정한다.

```
FILE *fp ;
fp = fopen("1.bin", "rb") ; 읽기 위해 이진 파일 1.bin를 연다.
```

## 2 2단계 : 파일에 쓰기 및 읽기

파일을 열어 데이터의 입출력이 준비되고 나면 개방된 파일에 문자나 문자열 그리고 정수나 실수 등의 데이터를 읽어 오거나 쓸 수 있다.

■ **문자 입출력하기**

먼저 한 개의 문자를 파일에 출력하려면 fputc() 함수를 사용할 수 있다. fputc()는 표준 출력 함수 putc()와 유사하나 화면이 아닌 파일에 출력한다는 점이 다르다. fputc() 함수의 원형은 다음과 같다.

```
int fputc(int  c, FILE *fp) ;
```

**그림 12.6 문자 출력 함수 fputc()**

함수의 매개변수 fp는 fopen()을 이용하여 파일을 열 때 반환되는 파일 포인터이며, fp가 가리키는 파일에 하나의 문자 c를 쓴 후 출력 값 c를 다시 반환한다. 간단한 예제 문장을 통해 사용법을 살펴보자. 함수 fputc()를 사용하여 파일에 문자를 쓰려면 먼저 파일이 쓰기 모드로 열려 있어야 함을 주의한다.

```
FILE *fp ;
fp = fopen("1.txt", "w") ;      // 쓰기 위해 텍스트 파일 1.txt를 연다.
fputc('A', fp) ;                // fp가 가리키는 1.txt 파일에 문자 A를 출력한다.
```

반면 함수 fgetc()는 파일로부터 문자를 하나씩 입력받는 함수이다.

```
int fgetc(FILE *fp) ;
```

**그림 12.7 문자 입력 함수 fgetc()**

fgetc()는 fp가 가리키는 파일에서 하나의 문자를 읽어서 반환한다. 만약 읽기를 실패하거나 파일의 끝에 도달하게 되면 EOF(End Of File)를 반환한다. EOF는 stdio.h에 정의되어 있으며 -1의 정수값으로 정의된다.

간단한 문자열이 저장된 파일로부터 하나의 문자를 입력받는 문장을 작성해 보자. 먼저 메모장과 같은 텍스트 편집기를 이용하여 1.txt 파일에 "C File"이라는 문자열이 입력되어 있다고 가정하자.

```
FILE *fp ;
int ch ;

fp = fopen("1.txt", "r") ;   // 읽기 위해 텍스트 파일 1.txt를 개방한다.
ch = fgetc(fp) ;             // 1.txt 파일의 문자를 읽어 와서 변수 ch에 대입한다.
printf("%c", ch) ;           // 입력받은 문자를 출력한다.
```

먼저 "1.txt" 파일이 읽기 모드로 정상적으로 개방되면 파일로부터 하나의 문자를 읽어온다. 읽어 들인 문자는 정수형 변수 ch에 저장하고 이를 화면에 문자 형태로 다시 출력하면 C가 된다.

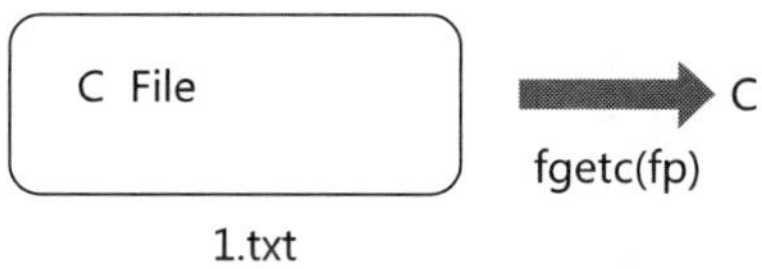


■ **문자열 입출력하기**

파일로부터 문자열을 입력 받으려면 함수 fgets()를 사용하며, 함수의 원형은 다음과 같다.

```
char fgets(char *s, int n, FILE *fp) ;
```

**그림 12.8 문자열 입력 함수 fgets()**

fgets() 함수는 세 개의 인자를 가지며, 첫 번째 인자는 파일로부터 읽어 들인 문자열을 저장할 문자 배열명을 의미한다. 두 번째 인자는 읽어 들일 문자열의 길이, 세 번째 인자는 읽고자 하는 파일의 파일 포인터이다. 즉 파일로부터 문자열을 읽어서 문자 배열 s에 저장한다. 이때 하나의 문자열이 완전히 읽히거나 n-1개의 문자들이 읽히면 종료된다.

```
FILE *fp ;
char s[20] ;
fp = fopen("1.txt", "r") ;          // 읽기 위해 텍스트 파일 1.txt를 개방한다.
fgets(s, 5, fp) ;                   // 파일로부터 5바이트를 읽어 배열 s에 저장한다
```

파일이 개방되면 1.txt 파일로부터 4개의 문자를 연속적으로 읽은 후 문자 배열 s에 저장하게 된다. 이때 주의할 점은 fgets() 함수는 요청된 바이트 수보다 하나 적은 수의 문자를 입력받는다는 점이다. 이는 읽어올 문자의 길이가 배열 크기보다 같거나 크면 문자열의 끝을 의미하는 널문자를 저장할 자리가 없기 때문이다. 따라서 두 번째 인자가 5인 경우 4개의 문자를 읽어오게 된다. 예를 들어 1.txt 파일이 다음과 같은 문자열로 구성되었다고 가정하면 배열 s에는 “appl”만 저장된다.

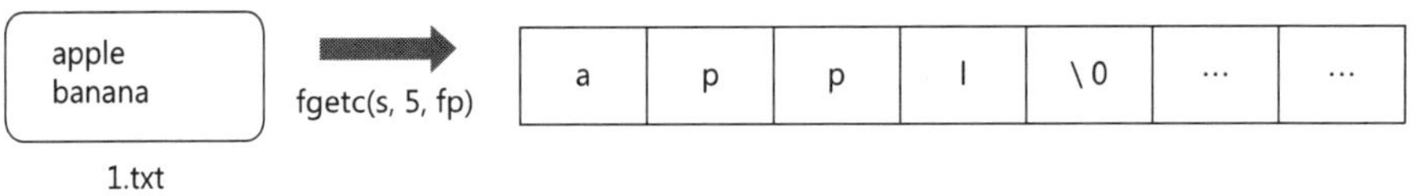


그렇다면 10바이트를 읽어오는 경우에는 어떠할까 ? 이는 9개의 문자를 읽어오라는 의미이나 실제로 배열에 저장되는 값은 다음과 같다.

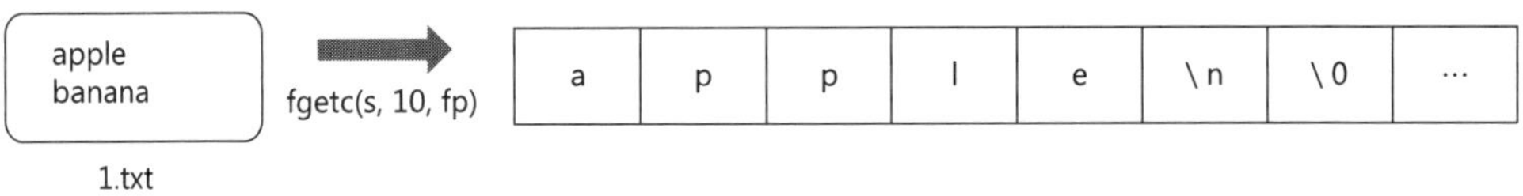


문자 배열 s에 저장된 값을 보면 9개의 문자를 읽어 와야 하나 읽어올 문자열에 개행 문자가 존재하면 개행 문자까지만 입력받게 됨을 알 수 있다. 따라서 문자열만 출력하기를 원한다면 아래와 같이 개행 위치에 널문자를 저장해야 한다. strlen는 널문자를 만나기 전까지의 문자수를 카운트하는 라이브러리 함수이다. 따라서 개행 문자의 위치를 첨자로 계산한 후 그 위치에 널문자를 저장하면 된다.

```
s[strlen(s)-1] = '\0' ;
```

위의 결과로부터 fgets() 함수는 문자열을 입력받는 함수이나 그보다 줄 단위로 입력받는 함수라는 점을 유의해야 한다.

이제 파일에 문자열을 출력하기 위한 함수 fputs()에 대해 알아보자. fputs() 함수의 원형은 다음과 같다.

```
chat fputs(char *s, FILE *fp) ;
```

**그림 12.9 문자열 출력 함수 fputs()**

함수 fputs()는 문자 배열 s에 저장된 문자열을 fp가 가리키는 파일에 출력한다는 의미이다. 단 표준 문자열 출력 함수인 puts와 다른 점은 자동 줄바꿈이 안 된다는 것이다.

```
FILE *fp ;
char s[10] = "apple" ;
fp = fopen("1.txt", "w") ;      // 쓰기 위해 텍스트 파일 1.txt를 엶
fputs(s, fp) ;                  // 파일에 문자열 "apple"을 출력한다.
```

■ **지정 형식의 데이터 입출력**

텍스트 파일에는 데이터가 문자열 형태로 저장되기 때문에 정수나 실수 데이터 또한 문자열로 바뀌어서 저장된다. 즉 정수 10은 문자열 "10"으로 저장된다. 따라서 숫자가 저장된 파일로부터 데이터를 읽어 정수나 실수형 변수에 저장하려면 문자열을 수치값으로 변환하는 과정이 필요하다. 파일 입출력 함수 가운데 fprintf()와 fscanf()를 이용하면 이러한 과정을 자동으로 수행할 수 있다.

fprintf()와 fscanf() 함수는 표준 입출력 함수인 printf()와 scanf() 함수와 같은 기능을 수행하나 단지 파일에 입출력된다는 점만 다를 뿐이다. 함수 fprintf()의 원형은 다음과 같다.

```
int fprintf(FILE *fp, "format", list) ;
```

**그림 12.10 지정된 형식에 따른 데이터 출력 함수 fprintf()**

첫 번째 인자는 파일 포인터 fp이며, 두 번째 인자는 파일에 출력할 형태를 지정하는 변

환 문자이다. 세 번째 인자는 출력할 변수의 목록으로 두 번째 인자와 1:1 대응되므로 개수와 데이터형이 서로 일치해야 한다. fprintf() 함수는 출력한 데이터의 바이트 수를 반환한다. 아래의 문장을 통해 fprintf() 함수의 사용법을 살펴보자.

```
FILE *fp ;
char name[10] = "Kim";
int age = 20;

fp = fopen("1.txt", "w") ;                  // 쓰기 위해 텍스트 파일 1.txt를 엶
fprintf(fp, "%s %d\n", name, age) ;      // 파일에 문자열 정수 형태로 쓴다
```

이제 fscanf() 함수에 대해 알아보자. 원형은 다음과 같다.

```
int fscanf(FILE *fp, "format", list) ;
```

**그림 12.11 지정된 형식에 따른 데이터 입력 함수 fscanf()**

첫 번째 인자는 파일 포인터 fp이며, 두 번째 인자는 파일로부터 입력받을 형태를 지정하는 변환 문자이다. 세 번째 인자는 입력받을 변수의 목록으로써 scanf() 함수와 마찬가지로 문자열을 입력받을 경우를 제외하고는 변수명 앞에 & 연산자를 붙여 주어야 한다. 또한 두 번째 인자와 1:1 대응되므로 개수와 데이터형 또한 일치해야 한다. fscanf() 함수는 입력이 종료되면 EOF를 반환한다. 아래의 문장은 fscanf() 함수의 사용 예를 나타낸 것이다.

```
FILE *fp ;
char name[10] ;
int age ;

fp = fopen("1.txt", "r") ;                  // 읽기 위해 텍스트 파일 1.txt를 엶
fscanf(fp, "%s %d", name, &age) ;
```

위의 예제는 파일로부터 문자열과 정수를 읽어 들여 문자 배열 name과 정수형 변수 age에 저장한다.

## 3 3단계 : 파일 닫기

파일을 열어서 사용한 후에는 반드시 닫아 주어야 하며, 파일 닫기 형식은 다음과 같다.

```
int fclose(FILE *fp) ;
```

그림 12.12 파일 닫기 함수

파일 닫기가 성공하면 0을 반환하고, 성공하지 못하면 EOF를 반환한다.

예제 12.1은 getchar() 함수를 사용하여 키보드로부터 입력받은 문자를 파일에 저장하는 프로그램이다. test.txt 파일을 쓰기 모드로 개방한 후 실패하면 메시지를 출력하고 프로그램을 종료하도록 하였다. 프로그램 열기가 성공하면 getchar() 함수를 사용하여 엔터 키를 포함해서 키보드로부터 입력되는 문자들을 하나씩 버퍼에 저장한다.

**예제 12.1 키보드로부터 입력받은 문자를 파일에 저장하는 프로그램**

```
#include <stdio.h>

int main(void)
{
    FILE *fp ;                    // 파일 포인터 선언
    int ch ;

    fp = fopen("test.txt", "w") ; // 쓰기 모드로 test.txt 파일 열기
    if(fp == NULL)
    {
        printf("파일을 열 수 없습니다.\n") ;
        return 1 ;
    }
    ch = getchar() ;              // 키보드로부터 한 개의 문자를 입력받아 버퍼에 저장
    while(ch != EOF)              // Ctrl+Z를 입력받기 전까지
    {
        fputc(ch, fp) ;           // 버퍼에 저장된 문자들을 파일에 기록
        ch = getchar() ;          // 키보드로부터 다시 문자를 입력받아 버퍼에 저장
```

```
    }
    fclose(fp);                         // 파일 닫기
    return 0 ;
}
```

실행 결과

```
Kim eun Jung
20
Pusan
^Z
```

입력을 종료하고자 할 때는 Ctrl+Z키를 입력하여 별도로 알려 준다. 이때 Ctrl+Z 키는 입력을 마치고 새 줄이 시작될 때 입력한다. 버퍼에 모아진 문자들은 fputc() 함수를 사용하여 한꺼번에 파일에 출력한다. 프로그램 실행 결과 생성된 test.txt 파일의 내용은 다음과 같다.

```
Kim eun Jung
20
Pusan
```

test.txt

이제 예제 12.1에서 만들어진 텍스트 파일의 내용을 다시 읽어 와서 화면에 출력하는 프로그램을 작성해 보자.

**예제 12.2 파일의 내용을 읽어 화면에 출력하는 프로그램**

```
#include <stdio.h>

int main(void)
{
    FILE *fp ;
    char line[50] ;

    fp = fopen("test.txt", "r") ;
    if(fp == NULL)
```

```
    {
        printf("파일을 열 수 없습니다. \n") ;
        return 1 ;
    }
    while(fgets(line, 50, fp) != NULL)      // 파일의 끝에 도달하기까지
    {                                       // 49개 문자를 읽어 들여 문자 배열 line에 저장
        puts(line) ;
    }
    fclose(fp);
    return 0 ;
}
```

실행 결과

```
Kim eun Jung
20
Pusan
```

fgets() 함수는 최대 49개의 문자를 읽어서 문자 배열 line에 저장한다. 이때 fgets() 함수는 49 글자를 읽을 때까지 또는 개행 문자(\n)를 만날 때까지 계속해서 읽기를 수행한다. 만일 개행 문자를 만나면 이미 읽은 문자열과 함께 문자열이 종료되기 전에 문자열 종료 표시인 '\0'을 포함한다. 또한 이 함수는 파일 끝 표시자를 감지하며, 파일의 끝에 도달하면 NULL 값을 반환한다.

예제 12.3은 fscanf() 함수를 사용하여 성적 처리 결과가 저장된 파일의 내용을 읽고 화면에 출력하는 프로그램을 나타낸 것이다.

```
이은성 190  95.0
김현수 152  76.0
최수지 175  87.5
```

test.txt

**예제 12.3 파일의 내용을 화면에 출력하는 프로그램**

```
#include <stdio.h>
int main(void)
```

```
{
     FILE *fp ;
     char name[20] ;
     int sum ;
     float avg ;

     fp = fopen("test.txt", "r") ;
     if(fp == NULL)
     {
          printf("\n") ;
          return 1 ;
     }
     while(fscanf(fp, "%s %d %f", name, &sum, &avg) != EOF)
     {
          printf("%s %d %.1f\n",name, sum, avg) ;
     }
     fclose(fp);
     return 0 ;
}
```

실행 결과

```
이은성 190   95.0
김현수 152   76.0
최수지 175   87.5
```

## 12.3 임의 접근 처리

지금까지 살펴본 파일 입출력은 데이터를 파일의 처음부터 순차적으로 읽거나 기록하는 순차 접근 방법이었다. 순차 접근 방법은 앞부분을 읽지 않고 중간이나 마지막 부분으로 바로 건너 뛸 수 없다. 따라서 원하는 위치에 바로 접근하여 데이터를 읽고 쓰기 위해서는 임의 접근 방법을 사용해야 한다.

모든 파일에는 파일 위치 표시자라는 것이 있다. 파일 위치 표시자는 읽기와 쓰기 동작이 현재 어떤 위치에서 이루어지는가를 나타낸다. 새 파일이 만들어지면 파일 위치 표시자는

0이고 파일의 시작 부분을 가리킨다. 기존 파일의 경우, 추가 모드에서 열렸을 경우에는 파일의 끝이 되고 그 외의 모드인 경우에는 파일의 시작 부분을 가리킨다.

파일에서 읽기나 쓰기가 수행되면 파일 위치 표시자는 새로운 값으로 갱신된다. 예를 들어 읽기 모드로 파일을 열어 10바이트를 읽었다면 현재 파일 위치 표시자의 값은 10이 된다. 그 다음 다시 10바이트를 읽었다면 파일 위치 표시자는 20이 된다. 즉 입출력 함수를 사용하면 그 함수의 내부에서 파일 위치 표시자의 값이 자동적으로 갱신되어진다.

만일 파일의 데이터를 다 읽지 않고 부분적으로 골라서 읽고 싶은 경우에는 파일 위치 표시자를 이동시켜서 임의 접근을 할 수 있다. 따라서 파일의 시작 부분으로부터 50바이트 떨어진 위치부터 읽어야 하는 경우에는 위치 표시자를 바꾸어 주어야만 한다. 위치 표시자를 바꾸는 함수는 **fseek()**이며 원형은 다음과 같다.

```
int fseek(FILE *fp, long offset, int mode) ;
```

**그림 12.13 파일 위치 표시자 변경 함수 fseek()**

fp는 FILE에 대한 포인터의 이름이며, offset은 기준 위치로부터 위치 표시자가 이동하는 거리를 나타낸다. offset은 long형이므로 정수 상수를 인자로 사용하는 경우에는 3L과 같이 접미사 L을 붙이는 것이 좋다. offset이 양수이면 앞으로 가고 음수이면 뒤로 간다. 이때 mode는 기준 위치를 나타낸다. mode는 다음의 값 중에서 하나를 선택해서 사용한다.

**표 12.2 fseek() 함수에서 mode의 의미**

| mode | 값 | 설명 |
|---|---|---|
| SEEK_SET | 0 | 파일의 시작 |
| SEEK_CUR | 1 | 현재 위치 |
| SEEK_END | 2 | 파일의 끝 |

함수 fseek()는 포인터의 이동이 정상적으로 수행되면 0을 반환하고, 그렇지 않으면 -1을 반환한다. fseek()를 이용한 예제 문장을 살펴보고, 의미를 이해하도록 하자.

```
fseek(fp, 0L, SEEK_SET) ;            // 파일의 처음으로 이동
fseek(fp, 0L, SEEK_END) ;            // 파일의 끝으로 이동
```

```
fseek(fp, 100L, SEEK_SET) ;          // 파일의 처음에서 100바이트 이동
fseek(fp, 50L, SEEK_CUR) ;           // 현재 위치에서 50바이트 이동
fseek(fp, -20L, SEEK_END) ;          // 파일의 끝에서 20바이트 앞으로 이동
```

마지막으로 함수 **ftell()**은 파일 포인터의 현재 위치를 알려주는 역할을 한다. 즉 문자를 읽거나 쓸 때 다음 문자의 offset 값을 반환해 준다.

```
int ftell(FILE *fp) ;
```

**그림 12.14 파일 포인터의 위치 표시 함수 ftell()**

예를 들면 fp가 가리키는 파일로부터 10개의 문자를 읽고 난 후 ftell() 함수를 실행하면 long형의 10이 반환된다. 이는 다음 문자의 위치가 파일의 처음에서부터 10바이트 뒤에 있다는 것을 의미한다.

예제 12.4는 문자열을 파일에 저장하고, fseek() 함수를 이용하여 이 문자열을 거꾸로 출력하는 프로그램을 작성한 것이다.

**예제 12.3 파일의 내용을 화면에 출력하는 프로그램**

```
#include <stdio.h>

int main(void)
{
    FILE *fp1, *fp2 ;
    int i ;

    fp1 = fopen("test1.txt", "w") ;
    if(fp1 == NULL)
    {
        printf("파일을 열 수 없습니다.\n") ;
        return 1 ;
    }
    fputs("I love school", fp1);              // test1.txt 파일에 문자열 출력
```

```
    fclose(fp1);                          // 파일 닫기

    fp2 = fopen("test1.txt", "r") ;       // test1.txt 파일을 읽어 와서
    if(fp2 == NULL)
    {
        printf("파일을 열 수 없습니다.\n") ;
        return 1 ;
    }
    for(i=0; i<15; i++)
    {
        fseek(fp2,-(i+1),SEEK_END) ;      // 파일 끝에서 앞으로 이동
        putchar(fgetc(fp2)) ;
    }
    fclose(fp2) ;
    return 0 ;
}
```

실행 결과

```
loohcs evol I
```

fseek(fp2,-(i+1),SEEK_END) ; 문장은 파일 끝에서 위치 표시자의 값을 i의 값만큼 감소시킨다는 의미이다. 이 위치 표시자의 위치에서 문자를 읽어 와서 화면에 출력하게 된다.

# 연습문제

**01** 다음의 빈 칸을 채우시오.

(1) C언어에서 지원하는 파일의 형태로는 ______ 파일과 ______ 파일이 있다.
(2) 파일은 접근 방식에 따라 ______ 방식과 ______ 방식으로 분류한다.
(3) 파일 처리 단계는 ______, ______, ______이다.
(4) 파일을 열고 사용한 후에는 반드시 함수 ______를 통해 닫아 주어야 한다.
(5) 파일 열기에 실패하면 ______을 반환한다.
(6) 파일에 문자열을 입출력하기 위한 함수로는 ______와 ______가 있다.
(7) 정수나 실수, 문자나 문자열과 같은 형식화된 파일 입출력 함수로는 ______와 ______가 있다.
(8) ______ 방식은 파일 내부의 임의의 위치에 접근할 수 있는 방법으로, 파일의 위치 포인터를 사용자가 조작하여 사용해야 하며 이때 사용하는 함수가 ______이다.
(9) 현재 파일 포인터의 위치를 알려 주는 함수가 ______이다.

**02** 다음에 주어진 문장을 완성하시오.

(1) "name.txt"를 쓰기 모드로 열고 파일 포인터 f에 연결하는 문장
(2) "tel.txt"에 입력받은 문자열을 저장하는 문장
(3) "data.txt"에 저장된 국어 점수 10개를 읽어서 정수형 배열 a에 저장하는 문장

**03** 다음의 파일(test.txt)에 저장된 정수 데이터 10개를 읽고 합과 평균을 구한 후 입력 파일 뒤에 덧붙여 저장하는 프로그램을 작성하라.

```
90 28 14 94 67 36 10 49 50
```

**04** 학생 4명의 학번과 이름, 총점, 평균 데이터가 저장된 텍스트 파일을 읽고, 새로운 파일에 읽은 학생의 데이터를 역순으로 저장하는 프로그램을 작성하라. 이때 데이터는 구조체를 사용하여 다루도록 한다.

```
11045678 김태희 500 71.4
12036324 송혜교 490 70.0
14063456 전지현 670 95.7
13125234 김수현 690 98.6
```

**05** 4번 문제의 데이터 파일을 파일을 읽고 평균에 대한 학점을 구하고 학번, 이름, 합계, 평균, 학점을 출력하는 프로그램을 작성하라. 단 90점 이상은 A, 80점 이상은 B, 70 이상은 C, 60은 이상 D, 그 외는 F 학점이다.

**06** 1.txt 파일에 1부터 100까지의 정수를 출력하는 프로그램을 작성하라.

APPENDIX

# 아스키코드(ASCII)

| 아스키문자 | 2진수 | 10진수 | 아스키문자 | 2진수 | 10진수 |
|---|---|---|---|---|---|
| NULL | 0000000 | 0 | US | 0011111 | 31 |
| SOH | 0000001 | 1 | SP | 0100000 | 32 |
| STX | 0000010 | 2 | ! | 0100001 | 33 |
| ETX | 0000011 | 3 | " | 0100010 | 34 |
| EOT | 0000100 | 4 | # | 0100011 | 35 |
| ENQ | 0000101 | 5 | $ | 0100100 | 36 |
| ACK | 0000110 | 6 | % | 0100101 | 37 |
| BEL | 0000111 | 7 | & | 0100110 | 38 |
| BS | 0001000 | 8 | ' | 0100111 | 39 |
| HT | 0001001 | 9 | ( | 0101000 | 40 |
| LF | 0001010 | 10 | ) | 0101001 | 41 |
| VT | 0001011 | 11 | * | 0101010 | 42 |
| FF | 0001100 | 12 | + | 0101011 | 43 |
| CR | 0001101 | 13 | , | 0101100 | 44 |
| SO | 0001110 | 14 | − | 0101101 | 45 |
| SI | 0001111 | 15 | . | 0101110 | 46 |
| DLE | 0010000 | 16 | / | 0101111 | 47 |
| DC1 | 0010001 | 17 | 0 | 0110000 | 48 |
| DC2 | 0010010 | 18 | 1 | 0110001 | 49 |
| DC3 | 0010011 | 19 | 2 | 0110010 | 50 |
| DC4 | 0010100 | 20 | 3 | 0110011 | 51 |
| NAK | 0010101 | 21 | 4 | 0110100 | 52 |
| SYN | 0010110 | 22 | 5 | 0110101 | 53 |
| ETB | 0010111 | 23 | 6 | 0110110 | 54 |
| CAN | 0011000 | 24 | 7 | 0110111 | 55 |
| EM | 0011001 | 25 | 8 | 0111000 | 56 |
| SUB | 0011010 | 26 | 9 | 0111001 | 57 |
| ESC | 0011011 | 27 | : | 0111010 | 58 |
| FS | 0011100 | 28 | ; | 0111011 | 59 |
| GS | 0011101 | 29 | 〈 | 0111100 | 60 |
| RS | 0011110 | 30 | = | 0111101 | 61 |

| 아스키문자 | 2진수 | 10진수 | 아스키문자 | 2진수 | 10진수 |
|---|---|---|---|---|---|
| > | 0111110 | 62 | _ | 1011111 | 95 |
| ? | 0111111 | 63 | | 1100000 | 96 |
| @ | 1000000 | 64 | a | 1100001 | 97 |
| A | 1000001 | 65 | b | 1100010 | 98 |
| B | 1000010 | 66 | c | 1100011 | 99 |
| C | 1000011 | 67 | d | 1100100 | 100 |
| D | 1000100 | 68 | e | 1100101 | 101 |
| E | 1000101 | 69 | f | 1100110 | 102 |
| F | 1000110 | 70 | g | 1100111 | 103 |
| G | 1000111 | 71 | h | 1101000 | 104 |
| H | 1001000 | 72 | i | 1101001 | 105 |
| I | 1001001 | 73 | j | 1101010 | 106 |
| J | 1001010 | 74 | k | 1101011 | 107 |
| K | 1001011 | 75 | l | 1101100 | 108 |
| L | 1001100 | 76 | m | 1101101 | 109 |
| M | 1001101 | 77 | n | 1101110 | 110 |
| N | 1001110 | 78 | o | 1101111 | 111 |
| O | 1001111 | 79 | p | 1110000 | 112 |
| P | 1010000 | 80 | q | 1110001 | 113 |
| Q | 1010001 | 81 | r | 1110010 | 114 |
| R | 1010010 | 82 | s | 1110011 | 115 |
| S | 1010011 | 83 | t | 1110100 | 116 |
| T | 1010100 | 84 | u | 1110101 | 117 |
| U | 1010101 | 85 | v | 1110110 | 118 |
| V | 1010110 | 86 | w | 1110111 | 119 |
| W | 1010111 | 87 | x | 1111000 | 120 |
| X | 1011000 | 88 | y | 1111001 | 121 |
| Y | 1011001 | 89 | z | 1111010 | 122 |
| Z | 1011010 | 90 | { | 1111011 | 123 |
| [ | 1011011 | 91 | \| | 1111100 | 124 |
| ₩ | 1011100 | 92 | } | 1111101 | 125 |
| ] | 1011101 | 93 | ~ | 1111110 | 126 |
| ^ | 1011110 | 94 | DEL | 1111111 | 127 |

# 참고문헌

1. 쉽게 배우는 C언어, 박홍준 저, 2013, 신화전산기획
2. 처음 시작하는 C언어, 이영호, 이봉락 외 2명 공저, 2013, 카오스북
3. C언어 쉽게 배우기, 이복기, 이태동 외 1명 공저, 2013, 현우사
4. C언어 기초, 우재남 저, 2013, 한빛미디어
5. 공학도를 위한 C언어, 이대식, 최교호 공저, 2013, 오성미디어
6. 컴퓨터구조, 신동석, 윤석규 외 1명 공저, 2013, 정익사
7. 초보자를 위한 C언어 300제, 김은철 저, 2013, 정보문화사
8. C로 배우는 쉬운 자료구조, 이지영 저, 2013, 한빛미디어
9. 예제가 가득한 C언어 길라잡이, 김은철, 김명진 저, 2012, 정보문화사
10. 쉽게 풀어쓴 C언어 Express, 천인국 저, 2012, 생능출판사
11. 쉽게 배우는 C언어 입문, 최승욱 저, 2011, 삼진출판사
12. 누구나 쉽게 즐기는 C언어 콘서트, 천인국 저, 2010, 생능출판사
13. 열혈 C 프로그래밍, 윤성우 저, 2010, 오렌지미디어
14. 그림으로 배우는 Easy C언어, Mana Takahashi 저, 2009, 영진닷컴
15. 뇌를 자극하는 C, 서현우 저, 2008, 한빛 미디어
16. 명품 C언어 프로그래밍, 안기수 저, 2008, 생능 출판사
17. C 프로그래밍 입문, 김일광 저, 2007, 한빛 미디어
18. 새내기를 위한 C언어 완성, 김대영, 김효철 공저, 2007, 이한출판사
19. C언어 기초에서 실무응용까지, 박진남, 박태희 공저, 2007, 사이텍미디어
20. C 프로그래밍, 이재동 저, 2006, 경남대학교 출판부
21. C로 배우는 프로그래밍 기초, 강환수, 강환일 공저, 2003, 학술정보
22. C언어 이론과 활용, 이재동 저, 2003, 사이텍미디어
23. C언어 기초와 응용, 이재동 저, 2001, 사이텍미디어
24. 처음으로 배우는 C 프로그래밍, 유재수 외 4인 공역, 2000, 영한출판사
25. 전자공학도를 위한 C언어, 이천희 저, 2000, 홍릉과학출판사

# 찾아보기

[저자약력]

**박 태 희**

부산대학교 전자공학과 공학박사

동명대학교 메카트로닉스공학과 교수

**김 정 이**

부산대학교 도시공학과 지리정보학 박사

동명대학교 항만물류시스템학과 교수

정가 17,000원

**Art of C 프로그래밍 기초**

2015년 2월 17일 초 판 인쇄
2015년 11월 10일 수정판 발행
저 자 : 박태희 · 김정이
발행자 : 우명찬 · 송 준
발행처 : 홍릉과학출판사
주 소 : 서울시 강북구 인수봉로 50길 10
01093
등 록 : 1976년 10월 21일 제5-66호
전 화 : (02) 999-2274~5, 903-7037
팩 스 : (02) 905-6729
e-mail: hongpub@hongpub.co.kr
http://www.hongpub.co.kr
ISBN: 979-11-5600-350-2

저자와의
협의하에
인지생략